中职生
人文素养知识读本

主　编　曹绪东

副主编　郑光安　周继武　向长征

Zhongzhisheng renwen
zsuyang zhishi duben

华中科技大学出版社
http://www.hustp.com
中国·武汉

内 容 提 要

　　本书以提高中职生的文化素养为宗旨,侧重常用字词的认读识记、诗词名句的理解积累、文学文化常识的了解,注重谦虚做人、艰苦创业、智慧处事等人格教育。本书以日记体例编排,强调每天阅读量的积累。可以按照晨读和晚自习两段时间安排学习,方便日清日结。选文由"人生锦囊""生活经纬""诺亚方舟""职场谋略""人生智慧"五部分构成,力求贴近学生生活实际,注重可读性、故事性,符合学生认知规律。

图书在版编目(CIP)数据

中职生人文素养知识读本/曹绪东主编.—武汉:华中科技大学出版社,2014.7
ISBN 978-7-5680-0272-1

Ⅰ.①中…　Ⅱ.①曹…　Ⅲ.①人文素质教育-中等专业学校-教材　Ⅳ.①G718.3

中国版本图书馆 CIP 数据核字(2014)第 170934 号

中职生人文素养知识读本　　　　　　　　　　　　　　　　　　　　曹绪东　主编

策划编辑:王红梅
责任编辑:余　涛
封面设计:三　禾
责任校对:邹　东
责任监印:周治超
出版发行:华中科技大学出版社(中国·武汉)
　　　　　武昌喻家山　邮编:430074　电话:(027)81321913
录　排:武汉市洪山区佳年华文印部
印　刷:武汉市籍缘印刷厂
开　本:787mm×1092mm　1/16
印　张:18.25
字　数:472 千字
版　次:2017 年 2 月第 1 版第 3 次印刷
定　价:24.80 元

前　言

本书坚持以促进人的全面发展为宗旨,注重夯实和提高学生的人文素养;坚持励志教育,培育学生与人为善、和谐共处的思想;务实求真,贴近日常生活、职场需求,帮助学生了解、掌握必备人文知识,提高人文素养,为学生终身发展奠定基础,促进职业生涯发展。

本书采用日记体例编写,按照 140 天安排学习内容,适合作为中职一年级学生晨读和晚自习的学习内容。晨读内容有"念一念　写一写""读一读　记一记""想一想　背一背",以识字写字、人文知识、经典诗词诵读、英语口语交际为主,旨在提高学生人文知识储备;晚自习以阅读为主,选文由"人生锦囊""生活经纬""诺亚方舟""职场谋略""人生智慧"五部分构成,贴近学生现实和未来职场生活实际,注重可读性、故事性,符合学生认知规律。

人文素养教育是教育的根基。本书在选材上注重知识性与思想性的统一,或选自传统国学经典,或归纳总结文化精粹,或源自为人处世美文,紧扣时代发展的主旋律,展示了华夏民族的智慧,彰显了民族文化精神和时代精神,体现了职业教育理念,凸显了学生主体地位,为中职生积累语言、丰富文化知识,由课内技能学习向课外寻求人文素养知识搭建了通道。

作为学习者和中等职业教育工作的直接参加者,编者亲身经历了十多年的中等职业教育改革与发展,而今又直面职业教育提高学生人文素养的紧迫性,自然有许多感触和体会。于是我们编写了《中职生人文素养知识读本》一书,呈现我们对提高中职生人文素养的理解和认识,证明我们在这方面已经采取的行为实践。希望它是一份同仁们互相学习、借鉴的材料,能够得到大家的批评和指教、鼓励和支持。

编写过程中得到了华中科技大学出版社各位领导和专家的大力帮助,受到了宜昌市职教同仁的热情关注,在此一并致谢。

本书主编为曹绪东,副主编为郑光安、周继武、向长征。

编者

2014 年 5 月

目 录

人生智慧

一、念一念　写一写

tiān dì xuán huáng 天　地　玄　黄	yǔ zhòu hóng huāng 宇　宙　洪　荒
rì yuè yíng zè 日　月　盈　昃	chén xiù liè zhāng 辰　宿　列　张

二、读一读　记一记

第一部诗歌总集:《诗经》

第一部军事著作:《孙子兵法》[春秋]孙武

第一部国别体史书:《国语》[春秋]左丘明

第一部编年体史书:《春秋》[春秋]孔子

第一部编年体史诗:《左传》[春秋]左丘明

第一部纪传体通史:《史记》[西汉]司马迁

第一部断代史书:《汉书》[东汉]班固

第一首长篇叙事诗:《孔雀东南飞》

第一首长篇抒情诗:《离骚》[战国]屈原

第一部字典:《说文解字》[东汉]许慎

三、想一想　背一背

安得广厦千万间,大庇天下寒士俱欢颜。(杜甫《茅屋为秋风所破歌》)

八月湖水平,涵虚混太清。(孟浩然《望洞庭湖赠张丞相》)

八月秋高风怒号,卷我屋上三重茅。(杜甫《茅屋为秋风所破歌》)

白日依山尽,黄河入海流。(王之涣《登鹳雀楼》)

白玉一杯酒,绿杨三月时。(李白《赠钱征君少阳》)

自我评价	任务完成情况	组长评价	教师签字
★★★			

★1. Time is up. 时间快到了。★2. Allow me. 让我来。

1

自知——认识你自己

知人者智,自知者明。一个人活在世上,无论自己想要自己的人生达到什么样的程度,首先就必须具备自知之明。

生命的存在基本上是一种偶然,我们任何一个人都无法决定自己出生的时间、地点、家庭环境、自身的性别与外貌等,也不可能长生不老。生命的开始与结束掌握在自然的手中,个人几乎无能为力。但是,在自然的生与死之间,有一段人生的旅程,它是我们每个人必须自己去走的,而旅行能到达什么样的地方,全凭个人如何去安排了。

老子提出过这样的观点:"祸兮福之所倚,福兮祸之所伏。"这句话有变不利为有利的巨大能量。可以想象一下,如果你是出生于一个极为富裕的家庭,从小娇生惯养,过着衣来伸手、饭来张口的生活,那么,你还会想到如何去为自己的人生奋斗吗?你还会为因为找不到一份工作而烦恼吗?

你不会!富裕会让你生出懒惰的思想以及形成懒惰的习惯,因为你没有必要像出身贫寒的人那样为生计而奔波。

但是如果你是一个贫穷的人,那么你所想到的,首先是如何保障你的生活。中国有一句古话,叫做"贫窑出勇士",因为出身贫寒的人,从小便知道生活的艰辛,因而他们的生活磨炼了他们顽强奋斗的性格。世界上的许多百万富翁都出身贫寒,他们的财富都是靠自己的顽强奋斗获得的。

老子说:"知人者智,自知者明。"所有的一切,都从认识自己开始。你是否认识你自己,这是你人生的关键。首先,你不要错误地认为自己作为一个有价值的人与你的聪明才智、博学多能或者你的财富、力量有关。事实上,无论你有多聪明,也无论你有多能耐,如果没有自知之明,那么最终结果只有一个,那就是失败!

其次,你不要错误地认为自己存在于这个世界上是一种恩惠,没有人对你施恩,你也不会对任何人施恩,一切都是自然存在的。事实上,无论你对别人有多大的帮助,也无论别人给予你多大的帮助,如果你不正视自己,那么这个"帮助"的最终结果只能是"竹篮打水一场空"。

认识你自己,不必为实现你所想象的但是却不切实际的所谓自身价值而去做任何多余的努力,你要明白,当你降生到这个世界的时候,你就已经拥有了自己的价值,你接下来所要做的事,就是如何将你自身的价值发扬光大,因而你必须了解、认识到自己的价值。

你不妨经常问一问自己:我是谁?当你能够给出一个满意的答案的时候,你的人生也就真正地开始了。

一、念一念　写一写

hán lái shǔ wǎng 寒 来 暑 往		

qiū shōu dōng cáng 秋 收 冬 藏		

rùn yú chéng suì 闰 馀 成 岁		

lǜ lǚ tiáo yáng 律 吕 调 阳		

二、读一读　记一记

第一部词典：《尔雅》
第一部系统的文学理论专著：《文心雕龙》[南朝]刘勰
现代第一篇白话小说：《狂人日记》鲁迅
现代第一部新诗集：《女神》郭沫若
第一部药典：《神农本草经》
第一部语录体著作：《论语》[春秋]孔子
第一部神话小说：《搜神记》[晋]干宝
乐府双璧：《木兰诗》《孔雀东南飞》
史学双璧：《史记》《资治通鉴》

三、想一想　背一背

半亩方塘一鉴开，天光云影共徘徊。（朱熹《观书有感》）
宝剑锋从磨砺出，梅花香自苦寒来。（《警世贤文》）
爆竹声中一岁除，春风送暖入屠苏。（王安石《元日》）
悲歌可以当泣，远望可以当归。（《乐府诗集·悲歌行》）
北风卷地白草折，胡天八月即飞雪。（岑参《白雪歌送武判官归京》）

自我评价	任务完成情况	组长评价	教师签字
★★★			

★1. Be quiet! 安静点！　★2. Cheer up! 振作起来！

学会为人处世(一)

做一个人生的观光客吧,说到底只要与人为善,以德服人,离是非远点,靠家人近点,便有了心安,有了惬意。

说话要用脑子,敏事慎言,话多无益,嘴只是一个扬声器而已,平时一定要注意监督、控制好"调频旋钮"和"音控开关",否则会给自己带来许多麻烦。讲话不要只顾一时痛快、信口开河,以为人家给你笑脸就是欣赏,没完没了地把掏心窝子的话都讲出来,结果让人家彻底摸清了家底,还偷着笑你。

乐观的心态来自宽容,来自大度,来自善解人意,来自与世无争。

遇事不要急于下结论,即便有了答案也要等等,也许有更好的解决方式,站在不同的角度就有不同答案。要学会换位思维,特别是在遇到麻烦的时候,千万要学会等一等、靠一靠,很多时候不但麻烦化解了,说不准好运也来了。

这世道没有无缘无故的爱,也没有无缘无故的恨,不要参与评论任何人,做到心中有数就可以了。

要学会大事化小、小事化了,把复杂的事情尽量简单处理,千万不要把简单的事情复杂化。掌握办事效率是一门学问,要控制好节奏。

对小人一定要忍让,退一步海阔天空,实在不行把属于自己的空间也送给他们,让他们如莺歌燕舞般陶醉吧。俗话说大人大度量,不把俗事放在心里,小人鼠肚鸡肠,惹着小人就等于惹了麻烦,天底下数小人惹不起。直到现在我也没想出更好的办法战胜小人,不知道敬而远之是否可行。

做事情一定要事先设立道德底线,小偷也清楚有些东西是绝对不能偷的。所以说事情万万不可做绝,落井下石的事绝对不要干,给别人让出退路就等于自己前进了。

一、念一念　写一写

yún téng zhì yǔ 云 腾 致 雨			lù jié wéi shuāng 露 结 为 霜		
jīn shēng lí shuǐ 金 生 丽 水			yù chū kūn gāng 玉 出 昆 岗		

二、读一读　记一记

西汉两司马：司马迁、司马相如

江南三大古楼：湖南岳阳楼、武昌黄鹤楼、南昌滕王阁

中国三大国粹：京剧、中医、中国画

杜甫"三吏""三别"："三吏"指《新安吏》《石壕吏》《潼关吏》；"三别"指《新婚别》《垂老别》《无家别》

三皇五帝：三皇指伏羲、燧人、神农；五帝指黄帝、颛顼、帝喾、尧、舜

三山五岳：东海里的三座仙山，即瀛洲、蓬莱、方丈山；五岳指东岳泰山、南岳衡山、西岳华山、北岳恒山、中岳嵩山

佛教三藏：总说根本教义为经，述说戒律为律，阐发教义为论（通晓三藏的叫三藏法师）

三原色：红、绿、蓝

三不朽：立德、立功、立言

长江三峡：瞿塘峡、巫峡、西陵峡

三、想一想　背一背

笔落惊风雨，诗成泣鬼神。（杜甫《寄李十二白二十韵》）

毕竟西湖六月中，风光不与四时同。（杨万里《晓出净慈寺送林子方》）

壁立千仞，无欲则刚（对联）

别时容易见时难。流水落花春去也，天上人间。（李煜《浪淘沙令》）

博观而约取，厚积而薄发。（苏轼《杂说送张琥》）

自我评价	任务完成情况	组长评价	教师签字
★★★			

★1. Have fun! 玩得开心！★2. How much? 多少钱？

— 5 —

学会为人处世（二）

明枪易躲，暗箭难防，背后算计你的小人永远不会消失。小人不可得罪，同样，小人也不可饶恕，这是万世不变的真理。说到底小人也有心小的一面，对待这种人要稳、准、狠，你可以装作什么也没发生，天下太平，万事大吉，然后来个明修栈道，暗度陈仓，以毒攻毒，让小子知道：小人也不是谁都可以做的，做好人要有水准，做小人同样有难度。

对待爱你的人一定要尊重，爱你是有原因的，不要问为什么，接受的同时要用加倍的关爱回报，但是千万不要欺骗人家的感情，哪怕你对人家没兴趣，哪怕人家长得丑一点，这是你用钱买不来的财富。记住：轻视人家付出的情感就等于蔑视自己，玩物丧志，玩人丧德，爱人是一种美德。

背后夸奖你的人，知道了，要珍藏在心里，这里面很少有水分。当面夸奖你那叫奉承，再难听些叫献媚，你可以一笑而过，就当什么也没发生，也许不久就有求于你。对于那种当众夸奖你的人，就疏忽不得了，也许你转过身去，就用指头戳你。掌握一条原则：逢人多贬自己，少夸别人，选先评优的时候除外。

小恩小惠攒多了就是一个大窟窿，只要接受就一定要找机会回报，行下春风望夏雨，付出就是为了收获，其实就是一个简单的种子与果实的关系。千万别让天真给害了，记住：人生如戏，都在寻找利益的平衡，只有平衡的游戏才有可能玩下去。

患有心理疾病的人是不负法律责任的，可以没有理由地咬你一口，所以对待疯狗级的人物要敬而远之，保持不来往，不交流，退一步，海阔天空。相信疯狂也是一种人格，虽不值得尊重，但自有其存在的道理，生物链少不了这一环。

坏心情是失眠时折磨出来的，其实现实并没有你想的那样糟糕，生命有高峰也有低谷，根本没有一帆风顺的人生。

所谓的缘分无非只有善恶两种，珍惜善的，也不要绝对排斥恶的，相信擦肩而过也是缘吧。全世界近70亿人口，碰上谁也不容易，所以遇到恶缘，也要试着宽容，给对方一次机会，不可一上来就全盘否定。

不要让事业上的不顺影响家人，更不要让家庭的纠纷影响事业。那样做很不划算，家人和事业都受影响，甚至损失。男人要善于扛事，要把眼泪咽下去。

待人接物要摆正自己的位置，不可以老把自己当人物，老拿自己当领导，老把自己当富翁，老以为自己是情圣，老是自我感觉良好，即便真是小有作为，业绩斐然，也要谨慎，要虚怀若谷，要大智若愚，其实人的最终结局都是一样的，只是你把自己看复杂了。说句俗话，千万别把自己当回事。骗你一次的人绝不会放弃第二次骗你的机会，对骗子不要抱任何幻想。靠贬低别人抬高自己的身份，其结果就是暴露自己的无知与贫乏。

一、念一念　写一写

jiàn hào jù què 剑 号 巨 阙				zhū chēng yè guāng 珠 称 夜 光			
guǒ zhēn lǐ nài 果 珍 李 奈				cài zhòng jiè jiāng 菜 重 芥 姜			

二、读一读　记一记

岁寒三友：松、竹、梅

三曹：曹操、曹丕、曹植

三苏：苏洵、苏轼、苏辙

巴金的激流三部曲：《家》《春》《秋》

欧美三大短篇小说家：莫泊桑、契诃夫、欧·亨利

四书：《论语》《中庸》《大学》《孟子》

四大名著：罗贯中《三国演义》、施耐庵《水浒传》、吴承恩《西游记》、曹雪芹《红楼梦》

四大民间传说：《牛郎织女》《孟姜女哭长城》《梁山伯与祝英台》《白蛇传》

元代四大戏剧：关汉卿《窦娥冤》、王实甫《西厢记》、汤显祖《牡丹亭》、洪升《长生殿》

晚清四大谴责小说：李宝嘉《官场现形记》、吴沃尧《二十年目睹之怪现状》、刘鹗《老残游记》、曾朴《孽海花》

三、想一想　背一背

薄雾浓云愁永昼，瑞脑消金兽。（李清照《醉花阴》）

不鸣则已，一鸣惊人。（《史记·滑稽列传》）

不入虎穴，焉得虎子。（《后汉书·班超传》）

不识庐山真面目，只缘身在此山中。（苏轼《题西林壁》）

不畏浮云遮望眼，只缘身在最高层。（王安石《登飞来峰》）

自我评价	任务完成情况	组长评价	教师签字
★★★			

★1. I'm full. 我饱了。★2. I'm home. 我回来了。

心里有阳光，眼里才会有明媚

心里有阳光，眼里才会有明媚，踏着青春的脚步，走出一个春暖花开。踮起脚尖，仰望星空，最明亮的那颗属于我，散发着熠熠光辉。青春是一场盛宴，丰富而美味，但品得太快，就会错过应有滋味；青春好似一季烟花，绚烂而璀璨，然烟花易冷，逝去得太快；青春也像一场竞赛，充满激情而热闹，催人奋进，就要用有限的青春展现无限的精彩人生。

当青春年华慢慢划过岁月的痕迹，当逝去的日子不再重新来过，当一切的一切交织在一起，点点滴滴在心里徘徊，洗涤了心灵。带着丝丝凉意，沉浸在塞外的广袤天地，时光渐寒渐冷，闯进了冬季，打破了原本寂静的气氛，萧条了万物；岁月渐行渐远，不停地流逝，留下了那份坚毅的执著，走向远去的旅途。

有人说：人生是由一段段不同的旅途组成的，当我们走完一段，另一段即随之而来，于是我们一直在路上，在路上不停前行，直到我们生命终结。而青春的记忆，却是那样刻骨铭心，沿途亦有美好的风景；当我们在这里品味过苦、尝试过甜，当我们在这里经历过哭，亦有过笑，我们才渐渐长大，慢慢成熟。那一个个小小的挫折和挫折背后的成功，是支撑我们前行的动力，也是这些挫折和成功点缀了我们整个青春年华，让这段旅程不再孤寂、不再单调。

漫步走过，青涩的青春记忆，给我们留下了无尽的执念。我会记住每一个和我相遇的人，记住他们的音容笑貌；我会珍惜每一个和我做朋友的人，珍惜我们之间那份珍贵的友谊；我也会怀念那些我喜欢的和喜欢我的人，愿他们幸福、快乐；我还要感谢那些帮助过我的人，是他们的帮助与鼓励，让我继续坚强走下去；或许，更应该感谢父母，那份背后的默默的亲情，剔透着晶莹的泪水。青春，有太多值得我们记忆的东西，也是我们整个人生最美好的阶段，不羁的情怀，个性的张扬，执著的追求，个中滋味是一种激情的释放。

每个人的成长都伴随着青春，每个人的青春都有它的特别之处，逝去的就再也回不来，未来的还要我们继续去创造。挥洒青春和汗水，守望一份幸福与执著，让时光的倒影在风中尽情摇曳，让生命的多姿多彩徜徉亲手编织的美梦里，让人生的步履在匆匆之余看尽万千风景。轻吟浅笑，青春是一首唱不尽的歌，诉说着"我的未来不是梦"；发人深省，青春是一部厚重的书，传递着"钢铁是怎样炼成的"；演绎人生，青春是一部感人至深的电影，彰显着"青春无悔"。当我们离青春越来越远，岁月的积淀在我们内心也越来越厚重，带着这份积淀淡然上路，泰然自若。

继续上路吧，在这个岗位上挥霍自己的青春，演绎精彩的人生，相信我的青春脚步是厚实的，一步一个脚印，走出一个青春无悔。

一、念一念　写一写

hǎi xián hé dàn 海 咸 河 淡				lín qián yǔ xiáng 鳞 潜 羽 翔			
lóng shī huǒ dì 龙 师 火 帝				niǎo guān rén huáng 鸟 官 人 皇			

二、读一读　记一记

四大名瓷窑:河北的磁州窑、浙江的龙泉窑、江西的景德镇窑、福建的德化窑
四大名旦:梅兰芳、程砚秋、尚小云、荀慧生
古代四大美女:西施(沉鱼)、王昭君(落雁)、貂蝉(闭月)、杨玉环(羞花)
四大名桥:广济桥、赵州桥、洛阳桥、卢沟桥
初唐四杰:王勃、杨炯、卢照邻、骆宾王
元曲四大家:关汉卿、马致远、白朴、郑光祖
明代江南四大才子:唐伯虎、祝枝山、文征明、徐祯卿
北宋四大书法家:苏轼、黄庭坚、米芾、蔡襄
楷书四大家:颜真卿、柳公权、欧阳询、赵孟頫
书法四体:正、草、隶、篆

三、想一想　背一背

不要人夸好颜色,只留清气满乾坤。(王冕《墨梅》)
不知何处吹芦管,一夜征人尽望乡。(李益《夜上受降城闻笛》)
不知江月待何人,但见长江送流水。(张若虚《春江花月夜》)
不知近水花先发,疑是经冬雪未销。(张谓《早梅》)
不知细叶谁裁出,二月春风似剪刀。(贺知章《咏柳》)

自我评价	任务完成情况	组长评价	教师签字
★★★			

★1. I'm lost. 我迷路了。★2. It's my treat. 我请客。

接受,是变好的开始

我们的一生,面临许多的选择,但更多的遭遇是没有选择的,所以,要学好生命里很重要的那门功课——"接受":接受爱的人离开,接受亲的人离世,接受喜欢的人无论如何也不能在一起,以及接受自己的出身、相貌、天分。这样,无论活多久,虽然每一次在"接受"面前,我们依旧像个只会嚎哭的孩子,而区别是,长大的自己会对自己说:"接受,是变好的开始。"

得失如云烟,转眼风吹散。人生百年,转眼成空。生不带来,死不带去。一切邂逅,悲欢得舍皆由心定。看得透,放得开,则一切如镜中花、水中月,虽然赏心悦目,却非永恒。不如开开心心,坦坦荡荡,不让自己在悲伤中度过,别让自己在徘徊中漫步。

人生几多无奈,几多感慨,几多繁杂,几多悲哀。喧嚣浮世,想要追寻的很多,能属于我们的甚少,所以不必苦苦纠结。选择放下,坦然释怀;选择安静,摒弃尘埃。总会在无数的挣扎后,才会大彻大悟,原来生活中最快乐的状态,就是在平淡与平凡的生活中没有丢失自己,给自己一个最真实的交代,这个交代就是接受。

随缘者自适。缘,如流水一样自然,似花开一般不可勉强。随缘,并非坐等万事休,而是尽力之后的随遇而安。人生在世,想做而可做的尽力去做,心有余而力不足的不勉强,毕竟,有太多人事非人力所能左右。缘之一字,有深有浅,缘来固然可庆,缘散何须哀怨。懂得随缘者,心无挂碍,所以拥有人生最大的自由。

心若乱了,一切就都乱。守护你的心,胜过守护你的所有,因为你一生的收获,都是由内心所生。不用去追问生命到底还要经历多少颠簸,因为无论是顺境还是逆境,生活始终会按它的阴晴圆缺该来时来该去时去,我们只需以一颗坦然的心,自信的面孔,乐观、豁达地去面对。

接受,很多时候是一种无奈,是一种必然,不是我们自己可以预料和掌控的,但接受的态度和方式,却是我们可以选择的。接受,意味着我们承认现实,但并不意味着逆来顺受,意味着束手无策。不同的态度,不同的方式,我们的感受会不同,事态的发展也会不同。

失去亲人,是痛苦的接受,但并不意味着我们从此一蹶不振,终日以泪洗面,我们可以选择坚强,我们可以继续亲人未竟的事业,了却亲人未了的心愿,回味亲情的漫长悠远的温暖;接受深爱的人离开,并不意味着对真爱的怀疑,心灵走过的地方,无怨,无悔,把曾经的美丽酿成陈年甘露珍藏在记忆深处,放手,才能开始向新的风景出发;接受失败,并不意味着退却,从此心灰意懒,我们可以总结教训,可以东山再起,"心若在,梦就在,大不了,从头再来"。

每个人都在争取一个完满的人生,然而,世界上没有绝对完满的东西,所以,有缺憾才是恒久,不完满才叫人生。其实,最好的境界就是花未开全,月未圆。给膨胀留一点升腾的余地,给单调留一点饱满的空间。接受,使我们成熟,使我们坚强,使我们的人生少了点彷徨,多了点力量。要相信,接受,是变好的开始。

一、念一念　写一写

shǐ zhì wén zì 始 制 文 字			nǎi fú yī shang 乃 服 衣 裳		
tuī wèi ràng guó 推 位 让 国			yǒu yú táo táng 有 虞 陶 唐		

二、读一读　记一记

文房四宝：笔、墨、纸、砚
古代秀才四艺（文人雅趣）：琴、棋、书、画
国画四君子：梅、兰、竹、菊
四库全书：经、史、子、集
兄弟四排行：伯、仲、叔、季
戏曲四行当：生、旦、净、丑
古代祥瑞四灵：龙、凤凰、麒麟、乌龟
千古文章四大家：韩愈、柳宗元、欧阳修、三苏（苏洵、苏轼、苏辙）
中医四诊：望、闻、问、切
五经：《诗经》《尚书》《礼记》《周易》《春秋》

三、想一想　背一背

才下眉头，却上心头。（李清照《一剪梅》）
采得百花成蜜后，为谁辛苦为谁甜？（罗隐《蜂》）
采菊东篱下，悠然见南山。（陶渊明《饮酒》）
残云收夏暑，新雨带秋岚。（岑参《水亭送华阴王少府还县》）
草长莺飞二月天，拂堤杨柳醉春烟。（高鼎《村居》）

自我评价	任务完成情况	组长评价	教师签字
★★★			

★1. This way. 这边请。★2. After you. 您先。

人生处处皆学问（一）

1. 走进星星的世界

如果你无法改变环境，唯一的方法就是改变你自己。

有一个美国年轻军官接到调动命令，将他调派到一处接近沙漠边缘的基地。

他不想新婚的妻子跟着他离开都会生活，前往受苦，但妻子为了证明夫妻同甘共苦的深情，执意陪同前去。年轻军官只好带着妻子前往，并在驻地附近的印弟安部落中帮妻子找了个木屋安顿。

该地夏天酷热难耐，风沙多且早晚温差大，更糟糕的是部落中的印弟安人都不懂英语，连日常的沟通交流都有问题。过了几个月，妻子实在是无法忍受这样的生活，于是写了一封信给她的母亲，除了诉说生活的艰苦难熬外，信末还说她准备回到繁华的都市生活。

她的母亲回了封信跟她说："有两个囚犯，他们住同一间牢房，往同一个窗外看，一个看到的是泥巴，另一个则看到星星。"

妻子倒不是真的想离开丈夫回到都市，原也只是发发牢骚罢了。接到母亲的信件后，便对自己说："好吧，我去把那星星找出来！"

从此她改变了生活态度，积极地走进印弟安人的生活里，向他们学习编织和烧陶，并迷上了印弟安文化。

她还认真地研读了许多关于星象天文的书籍，并运用沙漠地带的天然优势观察星星，几年后出版了几本关于星星的研究书籍，成了星象天文方面的专家。

"走进星星的世界。"她常常在心底这样跟自己说。

提示：打败自己的不是环境，而是自己。走进星星的世界，往往就能找到生命的依归与生活的目标。请不要抱怨环境让你无法一展所长，而应努力从中找到属于自己的闪耀星星。

2. 暴雨起时莫下山

人若怕鬼，鬼就吓人；人不怕鬼，鬼就怕人。

一位参加夏令营回来的同学问我一个问题：假如在登山的时候，下起了暴雨，你该马上下山还是等待救援？我说："应该马上下山。"同学说："错了，应该继续前进。"我奇怪地问："山上的风雨不是更大吗？"那位同学告诉我，那天早晨，他们登一座高山，刚行至半山腰就遇上了大雨。他们要下山，带队老师不同意，反而要他们赶快往山上走。结果，他们一鼓作气冒着风雨登上了山顶。傍晚下山的时候，他们发现那条道路被水冲刷过了，路上残留着许多石块、泥沙，而且越往下走，泥沙堆积的厚度越高。

提示：往山顶走，风雨可能更大，但不足以危及生命；如果往山下走，却有可能遇到山洪，致人于死地。

一、念一念　写一写

diào mín fá zuì 吊 民 伐 罪		zhōu fā yīn tāng 周 发 殷 汤	
zuò cháo wèn dào 坐 朝 问 道		chuí gǒng píng zhāng 垂 拱 平 章	

二、读一读　记一记

五音：宫、商、角、徵、羽

五湖四海：鄱阳湖（江西）、洞庭湖（湖南）、太湖（江苏）、洪泽湖（江苏）、巢湖（安徽）；渤海、黄海、东海、南海

五行：金、木、水、火、土

五常：仁、义、礼、智、信

五毒：蝎子、蛇、壁虎、蜈蚣、蟾蜍

五花：金菊花（卖茶女）、木棉花（郎中）、水仙花（歌女）、火棘花（玩杂耍的人）、土牛花（挑夫）

五谷：稻、黍、稷、麦、菽（《周礼》）

五脏：心、肝、脾、肺、肾

五味：甜、酸、苦、辣、咸

三、想一想　背一背

草枯鹰眼疾，雪尽马蹄轻。（王维《观猎》）

长风破浪会有时，直挂云帆济沧海。（李白《行路难·其一》）

常恐秋节至，焜黄华叶衰。（汉乐府《长歌行》）

臣心一片磁针石，不指南方不肯休。（文天祥《扬子江》）

沉舟侧畔千帆过，病树前头万木春。（刘禹锡《酬乐天扬州初逢席上见赠》）

自我评价	任务完成情况	组长评价	教师签字
★★★			

★1. Bless you! 祝福你！★2. Follow me. 跟我来。

人生处处皆学问(二)

1. 少了一个发夹

逃避不一定躲得过,面对不一定最难受;孤单不一定不快乐,得到不一定能长久;失去不一定不再有,转身不一定最软弱。

国王有七个女儿,这七位美丽的公主是国王的骄傲。她们那一头乌黑亮丽的长发远近皆知,所以国王送给她们每人十个漂亮的发夹。

有一天早上,大公主醒来,一如往常地用发夹整理她的秀发,却发现少了一个发夹,于是她偷偷地来到二公主的房里,拿走了一个发夹。二公主发现少了一个发夹,便到三公主房里拿走一个发夹;三公主发现少了一个发夹,也偷偷地拿走四公主的一个发夹;四公主如法炮制拿走了五公主的;五公主一样拿走六公主的;六公主只好拿走七公主的。于是,七公主的发夹只剩下九个。隔天,邻国英俊的王子忽然来到皇宫,他对国王说:"昨天我养的百灵鸟叼回了一个发夹,我想这一定是属于公主们的,而这也真是一种奇妙的缘分,不晓得是哪位公主掉了发夹?"

公主们听到了这件事,都在心里想说:"是我掉的,是我掉的。"可是头上明明完整地别着十个发夹,所以都懊恼得很,却说不出。只有七公主走出来说:"我掉了一个发夹。"话才说完,一头漂亮的长发因为少了一个发夹,全部披散下来,王子不由得看呆了。

故事的结局,当然是王子与七公主从此一起过着幸福快乐的日子。

2. 自我反省

人生最大的成就在于不断重建自己,使自己终于能知道如何生活。

夏朝时候,一个背叛的诸侯有扈氏率兵入侵,夏禹派他的儿子伯启抵抗,结果,伯启打败了。他的部下很不服气,要求继续进攻,但是伯启说:"不必了,我的兵比他多,地也比他大,却被他打败了,这一定是我的德行不如他,带兵方法不如他的缘故。从今天起,我一定要努力改正过来才是。"从此以后,伯启每天很早便起床工作,粗茶淡饭,照顾百姓,任用有才干的人,尊敬有品德的人。过了一年,有扈氏知道了,不但不敢再来侵犯,反而主动投降了。

提示:遇到失败或挫折,假如能像伯启这样,肯虚心地检讨自己,马上改正有缺失的地方,那么最后的成功,一定是属于你的。

3. 为何而学

对于一只盲目航行的船而言,所有方向的风都是逆风。

有个人一心一意想升官发财,可是从年轻熬到白发,却还只是个小公务员。这个人为此极不快乐,每次想起来就掉泪,有一天竟然号啕大哭了。办公室有个新来的年轻人觉得很奇怪,便问他到底因为什么难过。他说:"我怎么不难过?年轻的时候,我的上司爱好文学,我便学着作诗写文章,想不到刚觉得有点小成绩了,却又换了一位爱好科学的上司。我赶紧又改学数学、研究物理,不料上司嫌我学历太浅,不够老成,还是不重用我。后来换了现在这位上司,我自认文武兼备,人也老成了,谁知上司喜欢青年才俊,我……我眼看年龄渐高,就要被迫退休了,一事无成,怎么不难过呢?"

提示:研究学问、学习技能,应该是为充实自己,千万不能为了迎合别人,或随时代潮流而盲目地进行,否则目的不能达成事小,白白糟蹋了一生宝贵的光阴才最可惜。

一、念一念　写一写

ài yù lí shǒu 爱 育 黎 首				chén fú róng qiāng 臣 伏 戎 羌			
xiá ěr yì tǐ 遐 迩 一 体				shuài bīn guī wáng 率 宾 归 王			

二、读一读　记一记

六艺:礼、乐、射、御、书、数

六义:风、赋、比、兴、雅、颂

汉字六书:象形、指事、形声、会意、转注、假借

六腑:胃、胆、三焦、膀胱、大肠、小肠

六亲:父、母、兄、弟、妻、子

六畜:马、牛、羊、狗、猪、鸡

六甲:甲子、甲寅、甲辰、甲午、甲申、甲戌

佛教六根(佛教名词):眼、耳、鼻、舌、身、意

意六欲:见欲、听欲、香欲、味欲、触欲、意欲

三、想一想　背一背

诚知此恨人人有,贫贱夫妻百事哀。(元稹《遣悲怀》)

长风破浪会有时,直挂云帆济沧海。(李白《行路难三首(其一)》)

迟日江山丽,春风花草香。(杜甫《绝句》)

抽刀断水水更流,举杯销愁愁更愁。(李白《宣州谢朓楼饯别校书叔云》)

出师未捷身先死,长使英雄泪满襟。(杜甫《蜀相》)

自我评价	任务完成情况	组长评价	教师签字
★★★			

★1、Good luck! 祝好运! ★ 2、I decline! 我拒绝!

你就是我想要的人

成功来自于你对自己真正热爱和擅长的事业的专注,而非来自对每一偶然事情的挑战。

一个商人需要一个小伙计,他在商店的窗户上贴了一张独特的广告:"招聘:一个能自我克制的男士。每星期 40 美元,合适者可以拿 60 美元。""自我克制"这个术语引起了争论,这引起了小伙子们的思考,也引起了父母们的思考,自然也引来了众多求职者。

每个求职者都要经过一个特别的考试。卡特也来应聘,他忐忑地等待着,终于,该他出场了。

"能阅读吗?"

"能,先生。"

"你能读一读这一段吗?"他把一张报纸放在卡特的面前。

"可以,先生。"

"你能一刻不停顿地朗读吗?"

"可以,先生。"

"很好,跟我来。"商人把卡特带到他的私人办公室,然后把门关上。他把这张报纸送到卡特手上,上面印着卡特答应不停顿地读完的那一段文字。

阅读刚一开始,商人就放出 6 只可爱的小狗,小狗跑到卡特的脚边。这太过分了。许多应聘者都因经受不住诱惑要看看美丽的小狗,视线离开了阅读材料,因此而被淘汰。但是,卡特始终没有忘记自己的角色,在排在他前面的 70 个人失败之后,他不受诱惑一口气读完了材料。

商人很高兴,他问卡特:"你在读书的时候没有注意到你脚边的小狗吗?"

卡特答道:"对,先生。"

"我想你应该知道它们的存在,对吗?"

"对,先生。"

"那么,为什么你不看一看它们?"

"因为我告诉过你我要不停顿地读完这一段。"

"你总是遵守你的诺言吗?"

"的确是,我总是努力地去做,先生。"

商人在办公室里来回走着,突然高兴地说道:"你就是我想要的人。"

一、念一念　写一写

míng fèng zài zhú 鸣　凤　在　竹	bái jū shí chǎng 白　驹　食　场

huà bèi cǎo mù 化　被　草　木	lài jí wàn fāng 赖　及　万　方

二、读一读　记一记

竹林七贤：嵇康、刘伶、阮籍、山涛、阮咸、向秀、王戎

七宝：金、银、琉璃、珊瑚、砗磲、珍珠、玛瑙《无量寿经》

七情：喜、怒、哀、乐、爱、恶、欲

开门七件事：柴、米、油、盐、酱、醋、茶

七曜：日、月、金、木、水、火、土

七大艺术：绘画、音乐、雕塑、戏剧、文学、建筑、舞蹈

唐宋古文八大家：韩愈、柳宗元、欧阳修、苏洵、苏轼、苏辙、王安石、曾巩

八卦：乾(天)、坤(地)、震(雷)、巽(风)、坎(水)、离(火)、艮(山)、兑(泽)

八仙：铁拐李、汉钟离、张果老、吕洞宾、何仙姑、蓝采和、韩湘子、曹国舅

八大菜系：川菜、湘菜、鲁菜、苏菜、浙菜、粤菜、闽菜、徽菜

八门：巾(算命占卦的)、皮(卖草药的)、彩(变戏法的)、挂(江湖卖艺的)、平(说书评弹的)、团(街头卖唱的)、调(搭篷扎纸的)、聊(高台唱戏的)

三、想一想　背一背

予独爱莲之出淤泥而不染,濯清涟而不妖。(周敦颐《爱莲说》)

几处早莺争暖树,谁家新燕啄春泥。(白居易《钱塘湖春行》)

窗含西岭千秋雪,门泊东吴万里船。(杜甫《绝句》)

春蚕到死丝方尽,蜡炬成灰泪始干。(李商隐《无题》)

春潮带雨晚来急,野渡无人舟自横。(韦应物《滁州西涧》)

自我评价	任务完成情况	组长评价	教师签字
★★★			

★1. I promise. 我保证。★2. Slow down! 慢点！

鹅卵石的故事

善射者所以成名，不在其箭，而在其的。

在一次上时间管理的课上，教授在桌子上放了一个装水的罐子，然后又从桌子下面拿出一些正好可以从罐口放进罐子里的"鹅卵石"。当教授把石块放完后问他的学生："你们说这罐子是不是满的？"

"是。"所有的学生异口同声地回答。

"真的吗？"教授笑着问。然后再从桌底下拿出一袋碎石子，把碎石子从罐口倒下去，摇一摇，再加一些，再问学生："你们说，这罐子现在是不是满的？"这回他的学生不敢回答得太快。最后班上有位学生怯生生地细声回答道："也许没满。"

"很好！"教授说完后，又从桌下拿出一袋沙子，慢慢地倒进罐子里。倒完后，于是再问班上的学生："现在你们再告诉我，这个罐子是满的呢，还是没满？"

"没有满。"全班同学这下学乖了，大家很有信心地回答。

"好极了！"教授再一次称赞这些"孺子可教"的学生们。称赞完后，教授从桌底下拿出一大瓶水，把水倒在看起来已经被鹅卵石、小碎石、沙子填满了的罐子里。当这些事都做完之后，教授正色问他班上的同学："我们从上面这些事情得到什么重要的启示呢？"

班上一阵沉默，然后一位自以为聪明的学生回答说："无论我们的工作多忙，行程排得多满，如果要把时间挤一下的话，还是可以多做些事的。"这位学生回答完后心中很得意地想："这门课到底讲的是时间管理啊！"教授听到这样的回答后，点了点头，微笑道："答案不错，但并不是我要告诉你们的重要信息。"说到这里，这位教授故意顿住，用眼睛向全班同学扫了一遍说："我想告诉各位最重要的信息是，如果你不先将大的'鹅卵石'放进罐子里去，你也许以后永远没机会把它们再放进去了。"

对于工作中林林总总的事情可以按重要性和紧急性的不同组合确定处理的先后顺序，做到鹅卵石、碎石子、沙子、水都能放到罐子里去。对于人生旅途中出现的事件也应如此处理。也就是平常所说的处在哪一年龄段要完成哪一年龄段应完成的事，否则，时过境迁，到了下一年龄段就很难有机会去补救了。

一、念一念　写一写

gài cǐ shēn fā 盖 此 身 发		sì dà wǔ cháng 四 大 五 常	
gōng wéi jū yǎng 恭 惟 鞠 养		qǐ gǎn huǐ shāng 岂 敢 毁 伤	

二、读一读　记一记

书法九势：落笔、转笔、藏锋、藏头、护尾、疾势、掠笔、涩势、横鳞

九流：儒家、道家、阴阳家、法家、名家、墨家、纵横家、杂家、农家

九大名关：山海关(河北)、居庸关(北京)、紫荆关(河北)、娘子关(山西)、潼关(陕西)、雁门关(山西)、嘉峪关(甘肃)、武胜关(河南)、镇南关(今广西友谊关)

九族：玄孙、曾孙、孙、子、己身、父亲、祖父、曾祖、高祖

九州：冀州、兖州、青州、荆州、扬州、梁州、雍州、徐州、豫州

十恶：谋反、谋大逆、谋叛、恶逆、不道、大不敬、不孝、不睦、不义、内乱

西湖十景：三潭印月、苏堤春晓、平湖秋月、双峰插云、柳浪闻莺、花港观鱼、曲院风荷、断桥残雪、南屏晚钟、雷峰夕照

三、想一想　背一背

春风不相识，何事入罗帏？(李白《春思》)

春风得意马蹄疾，一日看尽长安花。(孟郊《登科后》)

春风又绿江南岸，明月何时照我还。(王安石《泊船瓜洲》)

春花秋月何时了，往事知多少。(李煜《虞美人》)

春色满园关不住，一枝红杏出墙来。(叶绍翁《游园不值》)

自我评价	任务完成情况	组长评价	教师签字
★★★			

★1. Take care! 保重！★2. Try again. 再试试。

人生贵有三得

一曰：沉得住气。

大千世界，芸芸众生，世事常变，不管你是不是想得到、感觉得到，在我们的四面八方，就连空气里面都弥漫着无穷无尽的五彩缤纷的诱惑。只不过对于每个人的诱惑方式、方法大有不同。在充满诱惑陷阱的现实生活中，一个人要做到沉得住气，谈何容易。而如果沉不住气，你就完全可能失去理智，甚至歇斯底里，大动干戈，也可能自暴自弃，玩世不恭。人生一辈子的坎坷旅途，难免有低谷或高峰，有失意或得意。在不同的境遇中，如果只是一味地怨天尤人，诅咒命运的不公，或者采取一些大家不愿意看到的做法，都是沉不住气的表现。一个人的生命真的是非常脆弱，而沉得住气是大度和睿智的彰显，是理智的沉淀，是成熟的标志。人在宇宙中，宛如茫茫大海中的一叶小舟，只有自己从容驾驭，直面前方的惊涛骇浪，处变不惊，才能乘风破浪，无往而不胜。

二曰：弯得下腰。

人一辈子，总是会遇到有一些起伏变化。古今中外，仁人志士固然强调人的刚正不阿的率真强悍，虽然也有一个人宁可冻死迎风站，饿死不弯腰的一种气节。但是，不同的时期和环境，以及所处所为，让人不得已有所表现，这时候弯得下腰就是一个人的策略所在。做人要低调谦卑，海纳百川，能屈能伸。古人韩信胯下弯腰，成就了大汉四百年基业；司马迁选择弯腰，书写出流传青史的绝唱。可见，弯得下腰是一种姿态，是一种内心的自信。翠竹因弯腰而坚韧不拔，稻穗因弯腰而丰稔厚重。

三曰：抬得起头。

人生还有自信，还有自我，还有大度。不要给自己太多的压力，太大的麻烦。千万不要活在一些人的谗言和是非之中。一个人的一辈子真的是很短，弹指一挥间。要活得潇洒，活得明白，活得阳光。要让自己坦坦荡荡、昂首挺胸地活在这个世界上，真正的要在何时何地都能够抬得起头，拿得起放得下。这是说不管你无论身处逆境还是顺境中，都要保持一种乐观进取的心态。少年壮志不言愁，是青春的自信；纵死犹闻侠骨香，是壮士的自信。然而，抬得起头，不是盛气凌人，也不是傲视一切，而是谦逊待人，平等处事；不是以己之长，比人之短，而是正视自我，见贤思齐；不是因己之拙，忌人之能，而是自知之明，后发赶超。简言之，抬得起头，就是要正大为先，诚恳为贵，通达为怀。

一个人活一辈子，终归有一个自我。不管你想到还是想不到，也不会不知道自己是谁。当然，人生在世，不同的时期、不同的环境、不同的对象、站在不同的角度上，自然有许许多多的自我认识和感觉。不过一个人能不能从内心深处真正地认识自己，而且时时刻刻都义无反顾地信得过自己，可能会在一瞬间怀疑自己的存在，不管你承认还是不承认，这真的可能是每个人内心世界要说服自己难以逾越的一道坎。为人，首先要明白自己，知道自己，了解自己，理解自己，"自信人生二百年，会当水击三千里"，品品自我，自然而然也就安然自得。

一、念一念　写一写

nǚ mù zhēn jié 女 慕 贞 洁			nán xiào cái liáng 男 效 才 良		
zhī guò bì gǎi 知 过 必 改			dé néng mò wàng 得 能 莫 忘		

二、读一读　记一记

儒家两大代表人物:孔丘和孟子,分别被尊至圣和亚圣

宋词分豪放、婉约两派。前者以苏轼、辛弃疾为代表,后者以柳永、周邦彦、李清照为代表

三曹:魏诗人曹操、曹丕、曹植

三苏:宋朝文学家苏洵、苏轼、苏辙

三袁:明朝公安派诗人袁宗道、袁宏道、袁中道

万氏兄弟:我国影坛美术动画片先驱万籁鸣、万古蟾、万超尘、万涤寰

十天干:甲、乙、丙、丁、戊、己、庚、辛、壬、癸

十二地支:子、丑、寅、卯、辰、巳、午、未、申、酉、戌、亥

十二生肖:子鼠、丑牛、寅虎、卯兔、辰龙、巳蛇、午马、未羊、申猴、酉鸡、戌狗、亥猪

三、想一想　背一背

春色恼人眠不得,月移花影上栏杆。(王安石《春夜》)

春宵一刻值千金,花有清香月有阴。(苏轼《春宵》)

春心莫共花争发,一寸相思一寸灰。(李商隐《无题》)

春种一粒粟,秋收万颗子。(李绅《悯农》)

慈母手中线,游子身上衣。(孟郊《游子吟》)

自我评价	任务完成情况	组长评价	教师签字
★★★			

★1. Watch out! 当心! ★2. What's up? 有什么事吗?

别在最能吃苦的年纪选择了安逸

"当你不去旅行，不去冒险，不去拼一份奖学金，不过没试过的生活，整天挂着QQ，刷着微博，逛着淘宝，玩着网游，干着我80岁都能做的事，你要青春干吗？"你是否也曾被这句网传的流行语唤醒了心底那一丝早已沉寂的上进心？锦瑟流年，花开花落，岁月蹉跎匆匆过，而恰如同学少年，在最能学习的时候你选择恋爱，在最能吃苦的时候你选择安逸，错过了人生最为难得的吃苦经历，对生活的理解和感悟就会浅薄。

什么叫吃苦？当你抱怨自己已经很辛苦的时候，请看看那些透支着体力却依旧食不果腹的劳动者。在办公室里整整资料能算吃苦？在有空调的写字楼里敲敲键盘算是吃苦？认真地看看书，学学习，算吃苦？如果你为人生画出了一条很浅的吃苦底线，就请不要妄图跨越深邃的幸福极限。

当你看了《杜拉拉升职记》，你觉得外企真好，可以出入高档写字楼，说着让人听不懂的英语，拿着让人眼红的薪水；当你看了《亲密敌人》，你觉得投行男好帅，开着凯迪拉克，漫步澳大利亚的海滩，随手签着几百万的合同；当你看到一条精妙的广告赞不绝口，你觉得做营销好潮，可以把握市场脉搏，纵情挥洒自己的创意；当你看到一位做房地产的朋友，每天和有钱人出入各种高档场所，发着各种挥霍的微博，你觉得做房地产好赚钱；当你看到一位销售人员满世界出差，在各种地方住五星级酒店，你觉得做销售好风光。你疯狂地爱上了那种洋洋得意的状态，却不曾想到你日思夜想称之为梦想的状态，其实并不等于你看到的那样简单。

他所吃的苦，是早就开始每天只睡三个小时，从N年前的数据查到昨天，一点点地做着细致无比的分析；他所吃的苦，是为了去争取一个客户，和农民工挤在一辆卧铺大巴车上，冒着被偷被抢被撞车的风险，一边敲邮件，一边环顾周围诧异的眼神；他所吃的苦，是为了一套更合理、更系统的管理方法，而不断地和各个领导去磨合，去询问，去思考；他所吃的苦，是为了签下一个大订单，自己一个人在他乡，看着别人世界中的团圆，装饰着自己的相思梦；他所吃的苦，是为了一个上市项目，在三天之内自学几十万字的材料，让自己在三天之内从一个门外汉变成一个行家。他也曾许多次摔倒在泥地里，甚至让别人从自己的身体上踩过去。

他成功取得了让人望尘莫及的荣耀，只因为他是一个懂得吃苦的人，能够承担得起那种厚重的魅力。他辛勤工作的身影，他随时洋溢的才华，他的一切禁得起岁月的推敲。

亲爱的朋友，如果老天善待你，给了你优越的生活，请不要收敛了自己的斗志；如果老天对你百般设障，更请不要磨灭了对自己的信心和向前奋斗的勇气。当你想要放弃了，一定要想想那些睡得比你晚、起得比你早、跑得比你卖力、天赋还比你高的牛人，他们早已在晨光中跑向那个你永远只能眺望的远方。

在你经历过风吹雨打之后，也许会伤痕累累，但是当雨后的第一缕阳光投射到你那苍白、憔悴的脸庞时，你应该欣喜若狂，并不是因为阳光的温暖，而是在苦了心志，劳了筋骨，饿了体肤之后，你毅然站立在前进的路上，做着坚忍上进的自己。其实你现在在哪里，并不是那么重要。只要你有一颗永远向上的心，你终究会找到属于你自己的方向。

所以，请不要在最能吃苦的时候选择安逸，没有谁的青春是在红地毯上走过，既然梦想成为那个别人无法企及的自我，就应该选择一条属于自己的道路，为了到达终点，付出别人无法企及的努力。

一、念一念　写一写

wǎng tán bǐ duǎn 罔　谈　彼　短				mí shì jǐ cháng 靡　恃　己　长			
xìn shǐ kě fù 信　使　可　复				qì yù nán liáng 器　欲　难　量			

二、读一读　记一记

年龄称谓

垂髫：指幼年儿童（又叫"总角"）

豆蔻：指女子十三岁

及笄：指女子十五岁

加冠：指男子二十岁（又叫"弱冠"）

而立之年：指三十岁

不惑之年：指四十岁

知命之年：指五十岁（又叫"知天命"、"半百"）

花甲：指六十岁

古稀：指七十岁

耄耋之年：指八九十岁

期颐：一百岁

三、想一想　背一背

此情可待成追忆，只是当时已惘然。（李商隐《锦瑟》）

大漠孤烟直，长河落日圆。（王维《使至塞上》）

大丈夫宁可玉碎，不能瓦全。（李百药《北齐书·元景安传》）

但愿人长久，千里共婵娟。（苏轼《水调歌头》）

当时明月在，曾照彩云归。（晏几道《临江仙》）

自我评价	任务完成情况	组长评价	教师签字
★★★			

★1. Bottoms up! 干杯！ ★2. Don't move! 不许动！

23

给生命一个微笑,还你一个多彩人生

生命仅仅是一个过程,一个漫长而又短暂的过程。上天赋予我们生命的同时也给了我们许多坎坷。

正是因为这些挫折,我们可能会伤心、难过,但我们却不能够停止微笑。一个轻松的微笑,一道美丽的弧线,既表示了乐观,又表达了坚强,无论是在任何复杂的场面,只有微笑的生命才能战胜一切,无论你是伫立在高高的顶峰,还是徘徊在失落的低谷。微笑着的人并不是没有伤心难过的时候,只不过他们把痛苦锤炼成绚丽的乐章;微笑着的人并不是没有挫折,只不过他们把挫折当作前进的动力。给生命一个微笑,你将会拥有一个快乐的人生。

如果你惧怕前面跌宕的山岩,生命也就永远只能是死水一潭。在这个世界上,所有的忧伤都是过往,有时与其哀叹自己的种种不幸磨难,不如迎着太阳走,把阴影抛在身后。用微笑写意每个黎明,用快乐填满每个角落。

瀑布只有在跨过险峻陡壁时,才显得格外雄伟壮观,人生亦是如此。不能总想着生活那么圆圆满满,人生是一个遗憾的过程,满眼往事中最令人难忘和记忆犹新的,注定是曾经有过些许的遗憾。

在逆境中要看到生活的美,在希望中别忘记不断奋斗。万物有时,离别有时,相爱有时。有些人会在心上驻留一些时间,带给彼此温暖。那是最美的一种际遇,留待余生不断重复地去回想。某一天再回头看,很多事已经模糊,很多人已经淡忘,只有很少的人和事与我们有关。

不是每一次努力都会有收获,但是,每一次收获都必须努力,这是一个不公平的、不可逆转的命题。世界那么大,爱上一个人那么容易,生活,就是那样,不留一点余地,活下去似乎都需要很大的勇气,总是停在岸边看其他船扬帆起航,搏击风浪,然后,夕阳笼罩了整个码头,忽然发现自己还未离港。

一、念一念　写一写

mò bēi sī rǎn 墨 悲 丝 染			shī zàn gāo yáng 诗 赞 羔 羊	
jǐng xíng wéi xián 景 行 维 贤			kè niàn zuò shèng 克 念 作 圣	

二、读一读　记一记

古代主要节日

元日：农历正月初一，一年开始

人日：农历正月初七，主小孩

上元：农历正月十五，张灯为戏，又叫"灯节"

社日：春分前后，祭祀祈祷农事

寒食：清明前两日，禁火三日（伍子胥）

清明：农历四月初五，扫墓、祭祀

端午：农历五月初五，吃粽子，赛龙舟（屈原）

七夕：农历七月初七，妇女乞巧（牛郎织女）

中元：农历七月十五，祭祀鬼神，又叫"鬼节"

中秋：农历八月十五，赏月，思乡

重阳：农历九月初九，登高，插茱萸免灾

冬至：又叫"至日"，节气的起点

腊日：腊月初八，喝"腊八粥"

除夕：农历一年的最后一天的晚上，除旧迎新

三、想一想　背一背

稻花香里说丰年，听取蛙声一片。（辛弃疾《西江月》）

得成比目何辞死，愿作鸳鸯不羡仙。（卢照邻《长安古意》）

等闲识得东风面，万紫千红总是春。（朱熹《春日》）

滴不尽相思血泪抛红豆，开不完春柳春花满画楼。（曹雪芹《红豆词》）

东边日出西边雨，道是无晴却有晴。（刘禹锡《竹枝词》）

自我评价	任务完成情况	组长评价	教师签字
★★★			

★1. Guess what? 猜猜看？　★2. I doubt it. 我怀疑。

你没有变强，是因为你一直很舒服

这个世界上有两种人，一种是强者，另一种是弱者。强者给自己找不舒适，弱者给自己找舒适。想要变得更强，就必须要学会强者的必备技能，那就是让不舒适变得舒服。

你为什么没有变强？

日思夜想要把自己变得更强，感觉自己百般努力却还是停滞不前？到底是什么拖了你的后腿？别再埋怨现实太"骨感"了，根本原因在于你自己！当人在处理令自己感到不舒适的事情时，大脑会产生各种各样的借口与诱惑，驱使我们选择做更容易的、令自己舒服的事情，这就是我们所认为的拖延症。其实，从生理上来讲，拖延症是一种生物本能——"趋利避害"，面对自我定义为"不舒适"的事情，我们便会本能地想方设法避开它。虽然如此，但我们依然可以克服拖延症。

例如，健身、学习新语言、探索未知领域等拖延症"重灾区"，要从意识上改变对它的认识，告诉自己可以做到，可以征服，你便会使自己变得更强。要知道，世上没有一件事情是简单的，都需要付出很多努力，忍受很多痛苦，甚至是让自己遍体鳞伤。但是，痛苦的过程并不会持续很久，直到你习以为常，所有的不适都会随着你良好习惯的形成而消失。

如何把自己变强？

都说世界上最大的敌人是自己，既临大敌，你是不是会感觉永远无法战胜呢？事实上，"打败自己"并不难，因为"不适感"可以通过训练被减弱。当我们将一件不舒适的事情变成习惯，它便由不舒适变得舒服，让你成为更强的自己。那该如何做？

（1）找到一件你想做的事情，这件事情会让你有点不适，但是做成了以后你会收获很多。

（2）你可以把一件事情分解成若干个独立的事件，要确保每个事件都在你能容忍的不适程度内。你可以先测试一下你尽全力所能承受的最大容忍度，然后减去 20％，从这个值开始。

（3）开始去做，并且不要强迫自己，把它当作一种乐趣去挑战。

（4）随着你的能力增强，逐渐增加分量。

这个方法的精髓在于把一个很大的痛苦分解成若干份小的不适，然后将它融入每天的生活中，养成习惯，将不舒适转变成舒服。我们通过上面的方法，可以培养一些好习惯。

要变强，就不要让自己过得"太舒服"喔！

一、念一念　写一写

dé jiàn míng lì 德 建 名 立			xíng duān biǎo zhèng 形 端 表 正		
kōng gǔ chuán shēng 空 谷 传 声			xū táng xí tīng 虚 堂 习 听		

二、读一读　记一记

节气诗歌

春雨惊春清谷天,夏满芒夏暑相连。

秋处露秋寒霜降,冬雪雪冬小大寒。

每月两节不变更,最多相差一两天。

上半年来六廿一,下半年是八廿三。

三、想一想　背一背

冬尽今宵促,年开明日长。(董思恭《守岁》)

读书破万卷,下笔如有神。(杜甫《奉赠韦左丞丈二十二韵》)

独在异乡为异客,每逢佳节倍思亲。(王维《九月九日忆山东兄弟》)

多情只有春庭月,犹为离人照落花。(张泌《寄人》)

多情自古空余恨,好梦由来最易醒。(魏安《花月痕》)

自我评价	任务完成情况	组长评价	教师签字
★★★			

★1. I think so. 我也这么认为。★2. I'm single. 我是单身。

装睡的人叫不醒

有一个问题:什么样的人叫不醒？漫画家蔡志忠的回答是:装睡的人叫不醒。装睡是可怕的,可怕就可怕在一个"装"字:明明认得清形势,知道自己的使命,但就是装睡不行动,神仙也拿他没办法。

前进的路上,我们难免有犯困的时候,在困境中自然可以歇歇脚,加加油,但蓄满了能量我们必须继续前行。可偏偏有些人躺下就再也不起来,虽然他们明白只要一直向前走,总会到达目的地,但是他们贪恋歇脚时的安逸,再也不愿意在奋斗之路上行色匆匆。他们有双脚,有体力,但怎样向过路的人解释自己的行为呢？索性闭上眼睛——装睡。任凭时代的号角如何嘹亮,任凭队友如何激励,也任凭对手的战鼓如何高亢,他就在那儿"睡"着——不是他不想去奋斗,不是他不能去奋斗,而是他"睡"着了。

可别把装睡的人混同于大智若愚。大智若愚者的"愚"是假,"大智"才是真,他们装愚的目的在于无声地超越对手,最后在众人的诧异中一举石破天惊。而装睡的人目的在于"逃避",逃避残酷的现实,逃避奋斗的使命,逃避社会的责任。他们不仅"睡",而且"梦",妄想天上掉下馅饼,并且正好掉到他的枕边,于是他们"睡"得心安理得。

世间看淡名利的人是可敬的,但装睡的人是不在其中的。他们可能也会美其名曰"清高""非不能也,不屑为也",如果这样,那就和那只吃不着葡萄而说葡萄酸的狐狸没有什么两样了。

装睡的人最怕醒来,当他们为自己编织的梦境不能再维系时,他们不得不睁开眼睛。此时他们会比任何时候都更想睡去,因为现实世界已和睡前大不相同,更无法和梦中的情形相比,他们无法适应;因为以前的同路人在自己睡着的时候赶了一大段路,他们无法追及;因为以前自己对同伴的激励充耳不闻,执意装下去,现在难道真要在装睡中等死吗？一连串的问题让睡眼惺忪者无法面对,于是只得仰天长叹:当初真不该装睡啊！

装睡无疑是可悲的。奋斗从来就是一件累人的事情,我们可以休息,可以充电,只不过蓄足了力量再继续就是,千万别装睡。你能装睡,可现实不会装睡,哪天你装不下去了,醒来不仅物是人非,而且人梦两空。如此赤条条的人生,估计谁都不会想要吧。

一、念一念　写一写

huò yīn è jī 祸 因 恶 积			fú yuán shàn qìng 福 缘 善 庆	
chǐ bì fēi bǎo 尺 璧 非 宝			cùn yīn shì jìng 寸 阴 是 竞	

二、读一读　记一记

十大名茶：西湖龙井（浙江）、洞庭碧螺春（江苏）、信阳毛尖（河南）、君山银针（湖南）、六安瓜片（安徽）、祁门红茶（安徽）、都匀毛尖（贵州）、铁观音（福建）、武夷岩茶（福建）（出自《中国旅游文化》）

四大文化遗产：《明清档案》《殷墟甲骨》《居延汉简》《敦煌经卷》

四大名亭：醉翁亭（安徽滁州）、陶然亭（北京先农坛）、爱晚亭（湖南长沙）、湖心亭（杭州西湖）

四大古镇：景德镇（江西）、佛山镇（广东）、汉口镇（湖北）、朱仙镇（河南）

世界四大文化名人：中国屈原，波兰天文学家、日心说创始人哥白尼，古巴诗人何塞·马蒂、英国伟大剧作家莎士比亚

三、想一想　背一背

多情自古伤离别，更那堪，冷落清秋节。（柳永《雨霖铃》）

俄顷风定云墨色，秋天漠漠向昏黑。（杜甫《茅屋为秋风所破歌》）

儿童冬学闹比邻，据岸愚儒却子珍。（陆游《秋日郊居》）

芳菲歇去何须恨，夏木阴阴正可人。（秦观《三月晦日偶题》）

非淡泊无以明志，非宁静无以致远。（诸葛亮《诫子书》）

自我评价	任务完成情况	组长评价	教师签字
★★★			

★1. Keep it up! 坚持下去！★2. Let me see. 让我想想。

只要你耐得住寂寞

一份工作,一种专长,一项本业,做得好,都少不了一样东西:"专注力"。只要你耐得住寂寞,假以时日,会有很多机会。

我曾经带过一个下属,毕业于名校,英语专业八级水平,聪明,能干,学习能力强,对很多新事物和新知识抱有浓厚的兴趣。我招他进公司的时候,他毕业尚不足一年,已经连续跳了两家公司了。当时,我觉得他可能不会很稳定,但实在是太爱才了,所以就将他留了下来,放在了工程师的位置上。果不其然,他干了不到五个月,就提出了辞职。离开前,他说,他觉得在以前待过的公司里,他的素质、能力都不差,在一些水平比自己低的人手下干活,心有不甘,所以不断寻找新的机会。这次来,以为能很快升任主管,但几个月观察下来,他的上司们都很稳定,离职的可能性很小。而我给他增设与主管同职位的可能性几乎没有,所以,不如及早离开,另觅新路。

通过与他离开后断断续续的通话中,我了解到他的行踪飘忽不定,足迹几乎遍及了珠三角的大部分角落。在电话中,他时有抱怨世事之不公,上司有眼不识英才,但更多的是对新公司新职位的渴望。听他不断辗转的消息,有时候我也忍不住问自己:难道是我老了,观念太陈旧,太没有冲劲了? 但很快,我否认了这种想法。

三年后,我离开原公司,去了新公司。这家新公司成长很快,如此一来,管理和培训都是很大的挑战,一些重要岗位上的人才更是变得奇缺。那时候,实验室进口了很多仪器,原实验室负责人不懂这些设备而压力太大,申请辞职。在很久找不到合适人选的焦灼中,我忽然想到了他,觉得他是块璞玉,只是缺乏雕琢,也许,经历过这样一段历程,能成长突破也说不定。于是打电话给他,他听了很激动,立即就答应过来了。

在这份新职位上,他干得很投入,进步速度很快。他每日伏案翻译资料到深夜,白天不停调整测试程序。不久,实验室所有设备都有序地开动了。而后,他又对所有的作业文件进行了梳理,重新进行了修改、增订。他的勤奋和用功,也引起了同事们的注意,都对他称赞有加。有那么一段时间,我觉得,也许给他这么一个宽松的环境,提供一个让他充分发挥才华与干劲的岗位,他可能会真正超越,跃升到一个全新的层次去。

但是,好景还是没能持续太久,新鲜劲一过,他又选择了离开。

趁着青春好年华,好好经历,好好争取,好好成长,我赞成。但是,我们也得明白另外一件事情:光有机会是不够的,还要懂得舍弃。某些看似更好的机会,更大的权,更多的利,其实并不像看起来那么美好,甚至有很多陷阱。很多人之所以碌碌无为,是因为缺少才华,没有机会。而我这位老下属则恰好相反,因为其在智力与学历上的先天条件,所面临的问题是:机会太多。结果,机会变成了他的灾难。一个个很好的机会,要么没能把握住,要么没能坚持住。更可惜的是,当一个个机会摆在他面前,没被善用,而变成了一个个机会泡沫,而他就这样,成了机会孤儿——反而失去了成长机会。

一份工作,一种专长,一项本业,做得好,都少不了一样东西:"专注力"。所谓专注力,就是在工作上、事业上、生意上,能心无旁骛,全身心投入。一件事情,只有全身心投入去做了,才能超越常人,能别人之不能。所谓台上十分钟,台下十年功。别只看到别人抛头露面的风光,也要明白,在台下,还有你不曾看见过的十年孤寂、隐忍、修炼、磨炼,以及坚持。

一、念一念　写一写

zī fù shì jūn 资 父 事 君		yuē yán yǔ jìng 曰 严 与 敬	
xiào dāng jié lì 孝 当 竭 力		zhōng zé jìn mìng 忠 则 尽 命	

二、读一读　记一记

著名学者王国维认为,古今之成大事业、大学问者,必经过三种之境界,他集古人诗句说明之:一、独上高楼,望断天涯路;二、衣带渐宽终不悔,为伊消得人憔悴;三、众里寻他千百度,蓦然回首,那人却在灯火阑珊处。

宋朱熹认为读书要"三到":心到、眼到、口到。朝夏寅曾说:"君子有三惜。此生不学,一可惜;此日闲过,二可惜;此身一败,三可惜。"清朝有人说:"藏书不难,能看为难;有书不难,能读为难;读书不难,能用为难。"《孟子·尽心上》"三乐":"父母俱存,兄弟无故,一乐也;仰不愧于天,俯不作于人,二乐也;得天下英才而教育之,三乐也。"

三、想一想　背一背

纷纷暮雪下辕门,风掣红旗冻不翻。(岑参《白雪歌送武判官归京》)

烽火连三月,家书抵万金。(杜甫《春望》)

蜂蝶纷纷过墙去,却疑春色在邻家。(王驾《春晴》)

夫尺有所短,寸有所长。(《楚辞·卜居》)

浮云游子意,落日故人情。(李白《送友人》)

自我评价	任务完成情况	组长评价	教师签字
★★★			

★1. Never mind. 不要紧。★2. No problem! 没问题!

活出个劲头

生活需要什么呢？我想，所谓生活，需要的就是那股劲头。天长地久，日子总是在那里的，细水长流、一成不变，重要的是你对世界的态度。

比如深情。在这嚣嚣尘世，气象万千，他们随心所欲，恋恋不舍。迷人的时光里，林和靖梅妻鹤子，王子猷爱竹成痴，米元章甘拜顽石，徐霞客云游四方。他们爱这世界不同的部分，但这份爱，这腔衷情殊途同归。终是有些痴，有些醉，为这世界如痴如醉。肯为世界留一点痴心，便是情之所钟。

比如专注。扬州八怪之一的汪士慎爱一杯茶，素瓷炉火，燃松子，汲清泉，雪水花露酿出天然滋味。各种茶都能品得出细微差别，闭上眼睛也能道出这茶的来历，于何地何时采摘。而他选水的工夫才叫人叹服，连那纯净天然的山泉水都不算珍贵，就连花枝水也要是清晨时分花枝上的露水，静静地等待露珠顺着花须一颗颗滴入瓶中，用心良苦。和《红楼梦》里妙玉异曲同工，储雪煮茶，落在花枝上的雪尤为珍贵。邻居焦五斗家里藏有一年前所收的腊梅上的雪水，汪士慎持瓮相求，更以一幅《乞水图》相赠，遂为佳话。

比如直白。家门口的布庄与烧鸡店，正赶上更换招牌。据说按字收费，所需不菲。于是结果便成了这样：一家大刺刺写着"布"，另一家大刺刺写着"鸡"。连店号都省略了，反正只此一家，别无分店。方圆多远都是回头客。如此简约直白的智慧，让生活焕发色彩。我每次路过都忍不住微笑。

比如自信。某人一直唱着跑调的歌，浑然不觉。他乐在其中，我也乐在其中。唱歌的人快乐，听的人也快乐。一首跑调的歌也可以带给别人难以言传的音乐之美。其实没什么大不了，重要的是他一直歌唱。

生活因为这些或深情，或专注，或直白，或自信的片段而越发有趣味，从而萌发一种生机勃勃的光景来，这就是那股说不清道不明的劲头，是一种对生命最真挚的热情。

找一个方向，用极认真的态度，活出个劲头。

一、念一念　写一写

lín shēn lǚ báo 临 深 履 薄	sù xīng wēn qìng 夙 兴 温 清
sì lán sī xīn 似 兰 斯 馨	rú sōng zhī shèng 如 松 之 盛

二、读一读　记一记

　　"九"乃数之极,如"九天""九霄"表示天之高远;"九泉""九地"即言地之深度。成语"九牛二虎之力""九牛一毛""九死一生""一言九鼎"和"回肠九转"等中的"九",都不是指其实数。"九"还是权贵专用,皇帝是九五之尊;只有皇宫才能建成九开间,而北京故宫里的房屋有 9999 间半;此外人们还常常以九或九的倍数来表示多数,如十八层地狱、十八尊罗汉、十八般武艺、三十六计、七十二变、八十一难、一百零八好汉等。"九"在文学艺术中的运用也源远流长,如《九歌》,"飞流直下三千尺,疑是银河落九天""可上九天揽月,可下五洋捉鳖"。在现代文学中,九爷、九叔、九妹,比比皆是,九九女儿红、九百九十九朵玫瑰等,不一而足。说到底,九,是至高,是至深,是至大,是至多,是一个吉祥数。九九归一,逢九就会有一个开始,数过九九八十一天,就会冬尽春来。

三、想一想　背一背

富贵必从勤苦得,男儿须读五车书。(杜甫《柏学士茅屋》)
富贵不能淫,贫贱不能移,威武不能屈。(《孟子》)
功名万里外,心事一杯中。(高适《送李侍御赴安西》)
苟利国家生死以,岂因祸福避趋之?(林则徐《赴戍登程口占示家人》)
孤帆远影碧空尽,唯见长江天际流。(李白《黄鹤楼送孟浩然之广陵》)

自我评价	任务完成情况	组长评价	教师签字
★★★			

★1. That's all! 就这样! ★2. Time is up. 时间快到了。

— 33 —

学会拐弯

在茫茫无际的非洲大草原上,猎豹最喜欢的食物是羚羊。

猎豹身体矫健,速度非凡,每小时可达100公里,而羚羊每小时的速度只有70公里。按照这个速度,没有一只羚羊能逃脱猎豹的追捕。但事实却是猎豹在面对成群的羚羊时,往往是十扑九空。聪明的羚羊化险为夷的方法,就是它并不是一直在奔跑,而是在危险关头,突然来几个灵活机动的拐弯。正是学会了拐弯,才让羚羊逃脱"豹口",从而繁衍生息,让子孙后代生存在非洲大草原上。

这让我想到了刚上初中时,数学老师教我们画直线的情景——两点之间直线最短,而且经过两点只有一条直线。老师为了让我们更好地掌握这个数学公理,还要求我们不许使用直尺,而要徒手画直线:在纸上打两个点,将笔尖放在一个起点上,然后眼睛盯准另一个点,以最快的速度将两点连接起来。

现在想来,老师那时教给我们的不仅仅是画直线,更重要的是教我们怎样做人:笔尖放在起点,就是要准确地给自己定位;眼睛盯住终点,就是要找准前进的方向;以最快的速度将两点连接起来,就是要尽自己最大的努力抵达成功的彼岸。但经历过世事的坎坷磨难之后,我们又发现,在生命的征途中,仅仅做到这些还远远不够。因为在人生的路途上,两点之间最近的往往不一定是直线,有时会山高水长,崎岖蜿蜒。要想实现人生理想,我们既要学会直行,瞄准目标一直向前,又要学会拐弯,审时度势调整路线。尤其是在山穷水尽之时,要告诉自己,路并没有走到尽头,只是我们该转弯了。

面对人生中的得与失、苦与乐,很多时候我们会固执己见,以至于无法排遣心中的苦闷与郁结,久而久之就会影响到我们的生活、心情。此时,我们为何不能停下脚步,给心灵一个修禅打坐的时间?或许换一种方法,或许换一种角度,或许换一条路来走走,也许事情会变得简单许多。"如果我们走得太快,要停一停等候灵魂跟上来",印第安人的这句名言或许能给我们一些启发。

诚然,执著是一种优秀的品质,但过于执著就是一种负担,甚至是一种苦楚,是通往成功之路的一种羁绊。而学会拐弯,既是一种胸怀,又是一种成熟,也是对自我内心的一种自信和把握。该拐弯的时候,就优雅地、潇洒地华丽转身,以豁达的心态去面对生活,你会发现,一个崭新的自我,就在背后向你微笑着招手。

一、念一念　写一写

chuān liú bù xī 川 流 不 息			yuān chéng qǔ yìng 渊 澄 取 映		
róng zhǐ ruò sī 容 止 若 思			yán cí ān dìng 言 辞 安 定		

二、读一读　记一记

诗歌之父:屈原[战国]

历史之父:司马迁[西汉]

医圣:张仲景[东汉]

画圣:吴道子[唐]

武圣:关羽[东汉]

书圣:王羲之[东晋]

诗圣:杜甫[唐]

文圣:孔丘[春秋]

茶圣:陆羽[唐]

诗仙:李白[唐]

草圣:张旭[唐]

药仙:孙思邈[唐]

针灸学之祖:皇莆谧[晋]

外科鼻祖:华佗[东汉]

三、想一想　背一背

故乡今夜思千里,霜鬓明朝又一年。(高适《除夜作》)

国破山河在,城春草木深。(杜甫《春望》)

海内存知己,天涯若比邻。(王勃《送杜少府之任蜀州》)

海日生残夜,江春入旧年。(王湾《次北固山下》)

海上生明月,天涯共此时。(张九龄《望月怀远》)

自我评价	任务完成情况	组长评价	教师签字
★★★			

★1. What's new? 有什么新鲜事吗? ★2. Count me in. 算上我。

有梦想的人是幸福的

麻雀低飞百座村乡，只为了觅得更好的食物，生存的信念，足以让其放下高傲的心；雁掠千里云层，只为了回归温暖的巢窝，活着的意念，足以让其忍受风雨穿梭的苦涩；人行万里旅程，只为了追求心中的梦想，坚守的意志，足以让其忘却漂泊的无奈与酸楚。

每当有人问我："一光年的距离有多远？"我总是苦笑不已。我深深地知道那是一种梦想的距离，当机会来时，就在你的身边，你却没有发现它，甚至它还很顽皮地在你的视线徘徊、从你的指缝悄然滑过，如白驹过隙那般错过，这是一种让人含泪苦笑的距离！

许多人为了追求心中的梦想，背井离乡、漂泊流浪，忍受风霜的飘洒、雨雪的吹冻；每当夜幕降临，月色朦胧、竹影婆娑，嫩叶载着绮旎的星光，唤着归根的影魂，露珠闪着晶莹的光束，飘着优美的音符……

追求梦想的人们，或点燃一根烟，凝望着窗外的夜色，思念家乡路口的那棵古树，那乐趣无边、嬉戏纯真、牧童笛声的童年岁月；或躺在床上，任凭晚风挤过帘缝、月光舞着完美的旋律，甜甜的濡睡；梦里，与心爱的人携手漫步于山谷小径，萤火虫轻翔着，载着暖光而来，花儿的香味，弥漫着空气……

梦想的旅程，是一种辛酸的过程，追逐的路途上，布满太多的坎坷与挫折，充满了许许多多无奈的选择、寂寞与苦闷、忧愁与烦恼；奔跑的路上，也乐在其中，过程总是充满乐趣的，有梦想的人是幸福的，勇于追求梦想的人是快乐的，因为他们懂得生活，更懂得珍惜生活的真谛！

忙碌的生活，往往会使我们迷失了方向，失去应有的理智，甚至忘却了思考，更变得肤浅起来；让我们活得休闲些吧，回归人性的本真，让生活的信念更加有品位，让生活充满诗意，像蝴蝶一样在阳光下翩然起舞，轻盈洒脱、自由闲适、平实自然！

追逐梦想的路上，偶尔停一下脚步，放松紧绷着的心情，给自己多点空间去休闲，晨起看曙光饮露水、黄昏赏夕阳恋晚霞、夜里望月听弦思故乡，或依窗静听风雨、与心爱的人漫步原野、闻着花香听着鸟语，或登山望尽万紫千红、踏青田园小径绘色彩、心系海边沙滩细数海鸥……

让我们的梦想旅程更加精彩，像花香一样，飘扬四溢，四季各具风采，永驻岁月；像星月一样，迷恋着晶莹的露珠，谱写着美丽的童话，浪漫心间；像蝴蝶一样，漫步于风中，轻舞于花间，乐此不疲！这样，我们的人生才会五彩斑斓、缤纷多姿！

一、念一念　写一写

xué yōu dēng shì 学 优 登 壮		shè zhí cóng zhèng 摄 职 从 政	
cún yǐ gān táng 存 以 甘 棠		qù ér yì yǒng 去 而 益 咏	

二、读一读　记一记

白眼狼：比喻忘恩负义的人。

绊脚石：绊脚的石头，比喻阻碍前进的东西。

保护伞：比喻可以起保护作用的、有威慑性的力量或有权势的人。

背黑锅：比喻代人受过，泛指受冤屈。

闭门羹：被主人拒之门外或主人不在，对上门的人来说叫吃闭门羹。

变色龙：比喻看风使舵的政治投机分子。

擦边球：打乒乓球时擦着球台边沿的球，后来把做在规定的界限边沿的事比喻为打擦边球。

穿小鞋：比喻受到别人的暗中刁难、报复或施加约束、限制。

吊胃口：用好吃的东西引起人的食欲，也比喻让人产生欲望或兴趣。

顶梁柱：比喻起主要作用的骨干力量。

三、想一想　背一背

邯郸驿里逢冬至，抱膝灯前影伴身。（白居易《邯郸冬至夜思家》）

瀚海阑干百丈冰，愁云惨淡万里凝。（岑参《白雪歌送武判官归京》）

浩荡离愁白日斜，吟鞭东指即天涯。（龚自珍《己亥杂诗》）

何当共剪西窗烛，却话巴山夜雨时。（李商隐《夜雨寄北》）

鹤发银丝映日月，丹心热血沃新花。（对联）

自我评价	任务完成情况	组长评价	教师签字
★★★			

★1. Don't worry. 别担心。★2. Feel better? 好点了吗?

人生不应该让小事绊倒

有时候我觉得人就像渺小的蚂蚁，默默无闻地在黑暗的地下寻求打开阳光的通道，在忙碌的一生中享受简单的食物。一片叶、一粒米、一只空的昆虫壳、一滴树洞里溢出的水就囊括了它一生的幸福。

当然，蚂蚁的幸福在于它终日忙碌的路线中，从一个洞穴到另一个洞穴，从一棵树枝到另一棵树枝，从一片叶子辗转到另一片叶子，从一条溪流漂泊到另一条河滩。真的，蚂蚁的命运有时真的很像我们。

为了得到一点人们掉落在草丛中细碎的面包渣子，它刚刚爬上一棵草，就在接近目标的时候，突然来了一阵风，将面包渣吹远了，理想与现实拉开了距离。毫不气馁的蚂蚁，并没有放弃希望，转身、缓慢地寻找，有点执著、有点吃劲，最终它还是牢牢地将小小的面包渣抱在怀里。

每当想起这一幕，我常常会为蚂蚁的精神肃然起敬。

想想也是，我们静静地活着，在没有定数的世界里经营着自己的生活，为了一个目标，我们常常遇到一些挫折、失意以及命运不济的遭遇，这些遭遇就像一棵棵横在我们面前的树木，绊倒我们，使我们的梦想破碎。有的人很可能因此一蹶不振，把这些树木当作伤害自己的锋利的刀；有的人却把这些树木扛成一面大旗，寻找人生的另一个转折、另一种机遇；有的人却把这些树木栽成路标，昭示自己如何从这些树木开始培植生命的风景。

与伟人比，与名人比，与大人物比，平凡的我们就像蚂蚁，无时无刻不在泥土中寻找着通向光明世界的通道，内心的追求不因暂时的黑暗而放弃。尽管寻找一点面包渣、一滴露水的道路曲折、漫长，但当我们柔软的触角勇敢地与从我们头顶踩过的脚步对抗，我们柔弱的身躯将拦挡人生幸福、灵魂自由的堤坝洞穿，世界也会为我们动容！英雄也会为我们卑微的灵魂挥泪！

推物类人，这让我想起矮个子的拿破仑，他以他的意志改变了法兰西的历史。他说过："如果你笑我个子矮的话，那么我将砍下你的头颅！"这不是霸权，而是一种卑微身躯焕发出来的强大力量和自信。

尽管他矮，尽管他遭遇了滑铁卢战役的空前失败，但是至今我们还仰视他，我们仰视的不是他的身高，而是他的灵魂！

一棵草遮不住蚂蚁的眼睛，一条河割不断蚂蚁脆弱的腿，一棵草被蚂蚁连根拔起时会丢下这样一句话：卑微的蚂蚁有时会使铜墙铁壁的大坝崩溃。

一、念一念　写一写

lè shū guì jiàn 乐 殊 贵 贱		lǐ bié zūn bēi 礼 别 尊 卑	
shàng hé xià mù 上 和 下 睦		fū chàng fù suí 夫 唱 妇 随	

二、读一读　记一记

定心丸：能使人情绪稳定的东西。

东道主：原指东路上的主人，后指请客的人。

对台戏：两个戏班为了互相竞争，同时演出的同样的戏，比喻采取与对方相对的行动，来反对或搞垮对方。

恶作剧：捉弄耍笑，使人难堪。

耳旁风：耳边吹过的风，比喻听过后不放在心上的话（多指劝告、嘱咐）。

翻白眼：为难、失望、愤恨或不满时的表情。

鬼把戏：阴险的手段或计策。

鬼门关：迷信中的阴阳交界的关口，比喻凶险的地方。

鬼点子：坏主意。

告刁状：无礼地说别人不好。

三、想一想　背一背

黄鹤一去不复返，白云千载空悠悠。（崔颢《黄鹤楼》）

横看成岭侧成峰，远近高低各不同。（苏轼《题西林壁》）

红豆生南国，春来发几枝。愿君多采撷，此物最相思。（王维《相思》）

忽如一夜春风来，千树万树梨花开。（岑参《白雪歌送武判官归京》）

胡马依北风，越鸟巢南枝。（《古诗十九首》）

自我评价	任务完成情况	组长评价	教师签字
★★★			

★1. I'm his fan. 我是他的影迷。★2. Is it yours? 这是你的吗？

赢在转折点

1. 求人不如求己,靠人不如让人靠

当一个小老板,操持一个摊子,说不定还没有替人打工挣得多,但两者有质的区别。打工很快就会达到极限,自己一个人的精力毕竟有限,老板却是聚集很多人的智慧和精力。打工种的是一棵树,老板植的是一片林,一棵树再高大,也是不可能和森林相比的。

"人都是逼出来的。"每个人都是有潜能的,生于安乐,死于忧患,所以,面对压力不要焦躁,相信自己,一切都能处理好,人只有压力才会有动力。

人要知足常乐,宽容大度,什么事情都不能想繁杂。心灵的负荷重了,就会怨天尤人。要定期地对记忆进行一次删除,把不愉快的人和事从记忆中摈弃。

时光流逝一去不复返,每一天都不可追回,所以更要珍惜每一寸光阴,孝敬父母,疼爱孩子,体贴爱人,善待朋友。没有朋友的人是孤独的,其人生是不完整的,可是,因为生活的忙碌,渐渐少了联络,友谊就变得淡了,所以,抽点时间,联络朋友一起聊聊天,让情谊在笑声中升腾,当朋友遇到了难事的时候,应尽力而为,即便帮不了忙,安慰也是最大的支持。

2. 人生不是赢在起点,而是赢在转折点

当今社会,任何人想成功都必须具备三个条件。

一是公平创业的载体。宝马车只有找到好公路才会有速度,你必须找到好的载体去承托你的梦想,你的梦想才有可能变成现实。

二是良师益友。他们会让你资讯超前,观念超前。21世纪是英雄退位,团队进位。小成就靠个人,大成就靠团队。必须找到良师指点,益友相助,形成一股力量,你的人生才会成功。

三是个人努力。

这三个条件缺一不可,而且顺序不能颠倒。首先必须是载体,然后是良师益友,再加上个人努力。这三点结合起来你会突然发现,选择比努力更重要。选择不对,努力白费。只有把选择放在努力的前面,努力才会有结果,价值才会有体现。

一生就那么多天,时间用在哪里,未来就在哪里。人与人的不同在于8小时之外做什么和想法的不同。人生就是单行道,只有现场直播,没有彩排;只有前进的,没有倒回的,千金难买早知道,万金难买后悔药。所以人的一生不是赢在起点,而是赢在转折点,选择比努力更重要。迈出的脚步大小不重要,重要的是脚步的方向,勤奋的双脚一定要踏在正确的道路上。

励志照亮人生,创业改变命运,观念决定贫富,思路决定出路! 失败的人找借口与理由,成功的人则找方法与机会! 人生的转机不是发生在危机时刻,而是出现在机遇之时。工作、学习、恋爱、创业等不顺利的时候,不是要迷惑而停滞不前,而是要迈出关键的一步,让危机转变为机遇从而迅速实现转型,走向成功。

一、念一念　写一写

wài shòu fù xùn 外 受 傅 训	rù fèng mǔ yí 入 奉 母 仪
zhū gū bó shū 诸 姑 伯 叔	yóu zǐ bǐ ér 犹 子 比 儿

二、读一读　记一记

狗咬狗：比喻坏人之间相互倾轧、争斗。

狗腿子：指给有势力的坏人奔走帮凶的人。

过河卒：比喻不怕牺牲和挫折，勇于拼搏，决不后退的人。

干打雷，不下雨：比喻只有声势，没有实际行动。

干瞪眼：形容在一旁着急而又无能为力。

和稀泥：比喻无原则地调解或折中。

活菩萨：比喻心肠慈善、救苦救难的人。

活阎王：比喻极其凶恶残忍的人。

活字典：比喻字、词等知识特别丰富的人。

红眼病：羡慕别人有名或有利而心怀忌妒的毛病。

三、想一想　背一背

胡未灭，鬓先秋，泪空流。（陆游《诉衷情》）

湖光秋月两相和，潭面无风镜未磨。（刘禹锡《望洞庭》）

花开堪折直须折，莫待无花空折枝。（《金缕衣》）

花自飘零水自流。一种相思，两处闲愁。（李清照《一剪梅》）

还君明珠双泪垂，恨不相逢未嫁时。（张籍《节妇吟》）

自我评价	任务完成情况	组长评价	教师签字
★★★			

★1. Do I have to? 非做不可吗？　★2. He is my age. 他和我同岁。

认清自己比能力更重要

很多人认为自己的能力很强，以自己的能力应该能获得较好的回报；有些人认为搞好关系也应该能获得较好的回报，领导总是能照顾自己。正确地认识自己，比能力强万倍。

认清自己的前提条件是心态的调整。心态的调整，首先是对人、对事物的认知；为人处世心胸豁达、知足常乐，有意识地认清自己付出与回报的平衡，不嫉妒、不眼红；以正确的态度和良好的心态，面对生活中的不幸；任何时候不要轻言放弃，期望值过高，易产生现实和理想的落差感，即使心里落差感很强，也要学会伪装自己，将积极的一面展现给别人。

正视自己的能力。不要过高地估计自己的能力，要知道强中自有强中手，学会谦虚，高调做事，低调做人。

坚持自己的原则和个性。原则性强的人往往能获得别人的尊重。一个讲原则的人，会非常清楚自己哪些事情该做，哪些事情不该做；同时将自己个性方面最积极、主动、上进的一面永远坚持下去。人不怕被别人打倒，就怕被自己打倒，积极、主动、上进的人任何时候都会获得别人的重视和尊重，保持这样的性格和品德坚持走下去，随着时间的积累，一定会拥有自己的一片天地。

豁达的心胸和包容能力。学会包容别人的优缺点：别人做得好，要夸奖和赞美别人，而不是嫉妒、眼红，向别人学习，向他们看齐；别人做得不好，要鼓励和帮助别人，不能幸灾乐祸、挖苦别人，尽自己最大的能力去帮助别人。很多人，碰到一点事情，心情极不平静，这是一种心胸不豁达的表现。遇事要镇静，首先去分析，然后找出解决方法，心平气和地解决问题，不轻易做决策，冷静思考，再做打算。

能力的提升首先为自我的提升。自我提升的前提是悟性，要能迅速地找到自己薄弱点，而不是去怨天尤人。抱怨是最愚蠢的办法，也是最让别人看不起自己的一点，与其博取别人的同情，不如自己大干一场，不靠天、不靠地，只靠自己辛勤的付出和提升。一个不愿意自我改变、不思进取的人，只会成为自己的隐患，终有一天会害了自己。清醒地认识自己，比能力可说重千万倍。

一、念一念　写一写

kǒng huái xiōng dì 孔 怀 兄 弟				tóng qì lián zhī 同 气 连 枝			
jiāo yǒu tóu fēn 交 友 投 分				qiē mó zhēn guī 切 磨 箴 规			

二、读一读　记一记

鸿门宴:喻指加害客人的宴会。

护身符:比喻保护自己、借以避免困难或惩罚的人或事物。

回马枪:回过头来给追击者以袭击。

紧箍咒:比喻束缚人的东西。

交白卷:比喻完全没有完成任务。

交学费:泛指为某项事业付出金钱或其他代价。

揭疮疤:比喻揭露人的短处、痛处或隐私。

卷铺盖:比喻被解雇或辞职,离开工作地点。

挤牙膏:比喻说话不爽快,经别人一步一步追问,才一点一点地说。

揭盖子:比喻揭露矛盾或问题。

三、想一想　背一背

换我心,为你心,始知相忆深。(顾敻《诉衷情》)

黄沙百战穿金甲,不破楼兰终不还。(王昌龄《从军行》)

会当凌绝顶,一览众山小。(杜甫《望岳》)

会挽雕弓如满月,西北望,射天狼。(苏轼《江城子·密州出猎》)

鸡栖于埘,日之夕矣,羊牛下来。(《国风·王风·君子于役》)

自我评价	任务完成情况	组长评价	教师签字
★★★			

★1. No one knows. 没有人知道。★2. What a pity! 太遗憾了!

人需要学会开除自己

张朝阳有句名言:开除自己。他在不到 10 年的时间里,两次开除自己。第一次是在 1993 年,也就是他大学毕业后的第二年,他离开了工作单位浙江宁波市电信局。第二次开除自己,是在外企,缘于他想创办一家网络服务公司。最终,他创办了网络公司并一举成名。

人需要学会开除自己。开除自己不是这山望着那山高,总想实现那些不切实际的梦想,开除自己是一种智慧,是在经过反复思量、慎重考虑后做出的进一步前进的决定。开除自己也不是心血来潮,任凭自己的好恶与爱好轻率行事。开除自己是一种勇气,这是要以巨大牺牲为代价后才做出的选择,只有这样,才能获取更大的成功。

当我们在慨叹成功不易的时候,何不开除一下自己,把自己从安逸的环境中开除出来,给自己更多的勇气和动力,也给自己创造更多获取成功的机会。其实,人的进化也是一个开除自己的过程。当我们的祖先在茹毛饮血、四肢走路时,他们做出了重大的选择,发明了钻木取火,以获取美味可口的食物,抛弃了四肢爬行,直立起来,解放了双手也开阔了眼界。在这样一个个开除自己的过程中,人才成为与其他动物不一样的高级动物,才成了真正意义上的人。我们追求自己的理想也是一个开除自己的过程。理想总是有一个阶段性的,完成了一个理想,就需要我们抛弃这个辉煌的荣誉,进入下一轮的凤凰涅槃,这样我们才能扬起继续前进的风帆。

当然,开除自己并不是一种时尚。动不动就开除自己,这其实是一种对人生的敷衍。开除自己是一种慎重的人生选择,开除自己也需要有一定的资本,只有有真才实学的人才可以在另一处开辟自己的新天地,那些不学无术者如果频繁地跳槽开除自己,只会贻笑大方,到最后是自毁前程。

说到底,开除自己是为自己的理想而奋斗,是为实现人生的目标而努力的一个过程。

一、念一念　写一写

rén cí yǐn cè 仁 慈 隐 恻			zào cì fú lí 造 次 弗 离	
jié yì lián tuì 节 义 廉 退			diān pèi fěi kuī 颠 沛 匪 亏	

二、读一读　记一记

解扣子:比喻解开思想疙瘩。

侃大山:吹牛,说笑话,没有目的地聊天。

开门红:比喻在一年开始或一项工作开始时就获得显著的成绩。

开小差:原指军人私自脱离队伍逃跑,后比喻思想不集中。

开倒车:比喻违反前进方向,向后退。

开快车:比喻加快工作、学习速度。

开夜车:为赶时间,夜里继续工作、学习。

开绿灯:比喻准许做某事或者为某事提供方便。

开后门:比喻利用职权给予不应有的方便和利益。

卡脖子:比喻抓住要害,置对方于死地。

三、想一想　背一背

几处早莺争暖树,谁家新燕啄春泥。(白居易《钱塘湖春行》)

寂寞梧桐深院锁清秋。(李煜《相见欢》)

欲寄彩笺兼尺素,山长水阔知何处?(晏殊《蝶恋花》)

佳节又重阳,玉枕纱厨,半夜凉初透。(李清照《醉花阴》)

蒹葭苍苍,白露为霜。(《蒹葭》)

自我评价	任务完成情况	组长评价	教师签字
★★★			

★1. Any thing else? 还要别的吗? ★2. Do me a favor? 帮个忙,好吗?

学会经营你的优势

有这样一个很经典的小故事：小兔子被送进了动物学校，它最喜欢跑步课，并且总是得第一；最不喜欢的则是游泳课，一上游泳课它就非常痛苦。但是兔爸爸和兔妈妈要求小兔子什么都学，不允许它有所放弃。小兔子每天上学都垂头丧气，老师问它是不是在为游泳太差而烦恼，小兔子点点头，盼望得到老师的帮助。老师说："其实这个问题很好解决，你跑步是强项，游泳是弱项，这样好了，你以后不用上跑步课了，就专心练习游泳。"

中国有句古话：只要功夫深，铁杵磨成针。讲的是只要坚持不懈，就一定能成功。但是看了上面这则故事的人可能会意识到，小兔子根本不是学游泳的料，即使再刻苦它也不会成为游泳能手；相反，如果训练得法，它也许会成为跑步冠军。

成功必须"扬长避短"。研究者发现，尽管其路径各异，但成功都有一个共同点，就是"扬长避短"。传统上我们强调克服缺点，纠正不足，并以此来定义"进步"。而事实上，当人们把精力和时间用于克服缺点时，就无暇顾及增强和发挥优势了；更何况任何人的欠缺都比才干多得多，而且大部分的欠缺是无法弥补的。

大文豪马克·吐温曾经经商，不仅自己多年用心血换来的经费赔了个精光，还欠了一屁股债。妻子奥莉姬深知丈夫没有经商的本事，却有文学上的天赋，便帮助他鼓起勇气，振作精神，重走创作之路。马克·吐温终于摆脱了失败的痛苦，在文学创作上取得了辉煌的业绩。

人生的诀窍就是发现自己的优势，经营自己的长处。富兰克林说"宝贝放错了地方便是废物"，就是这个意思。在人生的坐标系里，一个人如果站错了位置，用他的短处而不是长处来谋生的话，那会异常艰难甚至可怕，他可能会在永久的卑微和失意中沉沦。因此，认清自己的优势和长处相当重要，即使它不怎么高雅入流，但可能是你改变命运的一大财富。选择职业同样也是这个道理，你无需考虑这个职业能给你多少钱，能不能使你成名，重要的是，你应该选择最能使你全力以赴、最能使你的品格和优势得到充分发挥的职业。

一、念一念　写一写

xìng jìng qíng yì 性 静 情 逸			xīn dòng shén pí 心 动 神 疲		
shǒu zhēn zhì mǎn 守 真 志 满			zhú wù yì yí 逐 物 意 移		

二、读一读　记一记

老狐狸：比喻非常狡猾的人。

老皇历：比喻陈旧过时的规矩。

乱弹琴：比喻胡闹或瞎扯。

露馅儿：比喻暴露了不愿意让人知道的事情。

露马脚：比喻隐蔽的事实真相泄露出来。

马后炮：象棋术语，比喻不及时的举动。

没辙儿：比喻没办法，无可奈何。

没谱儿：心中没数。

没准儿：不一定。

卖关子：比喻说话、做事在紧要时，故弄玄虚。

三、想一想　背一背

江流天地外，山色有无中。（王维《汉江临泛》）

江山代有才人出，各领风骚数百年。（赵翼《论诗》）

僵卧孤村不自哀，尚思为国戍轮台。（陆游《十一月四日风雨大作》）

角声满天秋色里，塞上燕脂凝夜紫。（李贺《雁门太守行》）

接天莲叶无穷碧，映日荷花别样红。（杨万里《晓出净慈寺送林子方》）

自我评价	任务完成情况	组长评价	教师签字
★★★			

★1. Help yourself. 别客气。★2. Keep in touch. 保持联络。

人生最大的危机，就是没有危机感

危机感迫使我们作出改变，进行冒险。要么在沉默中死亡，要么在沉默中爆发，这也是危机在心理上给人的暗示。尤其事关生存的危机感，永远能激发人最大的潜力，使人的勇气激增到无所畏惧的地步。因此，人们把"置之死地而后生"当作兵法的精髓之一。

在现代社会，竞争日益激烈，无论从事何种职业，人们都会感到危机感。许多人因为压力而焦虑难安，许多人因为压力而日夜奔波，许多人甚至在压力下崩溃。可是，当我们假设一下没有危机感的情形，却又会发现，我们会失去事业和生活的重量感，进而满足现状，不思进取，不敢开拓和冒险。正如孟子所说："生于忧患，死于安乐。"

当然，我们还需要注意的是：危机感是一种心理状态，其存在不一定是事实的逆境和困境。聪明的个人，聪明的企业家，聪明的政府，都既善于在逆境中勇敢面对危机感，又善于在顺境中保持忧患意识，使自己能够坚持不懈地努力。所谓居安思危、未雨绸缪、有备无患，就是这个道理。

微软的比尔·盖茨总是感到危机感的紧迫存在："微软离破产永远只有 18 个月。"

海尔的张瑞敏总是感觉："每天的心情都是如履薄冰，如临深渊。"

联想的柳传志总是认为："你一打盹，对手的机会就来了。"

百度的李彦宏经常强调："别看我们现在是第一，如果你 30 天停止工作，这个公司就完了。"

创建过亚信公司、中国宽带产业基金，担任过网通总裁的田溯宁也认为："企业成长的过程，就像是学滑雪一样，稍不小心就会摔进万丈深渊，只有忧患者才能幸存。"

这些身经百战的企业家们都深知缺少危机感的后果。我们每个人的内心也都需要适度的危机感，使自己保持进取的斗志，保持人生开放的胆量。黑夜和白天总是密不可分，没有黑夜就没有白天。危险和机会也总是并行，机会的背面就是风险。因此，正如哈佛商学院教授理查德·帕斯卡尔所说的那句名言："21 世纪，没有危机感是最大的危机。"

在职业规划的道路上，同样如此，没有危机便是最大的危机。而应对危机的最好办法，就是未雨绸缪，早做准备，积极行动，提前构建自己的核心竞争力和危机防火墙，这样才能在职场上永立潮头。

一、念一念　写一写

jiān chí yǎ cāo 坚 持 雅 操			hǎo jué zì mí 好 爵 自 縻		
dū yì huá xià 都 邑 华 夏			dōng xī èr jīng 东 西 二 京		

二、读一读　记一记

弄潮儿：比喻敢于在风险中拼搏的人。

跑龙套：现在常用来比喻在人手下打杂。

破天荒：比喻事物第一次出现。

千里马：常用来比喻人才。

墙头草：比喻无主见的人和顺风倒的人。

敲边鼓：比喻从旁帮腔，从旁助势。

敲门砖：比喻借以求得名利的初步手段。

敲竹杠：利用别人的弱点或借某种口实抬高价格或索取财物。

三寸舌：指能言善辩的口才。

三角债：涉及三方的债务，如甲欠乙、乙欠丙等。

三、想一想　背一背

嗟余只影系人间，如何同生不同死？（陈衡恪《题春绮遗像》）

结发为夫妻，恩爱两不疑。（《结发为夫妻》）

解落三秋叶，能开二月花。（李峤《风》）

今夜月明人尽望，不知秋思落谁家？（王建《十五夜望月》）

金樽清酒斗十千，玉盘珍羞值万钱。（李白《行路难三首（其一）》）

自我评价	任务完成情况	组长评价	教师签字
★★★			

★1. Time is money. 时间就是金钱。 ★2. I'm on a diet. 我在节食。

管理好情绪你就赢了

1965年9月7日,世界台球冠军争夺赛在纽约举行。路易斯·福克斯胸有成竹,他的成绩远远领先于对手,再得几分便可登上冠军宝座。然而,正当他准备全力以赴拿下比赛时,发生了一件令他意料不到的小事:一只苍蝇落在了主球上。

路易斯没有在意,挥了挥手赶走苍蝇,然后俯下身准备击球。可当他的目光落到主球上时,这只可恶的苍蝇又落到了主球上,几次三番,路易斯终于失去了冷静和理智,愤怒地用球杆去击打苍蝇,一不小心球杆碰动了主球,他因此失去了一轮机会。

本以为败局已定的竞争对手约翰·迪瑞见状信心大增,连连过关;而路易斯则在极度愤怒与焦躁情绪的驱使下,接连失利。最终约翰赶上并超过路易斯,获得了世界冠军。路易斯沮丧地离开赛场,第二天早上有人在河里发现了他的尸体。他投河自杀了。

一只小小的苍蝇却击败了一个世界冠军!不仅令人扼腕长叹,更令人震惊深思。

再来看飞人乔丹是怎么做的。他就非常注意管理自己的情绪。在公牛队打球时,芝加哥的交通很拥堵,去赛场的路上要花1小时15分钟,有时甚至要一个半小时。堵车时人的情绪很容易烦躁,每当这时,乔丹就靠吸一支雪茄来缓解自己的情绪。从1993年开始,抽雪茄已经成为乔丹每场主场比赛前的例行准备工作。

每个人管理情绪的方式不同,乔丹的黄金搭档皮彭就喜欢在中场休息时来杯不加糖的咖啡,以便清醒头脑。

1. 控制坏情绪

不要压制愤怒,而是把愤怒的情绪巧妙地转移。所以,需要给坏情绪找个发泄口,尝试多运动或培养爱好来化解不良情绪。当气愤的时候,慢慢由十倒数到一,并深呼吸,说话的声音及速度要保持平稳;将你的不满写在纸上,并向你的知己、闺密倾吐苦水,然后告诉自己,一切都过去了,该集中精神工作了,这样一切都会好起来的。

2. 具备积极的心态

宾夕法尼亚大学心理学家马丁·西格曼曾对一家保险公司的销售人员做了一项业绩调查。他把这些销售人员分为两组:一组能力很强但思想悲观;另一组能力一般但高度乐观。通过两年的跟踪调查,他发现,在第一年,后者的销售额比前者高出了21%,第二年更高出了57%。由此可见,要想取得好的成绩,积极乐观的心态是很重要的。

3. 抑制内心的冲动

当你面对眼前的诱惑时,提醒自己记住长期的目标——不管你是想减肥,还是想获得一个医学学位。也就是说,延缓冲动,你就有可能取得成功。

一、念一念　写一写

bèi máng miàn luò 背 邙 面 洛			fú wèi jù jīng 浮 渭 据 泾		
gōng diàn pán yù 宫 殿 盘 郁			lóu guān fēi jīng 楼 观 飞 惊		

二、读一读　记一记

势利眼:作风势利的人。

试金石:比喻可靠的考验人的方法,也指对事物的检验方法和依据。

守财奴:有钱而吝啬的人。

耍把戏:比喻施展诡诈手段。

耍花招:卖弄小聪明,玩弄技巧。

耍贫嘴:比喻不管对方是否愿意听而不停地说。

耍光棍:蛮横不讲理。

踢皮球:比喻互相推诿,把应该解决的事情推给别人。

铁饭碗:比喻非常稳定且待遇有保障的职业、职位。

铁公鸡:比喻一毛不拔非常吝啬的人。

挖墙脚:从竞争对手那里弄走人才。

万金油:啥都能干,却都不擅长的人。

小算盘:比喻为个人或局部利益所做的打算。

小报告:指私下向领导反映别人的有关情况(含贬义)。

三、想一想　背一背

锦江春色来天地,玉垒浮云变古今。(杜甫《登楼》)

近乡情更怯,不敢问来人。(李频《渡汉江》)

酒入愁肠,化作相思泪。(范仲淹《苏幕遮》)

旧时王谢堂前燕,飞入寻常百姓家。(刘禹锡《乌衣巷》)

居庙堂之高则忧其民,处江湖之远则忧其君。(范仲淹《岳阳楼记》)

自我评价	任务完成情况	组长评价	教师签字
★★★			

★1. Keep in touch. 保持联络。★2. Who's calling? 是哪一位?

别让昨天决定一生

一位武术大师曾经以一双迅猛无敌的快腿令前来与之切磋武艺的人个个佩服得五体投地，用"威震武林"四个字来形容这位武学大师的腿脚功夫，实在是恰当至极。可是现实正如人们经常说的那样"命运弄人"。在一次上山采药的时候，这位武学大师不小心一脚踩空，跌入悬崖，虽然命是保住了，但是双腿却摔断了。一向以腿脚功夫威震武林的武学大师此时连站立和行走都成了问题，过去迅猛无敌的快腿，此时只留下一双空空的裤管。

等到武术大师从昏迷中彻底清醒过来时，弟子们几乎不敢告诉他这个惨痛的消息，他们甚至不敢想象师傅看到一双空裤管时会有怎样的反应。可是当武术大师看到一双空裤管时，他没有像弟子们想象的那样慌乱，更没有捶胸顿足地表达自己的痛苦和抱怨命运的不公。他让弟子把自己扶起来，平静地吃了一些饭菜，然后就像过去一样坐在那里练习内功。练习完内功，看着一脸茫然的弟子们，武术大师说道："我想说两件事：第一，以后谁还想练腿脚功夫，我还会像以前一样认真教导，只不过很难再亲自示范了；第二，从今天起我要练习臂掌的功夫，我相信自己不会因为失去双腿而变成废人，你们也不必因为师父失去双腿而放弃在武学上的修炼。"

几年以后，这位武学大师以其出色的掌上功夫赢得了更多人的敬仰。当一位多年不见的老友看到他失去双腿而流泪叹息时，这位武学大师微笑着对老友说："我把过去的一切都扔掉了，所以能轻轻松松地生活、练武，可是你怎么还让几年前的痛苦扰乱久别重逢的兴致呢？"

过去或成功或失败，或快乐或伤痛，都属于过去。留在昨天的阴影中不肯走出来就永远看不到前面的阳光。我们不该在一日之初、黎明升起之时还背负着昨日的伤痛。记忆是痛苦的根源。过去的一切都让它随风而逝吧，不要让昨天的伤痛令自己痛悔一生。

一、念一念　写一写

tú xiě qín shòu 图 写 禽 兽			huà cǎi xiān líng 画 彩 仙 灵		
bǐng shè bàng qǐ 丙 舍 傍 启			jiǎ zhàng duì yíng 甲 帐 对 楹		

二、读一读　记一记

八公山上，草木皆兵

八仙过海，各显其能

百尺竿头，更进一步

百花齐放，百家争鸣

百足之虫，死而不僵

成事不足，败事有余

比上不足，比下有余

冰冻三尺，非一日之寒

冰炭不言，冷热自明

兵藏武库，马入华山

三、想一想　背一背

鞠躬尽瘁，死而后已。（诸葛亮《后出师表》）

举杯邀明月，对影成三人。（李白《月下独酌》）

捐躯赴国难，视死忽如归。（曹植《白马篇》）

君问归期未有期，巴山夜雨涨秋池。（李商隐《夜雨寄北》）

开轩面场圃，把酒话桑麻。（孟浩然《过故人庄》）

自我评价	任务完成情况	组长评价	教师签字
★★★			

★1. Can I help you? 我能帮你吗？　★2. How's it going? 怎么样？

奇迹在坚持与摸索中诞生

1. 找到人生紧急出口

人生中你有时必须找到紧急出口，尽管为此可能要绕很多弯路。

尝试着保持三盏或者四盏希望之灯永远同时点亮，如果关掉了一盏，还可以有其他几盏为你照亮继续前行的道路。

记得永远要区别对待理想与实现理想的方式，有些是不可触的，但还有一些可以。如果有人在你实现理想的道路上设置了障碍，那何不让自己就此停下来，想一想对方到底是反对你的理想，还是不赞同你实现理想的方式。

在生活中学会坚持和顽强，但不要把顽强和头脑僵化混为一谈。

永远不要放弃，无论是自己的梦想，还是信仰，但也不要忘记，一种真理可以用上千种方式说出，但因为某种表达方式而让自己遭受痛苦并非永远都值得。

当一股超过你控制范围的力量的浪潮向你袭来时，让自己低下头，让它从你身边经过，然后等待，继续向前，试着超越自己的极限。

很多人都害怕挖掘自己的潜力，因为害怕碰壁。这不是正确的态度，应该寻求最好的自我完善方法。

即便是再弱小的人都有超强大的潜力等待发掘，只看你是否能够善用自己的潜力。

有些问题出现时，能否解决它并不在于我们的生活是艰难还是轻松，而在于我们如何面对问题。

当有一天一扇门在你面前关闭了，解决的方法不是用头把它撞开，而是自问在它的旁边或者同一个方向上是否将有另一扇门为你敞开。

2. 没有比脚更长的路

有一支由 24 人组成的探险队，到亚马逊河上游的原始森林去探险。由于热带雨林的特殊气候，许多人因身体严重不适应等原因，相继与探险队失去了联系。

直到两个月以后，才彻底搞清了这支探险队的全部情况：在他们 24 人当中，有 23 人因疾病、迷路或饥饿等原因，在原始森林中不幸遇难；他们当中只有一个人创造了生还的奇迹，这个人就是著名的探险家约翰·鲍卢森。

在原始森林中，约翰·鲍卢森患上了严重的哮喘病，饿着肚子在茫茫林海中坚持摸索了整整 3 天 3 夜。

在此过程中，他昏死过去十几次，但心底里强烈的求生欲望使他一次又一次地站了起来，继续做顽强的抗争。他一步一步地坚持，一步一步地摸索，生命的奇迹就这样在坚持与摸索中诞生！

后来，许多记者争先恐后地采访约翰·鲍卢森，问得最多的一个问题是："为什么唯独你能幸运地死里逃生？"

他说了一句非常具有哲理的话："世界上没有比人更高的山，也没有比脚更长的路。"

天无绝人之路。只要有脚，就会有路。这就是支撑约翰·鲍卢森死里逃生的信念。

一、念一念　写一写

sì yán shè xí 肆 筵 设 席				gǔ sè chuī shēng 鼓 瑟 吹 笙			
shēng jiē nà bì 升 阶 纳 陛				biàn zhuàn yí xīng 弁 转 疑 星			

二、读一读　记一记

兵来将挡，水来土掩

兵马未动，粮草先行

不经一事，不长一智

不求有功，但求无过

不入虎穴，焉得虎子

不塞不流，不止不行

不以规矩，不成方圆

不在其位，不谋其政

不知有汉，无论魏晋

防民之口，甚于防川

藏之名山，传之其人

差之毫厘，谬以千里

蝉翼为重，千钧为轻

长他人志气，灭自己威风

三、想一想　背一背

可怜无定河边骨，犹是春闺梦里人。（陈陶《陇西行》）

空山不见人，但闻人语响。（王维《鹿柴》）

枯藤老树昏鸦，小桥流水人家。（马致远《天净沙·秋思》）

蜡烛有心还惜别，替人垂泪到天明。（杜牧《赠别二首·其二》）

栏杆拍遍，无人会，登临意。（辛弃疾《水龙吟·登建康赏心亭》）

自我评价	任务完成情况	组长评价	教师签字
★★★			

★1. I have no idea. 我没有头绪。 ★2. Give me a hand! 帮帮我！

你若盛开，蝴蝶自来

有人问余光中：李敖天天找你茬，你从不回应，这是为什么？余光中沉吟片刻回答："天天骂我，说明他生活不能没有我；而我不搭理，证明我的生活可以没有他。"

有人问毕加索："你的画怎么看不懂啊？"毕加索说："听过鸟叫吗？""听过。""好听吗？""好听。""你听得懂吗？"

心态不好，说穿了，就是心太小了。心态的"态"字，拆解开来，就是心大一点。心若每天大一点，心态还怎会不好呢？

你生气，是因为自己不够大度；你郁闷，是因为自己不够豁达；你焦虑，是因为自己不够从容；你悲伤，是因为自己不够坚强；你惆怅，是因为自己不够阳光；你嫉妒，是因为自己不够优秀……凡此种种，每一个烦恼的根源都在自己这里。所以，每一次烦恼的出现，都是一个给我们寻找自己缺点的机会。

佛说："有求皆苦，无求乃乐。"

曾经有一个人为了得到美丽的蝴蝶，便买来一双跑鞋、一张网，穿上运动服，追逐奔跑了很久，终于在气喘吁吁、满头大汗中抓到几只。可是蝴蝶在网里恐惧挣扎，丝毫没有美丽可言。一有机会，蝴蝶就会飞走。这就叫"追求"。

另一个人也很喜欢蝴蝶，他买来几盆鲜花放在窗台，然后静静地坐在沙发上品着香茗，望着蝴蝶翩翩而来，心情犹如吸蜜的蝴蝶。这就叫"吸引"。

你若盛开，蝴蝶自来；你若精彩，天自安排！

一、念一念　写一写

yòu tōng guǎng nèi 右 通 广 内		zuǒ dá chéng míng 左 达 承 明	
jì jí fén diǎn 既 集 坟 典		yì jù qún yīng 亦 聚 群 英	

二、读一读　记一记

哀莫大于心死:心死,指心像死灰的灰烬,指最可悲哀的事,莫过于思想顽钝,麻木不仁。

鞍不离马背,甲不离将身:甲指铠甲,马不卸鞍,人不解甲,比喻处于高度警惕状态。

八九不离十:指与实际情况很接近。

八字没见一撇:比喻事情毫无眉目,未见端倪。

拔了萝卜地皮宽:比喻为了行事方便而把碍眼的事物去掉,也比喻为了扩展地盘而排挤别人。

百思不得其解:百指多次,解指理解,百般思索也无法理解。

百闻不如一见:闻指听见,听得再多,也不如亲眼见到一次。

百星不如一月:一百颗星星发出的亮光不如一个月亮发出的光明亮,比喻量多不如质优。

搬起石头打自己的脚:搬指移动,比喻本来想害别人,结果害了自己,自食其果。

半部《论语》治天下:旧时用来强调学习儒家经典的重要。

三、想一想　背一背

老当益壮,宁移白首之心。(王勃《滕王阁序》)

老骥伏枥,志在千里;烈士暮年,壮心不已。(曹操《龟虽寿》)

泪眼问花花不语,乱红飞过秋千去。(欧阳修《蝶恋花》)

离愁渐远渐无穷,迢迢不断如春水。(欧阳修《踏莎行》)

离恨恰如春草,更行更远还生。(李煜《清平乐》)

自我评价	任务完成情况	组长评价	教师签字
★★★			

★1. I'll see to it. 我会留意的。★2. I'm in a hurry! 我在赶时间!

风度教养是不能装的

一天，一位40多岁的中年妇女领着一个小男孩走进美国著名企业"巨象集团"总部大厦楼下的花园，在一张长椅上坐下来。她不停地在跟男孩说着什么，似乎很生气的样子。不远处有一位头发花白的老人正在修剪灌木。

忽然，中年妇女从随身提包里拉出一团白花花的卫生纸，一甩手将它抛到老人刚修剪过的灌木上面。老人诧异地转过头朝中年妇女看了一眼，中年妇女满不在乎地看着他。老人什么话也没有说，走过去拿起那团卫生纸，把它扔进了一旁装垃圾的筐子里。

过了一会儿，中年女人又拉出一团卫生纸扔了过来。老人再次走过去把那团卫生纸拾起来扔到筐子里，然后回到原处继续工作。可是，老人刚拿起剪刀，第三团卫生纸又落在了他眼前的灌木上……就这样，老人一连捡了那中年女人扔过来的六七团纸，但他始终没有因此露出不满和厌烦的神色。

"你看见了吧！"中年女人指了指修剪灌木的老人对男孩大声说道："我希望你明白，你如果现在不好好上学，将来就跟他一样没出息，只能做这些卑微低贱的工作！"

老人听见后放下剪刀走过来，和颜悦色地对中年女人说："夫人，这里是集团的私家花园，按规定只有集团员工才能进来。"

"那当然，我是'巨象集团'所属的一家公司的部门经理，就在这座大厦里工作！"中年女人高傲地说道，同时掏出一张证件朝老人晃了晃。

"我能借你的手机用一下吗？"老人沉默了一会儿说。

中年女人极不情愿地把手机递给老人，同时又不失时机地开导儿子："你看这些穷人，这么大年纪了连手机也买不起。你今后一定要努力啊！"

老人打完电话后把手机还给了妇人。很快一名男子匆匆走过来，恭恭敬敬地站在老人面前。老人对来人说："我现在提议免去这位女士在'巨象集团'的职务！""是，我立刻按您的指示去办！"那人连声应道。

老人吩咐完后径直朝小男孩走去，他伸手抚摸了一下男孩的头，意味深长地说："我希望你明白，在这世界上最重要的是要学会尊重每一个人……"说完，老人撇下三人缓缓而去。中年女人被眼前骤然发生的事情惊呆了。她认识那个男子，他是"巨象集团"主管任免各级员工的一个高级职员。"你……你怎么会对这个老园工那么尊敬呢？"她大惑不解地问。

"你说什么？老园工？他是集团总裁詹姆斯先生！"中年女人一下子瘫坐在长椅上。她如果知道那位老人是总裁先生就一定不会做这无理的事，可她做了：只不过在园丁打扮的总裁面前做的！为什么？是因为身份高低？尊重每个人，不以身份而区分，这是你的风度，风度是装不出来的，总要露出真相的！财富不是一辈子的朋友，学会尊重别人才是一辈子的财富。这样才是人生的最高境界。

一、念一念　写一写

dù gǎo zhōng lì 杜 稿 钟 隶			qī shū bì jīng 漆 书 壁 经		
fǔ luó jiàng xiàng 府 罗 将 相			lù xiá huái qīng 路 侠 槐 卿		

二、读一读　记一记

饱汉不知饿汉饥:饱指吃饱,饥指饥饿,比喻处境好的人,不能理解别人的苦衷。

饱暖思淫欲:食饱衣暖之时,则生淫欲之心。

彼一时,此一时:那时是一个时候,现在又是一个时候,表示时间不同,情况有了变化。

毕其功于一役:把应该分成几步做的事一次做完。

闭塞眼睛捉麻雀:比喻盲目地进行工作。

鞭长莫及:原为"虽鞭之长,不及马腹",指鞭子虽然很长,但是不应该打到马肚上,后以之比喻力所不能及。

表壮不如里壮:外表好看,不如里面结实,比喻妻子能够治家,就是丈夫的好帮手。

冰冻三尺,非一日之寒:比喻一种情况的形成,是经过长时间的积累、酝酿的。

兵败如山倒:兵指军队,形容军队溃败就像山倒塌一样,一败涂地。

病急乱投医:病情严重,到处乱请医生,比喻事情到了紧急的时候,到处求人或乱想办法。

三、想一想　背一背

力尽不知热,但惜夏日长。(白居易《观刈麦》)

连雨不知春去,一晴方觉夏深。(范成大《喜晴》)

两岸青山相对出,孤帆一片日边来。(李白《望天门山》)

两情若是久长时,又岂在朝朝暮暮。(秦观《鹊桥仙》)

两个黄鹂鸣翠柳,一行白鹭上青天。(杜甫《绝句》)

自我评价	任务完成情况	组长评价	教师签字
★★★			

★1. It's her field. 这是她的本行。　★2. It's up to you. 由你决定。

不懂感恩的人比狼还可怕

一个行路人因为太疲惫,躺在路边睡着了。不久,一条毒蛇从草丛里钻了出来,爬向了那个沉睡的路人。眼看熟睡的路人就要死在蛇吻之下,就在这时,一个过路人经过这里,他打死了那条毒蛇后,没有惊醒行路人的好梦,就静静走开了。行路人一生都生活在别人的恩泽之中,但他却永远也不会知道那熟睡时发生的一切。

一天晚上,同事回家后偶然发现阳台里的灯亮着,他以为是妻子忘记关了,就进去想要把灯关掉,但被妻子拦住了。他很好奇,他的妻子就指着窗外让他看。他看到窗外的路边,有一辆装满垃圾的三轮车,车上坐着捡垃圾的夫妇,他们正沐浴在自家阳台投射出的温润的灯光中,边说笑边开心地吃着东西。看着灯光中的那对夫妇,楼里的同事与妻子相视一笑,静静退出了阳台。窗外那对夫妇可能永远也不会知道,在这陌生的城市中,有一盏灯是特意为他们点亮的。

1. 不懂珍惜,守着金山也不会快乐。

2. 不懂宽容,再多的朋友也终将离去。

3. 不懂感恩,再优秀也难以成功。

4. 不懂行动,再聪明也难以圆梦。

5. 不懂合作,再拼搏也难以大成。

6. 不懂积累,再挣钱也难以大富。

7. 不懂满足,再富有也难以幸福。

8. 不懂养生,再治疗也难以长寿。

有一种东西不可利用,那就是善良。

有一种东西不可欺骗,那就是感情。

有一种东西不可愚弄,那就是真诚。

有一种东西不可缺少,那就是友情。

有一种东西不可言传,那就是思念。

有一种东西不可原谅,那就是背叛。

有一种东西不可拯救,那就是绝望。

有一种东西不可忘怀,那就是感恩。

有一种东西不可贪恋,那就是名利。

一、念一念　写一写

hù fēng bā xiàn 户 封 八 县	jiā jǐ qiān bīng 家 给 千 兵

gāo guān péi niǎn 高 冠 陪 辇	qū gǔ zhèn yīng 驱 毂 振 缨

二、读一读　记一记

不吃羊肉空惹一身膻(shān)：羊肉没吃上，反倒沾了一身羊膻气，比喻干了某事没捞到好处，反坏了名声，惹来了麻烦。

不打不相识：指经过交手，相互了解，能更好地结交、相处。

不到黄河心不死：比喻不达目的不罢休，也比喻不到实在无路可走的境地不肯死心。

不得已而为之：没有办法，只能这样做。

不得已而用之：用指使用，没有办法，只好采用这个办法。

不登大雅之堂：大雅指高贵典雅，不能登上高雅的厅堂，形容某些不被人看重的、"粗俗"的事物(多指文艺作品)。

不费吹灰之力：形容事情做起来非常容易，不花一点力气。

不分青红皂白：皂指黑色，不分黑白，不分是非。

不敢越雷池一步：越指跨过，雷池是湖名，在安徽省望江县南，原指不要越过雷池，后比喻不敢超越一定的范围和界限。

不管三七二十一：不顾一切，不问是非情由。

三、想一想　背一背

了却君王天下事，赢得生前身后名。(辛弃疾《破阵子·为陈同甫赋壮词以寄之》)
烈士暮年，壮心不已。(曹操《龟虽寿》)
玲珑骰子安红豆，入骨相思知不知？(温庭筠《新添声杨柳枝词二首》)
令公桃李满天下，何用堂前更种花。(白居易《奉和令公绿野堂种花》)
留连戏蝶时时舞，自在娇莺恰恰啼。(杜甫《江畔独步寻花》)

自我评价	任务完成情况	组长评价	教师签字
★★★			

★1. Just wonderful! 简直太棒了！　★2. You owe me one. 你欠我一个人情。

61

人格是做人的品牌

人格如金，纯度越高，品位越高。做人一辈子，人品做底子。

道德可以弥补智慧上的缺陷，但智慧永远弥补不了道德上的缺陷。人的两种力量最有魅力：一种是人格的力量；另一种是思想的力量。

品行是一个人的内涵，名誉是一个人的外貌。做人德为先，待人诚为先，做事勤为先。

"四个经得起"：经得起看，经得起考，经得起问，经得起查。公道正派，是一个人格情操、一种思想境界，是做人的第一修养、第一准则、第一信条。贪欲是修身养德的大敌。个人自重，不贪财、不贪色、不贪利；对人尊重，重人格、重劳动、重权益；办事稳重，讲原则、讲程序、讲效率。正直和诚实是安身立命的根本。

能宽容有过于自己的人，对自己有成见的人会得到更大的帮助和回报。勇敢不是没有畏惧，而是最终战胜了畏惧；坚强不是毫不懦弱，而是最终克服了懦弱；公正并非毫无私情，而是最终拒绝了私情；廉洁并非从无贪欲，而是最终扼住了贪欲。

做人要有厚度、有气度、有纯度，对事业要有浓度，对批评要有风度，对朋友要有温度，对是非要有尺度。

做人要有志气，做事要有底气和正气。靠素质立身，靠勤奋创业，靠品德做人，在困难面前先让自己承担，在荣誉面前先让自己靠边，在危险面前先让自己闯关。对上级不媚，对同级不损，对下级不伪，对自己不私。

欣赏别人是一种境界，善待别人是一种胸怀，关心别人是一种品质，理解别人是一种涵养，帮助别人是一种快乐，学习别人是一种智慧，团结别人是一种能力，借鉴别人是一种收获。

多留财富，少留包袱；多留风范，少留遗憾；多留经验，少留缺陷。应当学会倾听，学会微笑，学会赞扬。以过硬的素质服人，用高尚的人格聚人，靠扎实的作风带人。

闻"诤言"不怒，闻"微言"不弃，闻"褒言"不喜，闻"错言"不怨，闻"无言"不安。立身靠信，立业靠勤，立世靠才，立功靠拼。容言勿压制，容过勿苛求，容嫌勿报复。

人生最大的成功，莫过于做人的成功！

一、念一念　写一写

shì lù chǐ fù 世 禄 侈 富		
cè gōng mào shí 策 功 茂 实		

chē jià féi qīng 车 驾 肥 轻		
lè bēi kè míng 勒 碑 刻 铭		

二、读一读　记一记

不见棺材不落泪：比喻不到彻底失败的时候不肯罢休。

不看僧面看佛面：比喻请看第三者的情面帮助或宽恕某一个人。

不可同日而语：不能放在同一时间谈论，形容不能相提并论，不能相比。

不念僧面念佛面：同不看僧面看佛面。

不怕官，只怕管：指直接管的人要比官更有权威，也指在人管辖之下，一切只能听命于他。

不识庐山真面目：比喻认不清事物的真相和本质。

不是冤家不聚头：冤家指仇人，聚头指聚会。不是前世结下的冤孽，今世就不会聚在一起。

不为五斗米折腰：五斗米指晋代县令的俸禄，后指微薄的俸禄，折腰指弯腰行礼，屈身于人，比喻为人清高，有骨气，不为利禄所动。

不幸而言中：不希望发生的事情却被说准，真的发生了。

不以人废言：废指废弃，不因为这个人有不足的地方而不采纳他的正确意见。

不知者不罪：罪指责备，怪罪，因事先不知道而有所冒犯，就不加怪罪。

防患于未然：患指灾祸，未然指没有这样，指尚未形成，防止事故或祸害于尚未发生之前。

三、想一想　背一背

柳条折尽花飞尽，借问行人归不归？（《送别诗》）

隆冬到来时，百花迹已绝。（陈毅《梅》）

楼船夜雪瓜洲渡，铁马秋风大散关。（陆游《书愤》）

露从今夜白，月是故乡明。（杜甫《月夜忆舍弟》）

路漫漫其修远兮，吾将上下而求索。（屈原《离骚》）

自我评价	任务完成情况	组长评价	教师签字
★★★			

★1. You're welcome. 不客气。★2. It's a fine day. 今天是个好天。

敬人等于敬己

俗话说"金无足赤，人无完人"，要善意对待别人的不足。笑人等于笑己。有些人没有口德，拿人开涮时肆无忌惮，却看不到自己身上的毛病。

人要学会换位思考，当你嘲笑别人的短处时，别人也会用自己的长处，笑话你的短处。我们嘲笑别人时，自己也许成了关羽的小弟，已走上"麦城小路"。

做人要厚道，每个人都有优点，不要只看别人的不足。"露多大脸，现多大眼"，今天你笑话别人，也许明天你就倒霉，所以最好不要贬低别人。

人虽千差万别，但都有自尊，谁都反感别人的白眼和嘲笑。尤其是一些先天不足的人，我们应给与更多同情，而不是嘲笑。

笑话人的人，一般都是浅薄的人。他们自以为高人一等，比别人优秀。他们不懂，人没有天壤之别，自认为聪明的人，其实是最愚蠢的人。

笑话人的人，一般都是嫉妒心很强的人。怕别人比自己强，气人有，笑人无。想拔尖出头，得到尊重。他们不懂，要别人尊重你，要首先懂得尊重别人。

笑话人的人，一般是心胸狭隘的人。谁得罪我，我要把他喷得臭不可闻，甚至恨不得毁了别人的前程。他们忘了"与人为善"的做人原则。

每个人都是有思想、有自尊的，任何情况下都应该尊重别人。智者都是心胸开阔的人，他们懂得如何尊重人。"将心比心"，去善待身边的人，而不是伤害他们的尊严。

做人要给自己留后路，谁都有难念的经，谁也不会完美无缺，都有无奈，没有人保证一生得意，说不定有一天，拉你一把的，正是你嘲笑的人！

"我们嘲笑笼中的鸟，却没意识到我们的心又何时飞过世俗的牢笼；我们嘲笑被链子拴住的牲畜，却不知道链子乃拴在我们心上；我们嘲笑井底之蛙，可我们也不曾完整地看过广阔的天空"。

谁都不容易，所以，不要搬弄是非。要把"喷人"变成"爱人"。一个笑容，一句温馨的话，可能会温暖别人的一生。

要珍惜当下，宽厚待人。任何人都不会长生不老，当我们告别这个世界时，不应该留下仇恨和遗憾，应该无牵无挂地平静离去。

碰在一起就是有缘，我们要学会用虔诚的心，去感恩身边的人、尊重身边的人，珍惜每一天，珍惜大家一起走过的岁月。

谁都没有资格嘲笑谁。做人做事要给别人留余地，给自己留后路，敬人等于敬己，这才是正确的人生价值观。

一、念一念　写一写

pán xī yī yǐn 磻 溪 伊 尹	zuǒ shí ā héng 佐 时 阿 衡
yǎn zhái qū fù 奄 宅 曲 阜	wēi dàn shú yíng 微 旦 孰 营

二、读一读　记一记

"华夏、中华、九州、八荒、四海、中原"都是指的中国,九州指荆州、兖州、雍州、青州、冀州、徐州、豫州、扬州、梁州。八荒指东、东南、南、西南、西北、北、东北八个方向。荒为荒远之地,八荒指远离中原的地方。

"关内"与"关外"相对,指山海关以西或嘉峪关以东一带地区。

"江东父老"一词的"江东"古指长江下游江南地区。

"塞外江南"并非单指某一处,而是泛指西北如新疆、青海、内蒙古等地许多景色优美的地区,如河套平原、宁夏平原。"塞外"指的是长城以北地区。

三、想一想　背一背

乱花渐欲迷人眼,浅草才能没马蹄。(白居易《钱塘湖春行》)

洛阳亲友如相问,一片冰心在玉壶。(王昌龄《芙蓉楼送辛渐》)

落红不是无情物,化作春泥更护花。(龚自珍《己亥杂诗》)

落花人独立,微雨燕双飞。(晏几道《临江仙》)

梅须逊雪三分白,雪却输梅一段香。(卢梅坡《雪梅》)

自我评价	任务完成情况	组长评价	教师签字
★★★			

★1. I don't mean it. 我不是故意的。★2. I'll fix you up. 我会帮你打点的。

九十九块金币

彼得是地球上最快乐的乞丐。可是有一天,彼得的快乐突然消失了。因为在一天上午,他在路上捡了一袋金币,精确地说是99块金币。

其实,捡到金币的那个晚上,彼得是最快乐的。他想:我可以不做乞丐了。我有99块金币! 够我吃一辈子啊!

第二天,彼得很晚也没有走出破庙,他要把这99块金币藏好,这真的需要费一番工夫。"这钱不能花,我得攒着。我要是拥有100块金币就好了。"从来没有什么理想的他现在开始有了理想,他还需要一块金币,这对一个乞丐来说,绝对是一个非常远大的理想。

直到中午,彼得才出去讨饭。不! 他开始讨钱! 下午,他很早就饿着肚子"收工"了,他得用更多的时间来守着他的金币。

一连几天,彼得都这样度过,这样度日的他再也没有吃饱过,同时再也没有快乐过。

讨钱越来越困难了。原因一是别人愿给剩饭而不愿给钱,二是因为他不快乐了,别人也不愿再施舍他了。

有人问他:"彼得,你为什么不快乐了?"

"我是叫花子,快乐个啥!"

彼得越来越忧郁,越来越苦闷,越来越瘦弱,终于有一天他病倒了。但病中的他还在想着一件事:还差16分就100块金币了。

突然有一天,一个富商找到生命垂危的彼得:"你为什么不看医生? 难道你没有拾到我的金币?"

"什么?"彼得惊问。

"彼得,是你的快乐救过我。3年前,我赔光了家产,十分绝望,可当我见到快乐的你,发现身无分文的人也能快乐地生活。后来,我东山再起,赚了很多钱。那一天,我带着99块金币出来游玩,见到你,就把金币丢在你要走的路上,可是你为什么现在还是乞丐呢? 生病了为什么不拿钱去看医生呢?"富商问道。

"我想拥有100块金币,还差16分。"彼得说。

富商听了,从口袋里取出一块金币给他。彼得接过来,把钱装进袋子里,又倒出来,很细心地数着,然后,他昏倒了。

一个游僧路过,问明情况,开始为他诊治。

"什么? 你又给了他一块金币? 这下完了。"

"为什么?"

"因为他有了99块金币,就会希望有100块金币。这就是每个人都不可避免的贪欲。贪欲夺走了他的快乐! 如果你向他索回那99块金币,或许他还有救。现在,你满足了他的欲望,他也就失去了支撑下去的动力。你开始给了他99块金币,世界上少了一个天使;你又拿出一块金币,世界上又少了一个生命。"

富商试了试彼得的鼻子,摇了摇头。

人一旦有了贪欲,也就失去了快乐,随之而来的是无穷无尽的烦恼,就像一个陷阱,当人一不小心陷进去,就会不可自拔,越陷越深,最终到一个无法挽回的地步。活得快乐才是最重要的,人要有一颗摒弃贪欲的心灵,学会泰然放弃,才能汲取生命中甘甜纯正的玉液琼浆!

一、念一念　写一写

huán gōng kuāng hé 桓　公　匡　合	jì ruò fú qīng 济　弱　扶　倾
qǐ huí hàn huì 绮　回　汉　惠	shuō gǎn wǔ dīng 说　感　武　丁

二、读一读　记一记

中国象棋棋盘上的"楚河汉界"指的是河南省荥阳市黄河南岸广武山上的鸿沟。沟口宽约800 米,深达 200 米,是古代的一处军事要地。刘邦、项羽仅在荥阳一带就爆发了"大战七十,小战四十",后割鸿沟以西为汉,以东为楚,鸿沟便成了楚汉的边界。

"泾渭分明"是一个成语,源自一大自然景观。渭河是黄河的最大支流,泾河又是渭河的最大支流,泾河水清,渭河水浑,在古城西安北郊交汇,形成互不相融的奇特景观。比喻界限清楚或是非分明。

中国四大高原:青藏高原、内蒙古高原、黄土高原和云贵高原。

1985 年评选出的"中国十大名胜古迹"是指万里长城、桂林山水、杭州西湖、北京故宫、苏州园林、安徽黄山、长江三峡、台湾日月潭、承德避暑山庄、西安秦陵兵马俑等十个风景名胜区。

三、想一想　背一背

明月别枝惊鹊,清风半夜鸣蝉。(辛弃疾《西江月·夜行黄沙道中》)

明月出天山,苍茫云海间。(李白《关山月》)

明月松间照,清泉石上流。(王维《山居秋暝》)

鸣笙起秋风,置酒飞冬雪。(王微《四气诗》)

莫愁前路无知己,天下谁人不识君?(高适《别董大》)

自我评价	任务完成情况	组长评价	教师签字
★★★			

★1. It's a fine day. 今天是个好天。★2. What time is it? 几点了?

洗澡

老何下班回家,迈着比肋下的公文包更为沉重的步子,走在拥挤的人群里。老何眼前晃动着的是一张张都市疲惫的脸。老何想,我的脸被别人觑见时大约也是这番可怜模样吧。这么一想,老何便觉得生活怪累的。遇到红灯,所有的脚都停下来;然后绿灯,所有的脚又都匆匆走动。累也好,没意思也好,总而言之是这般的走走停停,停停走走。这就是都市里的人必须每天面对的,而且"必须",老何想,多么叫人无奈啊。

老何拐过一个路口,走进一条僻静的老街,为的是把甚嚣尘上的喧闹和芜乱杂沓的人影甩在身后。经过一个门前爬满了常春藤的旧式院子,老何听到里头有人在弹钢琴,弹得非常好,非常悦耳,也非常柔和明丽。这琴声使老何想到春天的原野、山间的绿树、明净的溪涧和婉转的鸟啼。老何就站住了。老何感到了自然和生命的美丽的呼吸与盎然的诗意。

此后,老何每天下班,都要从这条静静的老街过,而且每天都驻足在那被常春藤缠绕的旧式小院前,凝神屏息让那如水的琴声淙淙地流过蒙尘的心野。

有一天,正好老何的老婆也从这儿路过,远远看见老何呆呆地站在那里,就大声喊他:"好哇,难怪你每天下班都回得那么迟嘛,原来你是站在这个鬼地方泡时间啊,还不赶快给我回家去! 今天的这餐晚饭你躲不脱啦!"

路上,老何的老婆问老何:"站在那个鬼地方你到底在干什么呀,嗯?"

老何想了想,答曰:"洗澡。"

老婆睁圆了眼睛,说:"你说什么,嗯? 洗澡? 嗯? 那个鬼地方有个澡堂子么,嗯?"

一、念一念　写一写

jùn yì mì wù 俊乂密勿				duō shì shí níng 多士寔宁			
jìn chǔ gèng bà 晋楚更霸				zhào wèi kùn héng 赵魏困横			

二、读一读　记一记

四川 峨眉山——峨眉天下秀
四川 青城山——青城天下幽
四川 乐山大佛——天下第一大佛
浙江 雁荡山——天下奇秀
浙江 普陀山——海山第一
杭州 西湖——西湖烟雨誉古今
广西 桂林——桂林山水甲天下
安徽 黄山——天下第一奇山
安徽 九华山——东南第一山
江西 庐山——匡庐奇秀甲天下

三、想一想　背一背

莫道不消魂,帘卷西风,人比黄花瘦。(李清照《醉花阴·薄雾浓云愁永昼》)
莫笑农家腊酒浑,丰年留客足鸡豚。(陆游《游山西村》)
蓦然回首,那人却在,灯火阑珊处。(辛弃疾《青玉案》)
男儿何不带吴钩,收取关山五十州?(李贺《南园》)
南邻更可念,布破冬未赎。(陆游《十月二十八日风雨大作》)

自我评价	任务完成情况	组长评价	教师签字
★★★			

★1. You can make it! 你能做到! ★2. Control yourself! 克制一下!

高处何处有

很久很久以前，在一个很远很远的地方，一位老酋长正病危。

他找来村中最优秀的三个年轻人，对他们说："这是我要离开你们的时候了，我要你们为我做最后一件事。你们三个都是身强体壮而智慧过人的孩子，现在，请你们尽其可能地去攀登那座我们一向奉为神圣的大山。你们要尽可能地爬到最高的地方，然后折回头来告诉我你们的见闻。"

三天后，第一个年轻人回来了，他笑含双靥，衣履光鲜："酋长，我到达山顶了，我看到山顶了，我看到繁花夹道，流泉淙淙，鸟鸣嘤嘤，那地方真不坏呀！"

老酋长笑笑说："孩子，那条路当年我也走过，你说的鸟语花香不是山顶，而是山麓，你回去吧！"

一周以后，第二个年轻人也回来了。他神情疲倦，满脸风霜："酋长，我到达山顶了，我看到高大肃穆的松树林，我看见秃鹰盘旋，那是一个好地方。"

"可惜呀！孩子，那不是山顶，那是山腰。不过，也难为你了，你回去吧！"

一个月过去了，大家开始为第三个年轻人的安危担心。他却一步一蹭，衣不蔽体地回来了。他发枯唇燥，只剩下清炯的眼神："酋长，我终于到了山顶，但是，我该怎么说呢？那里只有高风悲旋，蓝天四垂。"

"你难道在那里一无所见吗？难道连蝴蝶也没有一只吗？"

"是的，酋长，高处一无所有，你能看到的，只有你自己，只有'个人'被放在天地间的渺小感，只有想起千古英雄的悲激心情。"

"孩子，你到的是真的山顶，按照我们的传统，天意要立你做新的首长，祝福你。"

真英雄何所遇？他遇到的是全身的伤痕，是孤单的长途，以及愈来愈真切的渺小感。

一、念一念　写一写

jiǎ tú miè guó 假 途 灭 虢			jiàn tǔ huì méng 践 土 会 盟		
hé zūn yuē fǎ 何 遵 约 法			hán bì fán xíng 韩 弊 烦 刑		

二、读一读　记一记

陕西 华山——奇险天下第一山

云南 石林——天下第一奇观

云南 山茶花——云南山茶甲天下

湖南 洞庭湖——洞庭天下水

湖南 岳阳楼——岳阳天下楼

河南 开封——汴京富丽天下无

河南 嵩山少林寺——天下第一名刹

河北 山海关——天下第一关

甘肃 嘉峪关——天下第一雄关

云南 安宁温泉——天下第一汤

山东 泰山——五岳独尊

山东 济南趵突泉——天下第一泉

江苏 北固山——天下第一江山

三、想一想　背一背

农夫方夏耘,安坐吾敢食。(戴复古《大热》)

暖风熏得游人醉,直把杭州作汴州。(林升《题临安邸》)

怕相思,已相思,轮到相思没处辞,眉间露一丝。(俞彦《长相思》)

平生不会相思,才会相思,便害相思。(徐再思《折桂令》)

凄凉别后两应同,最是不胜清怨月明中。(纳兰性德《虞美人》)

自我评价	任务完成情况	组长评价	教师签字
★★★			

★1. He came by train. 他乘火车来。★2. He is ill in bed. 他卧病在床。

你的人生是在挑水还是在挖井

　　从前,有两个和尚住在相邻的两座山的庙里,一个叫"一休"和尚,一个叫"二休"和尚。这两座山上都没有水,因此两个和尚都需要到山下面的一条小溪去挑水,才有水喝。他们经常会在挑水的时候遇到,因此久而久之两人便成为好朋友。

　　就这样,在每天挑水中不知不觉已经过了五年。有一天,二休像往常一样到小溪去挑水,发现一休竟然没有出现。二休想,一休和尚大概睡过头了。第二天,二休再去挑水,还是没有见到一休。过了一个星期,又过了一个月,一休还是没有出现。二休很担心,心想:"我的朋友可能生病了,我要去拜访他,看能帮上什么忙。"

　　当他上山找到一休所在的庙宇,却发现一休和尚正在庙前打太极,一点都不像生了病的样子。他吃惊地问:"一休,你已经一个月没有下山挑水了,为什么你没有挑水还有水喝?"一休笑着带他到寺庙的后院,指着一口井说:"这五年来,我每天挑完水,完成功课之后,都会利用零碎的时间来挖井,即使有时候很忙,也会挖多少算多少。现在我已经挖好一口井,井水源源不断地涌出,从今以后我再也不用下山挑水了!我还可以省下许多时间来做我自己喜欢做的事情,比如说练我最喜欢的太极拳,哈哈!"

　　因此,一休从此不用再辛苦劳累花时间去挑水了,而二休却依然每天都要下山,没得休息。这就是"一不做二不休"的由来。

　　聪明的人,总是知道利用闲暇的时间,来帮自己找到一份持续的收入,或者是发展自己另一方面的实力,以让人生获得持久的财富来源和成功。每一个商务时代,都会产生一大批富翁,而每一个富翁的产生过程都是当别人不明白时,他默默地在做什么;当别人不理解时,他理解他自己在做什么!所以当别人明白时他已经成功了,当别人理解时他已经富有了!

　　做挖井人还是挑水人,都是由自己决定的。在你还没有井之前,挑水可以保证你眼前的所需;但如果有长远的目光,有智慧的头脑,就会想到挖一口属于自己的财富之井,才是真正的财富源流。当然,在挑水的同时去挖井,注定要比只顾挑水的人更加辛苦劳累,付出更多的努力。然而,当你成功地挖得一口好井,它将给你的一生丰厚的回报!

一、念一念　写一写

qǐ jiǎn pō mù 起 翦 颇 牧	yòng jūn zuì jīng 用 军 最 精
xuān wēi shā mò 宣 威 沙 漠	chí yù dān qīng 驰 誉 丹 青

二、读一读　记一记

我国最早的戏曲演员是春秋时楚国人优孟。

我国最早的戏曲剧目是汉代的《东海黄公》。

我国现存最古老的剧本是南宋时的《张协状元》。

我国戏曲史上成就最突出的剧作家是元代关汉卿,他一生写了 60 多个剧本。

我国古代第一部系统全面的戏曲理论著作是清代李渔所著的《闲情偶寄》。

我国最早的一部戏曲史是王国维 1902 年写成的《宋元戏曲史》。

我国最早的剧场是东汉时期建在洛阳城西的"平乐观",仅供宫廷使用。

我国最早的戏曲杂志是辛亥革命前夕"上海大舞台丛报社"编辑出版的《二十世纪大舞台》。

我国流行最广的、最大的戏曲剧种是京剧。

三、想一想　背一背

奇文共欣赏,疑义相与析。(陶渊明《移居二首》)

契阔死生君莫问,行云流水一孤僧。(苏曼殊《过若松町有感示仲兄》)

千金纵买相如赋,脉脉此情谁诉?(辛弃疾《摸鱼儿》)

千里莺啼绿映红,水村山郭酒旗风。(杜牧《江南春》)

千门万户曈曈日,总把新桃换旧符。(王安石《元日》)

自我评价	任务完成情况	组长评价	教师签字
★★★			

★1. How's everything going? 一切还好吧? ★2. I have no choice. 我别无选择。

高手遇事的处理方法：沉默，平静，弯腰，努力

【沉默】有时候，你被人误解，你不想争辩，所以选择沉默。本来就不需要所有的人都会了解你，因此你也没必要对全世界解释。做真实的自己就好。

【平静】在你跌入人生谷底的时候，你身边所有的人都告诉你：要坚强，而且要快乐。坚强是绝对需要的，但是快乐呢？在这种情形下，恐怕是太为难你了。毕竟谁能在跌得头破血流的时候还会做到高兴？但你至少可以做到平静。平静地看待这件事，平静地处理该处理的事情就行。

【弯腰】和别人发生意见上的分歧，甚至造成言语上的冲突，回家去擦地板吧。拎一块抹布，弯下腰，双膝着地，把你面前地板的每个角落来回擦拭干净。有时候你必须学习弯腰，因为这个动作可以让你谦卑。劳动身体的同时，你也擦亮了自己的心绪。

【不要想如果当初……】你说，人生是一条有无限多路口的长路，永远在不停地做选择。选择读什么科系、做什么工作，结婚或不结婚、要不要有孩子，不同的选择造就出完全不一样的人生。你又说，如果当初如何如何，现在就不会怎样怎样……这种话还是别再说了吧。每一个路口的选择没有真正的好与坏，只要把人生看成是自己独一无二的创作，就不会频频回首如果当初做了不一样的选择。

【努力】漫步林间，你看见一株紫藤缠绕树干，感动于这静美的一幕。你想，不知未来会有怎样一番风雨？也许藤将断、树会倒，也许天会荒、地将老。你又想，请时光定格在此刻吧，定格即是永恒。永恒里若有这静美的一刻，未来即使遭遇种种劫难，便也得到了安慰与报偿。努力，不管成功与否，至少曾经美丽。

【保持单纯】因为思虑过多，所以你常常把你的人生复杂化了。明明是活在现在，你却总是念念不忘着过去，又忧心忡忡着未来。单纯地活在当下吧，而当下其实无所谓是非真假。就单纯地把你的人生当成梦境去执行吧，做好现在的梦。

【偶尔"俗气"一下】吃多了健康食品，偶尔你也想啃一啃鸭舌头和盐酥鸡，还有麻辣小龙虾。你其实并不想让自己时时刻刻活得那么有意义。人生真的不需要把自己绑得那么紧。

【回归平静】曾经有一段时间，你心情低落，甚至懒得拉开窗帘，看窗外的阳光。你当然也忘了去看窗台上那一盆每天都需要浇水的茉莉花。不知过了多久，总算有一天，你恢复了美丽心情，同时也想起了你的茉莉。天啊，可怜的花，还活着吗？你战战兢兢地拉开窗帘，却见她风姿绰约，幽香扑面而来。原来在过去的这段日子里，你虽然忘了给它浇水，老天却一直没忘了以雨露来眷顾它！

一、念一念　写一写

jiǔ zhōu yǔ jì 九 州 禹 迹			bǎi jùn qín bìng 百 郡 秦 并	
yuè zōng tài dài 岳 宗 泰 岱			chán zhǔ yún tíng 禅 主 云 亭	

二、读一读　记一记

三十六计

第一套 胜战计 瞒天过海 围魏救赵 借刀杀人 以逸待劳 趁火打劫 声东击西

第二套 敌战计 无中生有 暗度陈仓 隔岸观火 笑里藏刀 李代桃僵 顺手牵羊

第三套 攻战计 打草惊蛇 借尸还魂 调虎离山 欲擒故纵 抛砖引玉 擒贼擒王

第四套 混战计 釜底抽薪 混水摸鱼 金蝉脱壳 关门捉贼 远交近攻 假道伐虢

第五套 并战计 偷梁换柱 指桑骂槐 假痴不癫 上屋抽梯 树上开花 反客为主

第六套 败战计 美人计 空城计 反间计 苦肉计 连环计 走为上

三、想一想　背一背

千磨万击还坚劲,任尔东西南北风。（郑燮《竹石》）

千年史册耻无名,一片丹心报天子。（陆游《金错刀行》）

千山鸟飞绝,万径人踪灭。（柳宗元《江雪》）

千嶂里,长烟落日孤城闭。（范仲淹《渔家傲》）

羌笛何须怨杨柳,春风不度玉门关。（王之涣《出塞》）

自我评价	任务完成情况	组长评价	教师签字
★★★			

★1. I like icecream. 我喜欢吃冰淇淋。★2. I love this game. 我钟爱这项运动。

爱是一种积极的生活

有段时间,很喜欢法国电影,却对法国电影里总要出现的"爱"感到很烦。

以法国女歌手伊迪斯·皮亚芙生平故事为主线的电影《玫瑰人生》里,记者向坐在海滩上的皮亚芙发问:"您对少女们有什么建议吗?"

"爱。"

"您对青年们有什么建议吗?"

"爱。"

"您对孩子们有什么建议吗?"

"爱。"……在法国电影里,爱是最重要的事,电影里的男人、女人,不断地告诉自己和别人,要爱,要示爱,要落实爱。

爱是被夸大的信仰,还是词穷之时的自动回复?他们为什么要用爱去解释一切、解决一切?爱对他们来说,到底意味着什么?

法国哲学家阿兰·巴迪欧写了一本书——《爱的多重奏》,这是他在71岁时一次访谈的文字稿。此时的他,清澈洞明,对这种"爱文化"有了深刻的理解和阐述。他论述的爱,是爱情,但又不仅仅是爱情。人本来是单个的,以单数形式存在,而爱情,却让人从"一"变"两"。在这个过程里,人得打破自己身上的封闭,试着通过另一个人的角度去看世界。两个人的爱,是"最小的共产主义单位",但这种形式,却是一种更大规模的集体之爱的演习,让"从两个人过渡到人民"成为可能。

在他看来,爱不是一下就能完成的,得靠忠诚去维护,得不停地宣示爱意,"尽管在一开始就已经宣布,爱仍然需要不断地被重新宣布"。而这显然需要巨大的行动力,需要不断激发自己身上的热情和能量,所以,他所谓的爱,是一种更朴实的态度:积极生活。去爱,去行动,去寄托,去反省,去剔除焦虑,去解决不安,去认识命运,去抵抗死亡。

装扮自己,是爱;维护自己的健康,是爱;经济独立,让自己过得舒服一点,是爱;尊重自己物质和情感上的欲望,是爱;去山清水秀的地方远足,是爱;种植花草,是爱;接听朋友的倾诉电话,是爱。当然,爱情,也是爱,克服爱情中的障碍,弥补自己的缺陷,也是爱。

爱,就是一种积极的生活;积极生活,就是爱。

一、念一念　写一写

yàn mén zǐ sài 雁 门 紫 塞			jī tián chì chéng 鸡 田 赤 城		
kūn chí jié shí 昆 池 碣 石			jù yě dòng tíng 巨 野 洞 庭		

二、读一读　记一记

上海——不夜城

重庆——山城

蓉城、锦官城——四川成都

牡丹城——河南洛阳市

英雄城——江西南昌市

瓷都——江西景德镇市

汽车城——吉林长春市

日光城——西藏拉萨市

泉城——山东济南市

水城——江苏苏州市

冰城——黑龙江哈尔滨市

江城——湖北武汉市

羊城、花城——广东广州市

草原钢城——内蒙古包头市

三、想一想　背一背

且如今年冬，未休关西卒。（杜甫《兵车行》）

秦时明月汉时关，万里长征人未还。（王昌龄《出塞》）

青山遮不住，毕竟东流去。（辛弃疾《菩萨蛮·书江西造口壁》）

清晨入古寺，初日照高林。（常建《题破山寺后禅院》）

清江一曲抱村流，长夏江村事事幽。（杜甫《江村》）

自我评价	任务完成情况	组长评价	教师签字
★★★			

★1. I'll try my best. 我尽力而为。★2. I'm on your side. 我全力支持你。

从一到十的万全人生

人生路上，一路走来，总觉得人生很复杂，人心难以捉摸，世间的事常常出人意料。一天，和母亲畅谈人生，觉得人生高深莫测。母亲笑着说，其实人生很简单，从一到十而已。

从一到十？

母亲微笑着一一道来。

一个中心，就是一切以健康为中心。

两个基本点，就是遇事潇洒一点，看事糊涂一点。

三个忘记，就是要忘记年龄、忘记过去、忘记恩怨。

四个拥有，就是说，人生路上一定要拥有真正爱你的人、拥有知心朋友、拥有向上的事业、拥有温暖的住所。

五个要，就是要唱、要跳、要美、要笑、要有气质。

六个不能，就是不能饿了才吃，不能渴了才喝，不能困了才睡，不能累了才歇，不能病了才检查，不能老了再后悔。

七个禁止，就是人生在世，要止于怒、止于愁、止于气、止于怨、止于恨、止于伤感、止于消沉。

八个适宜，就是宜静、宜动、宜行、宜乐、宜释放、宜果敢、宜温情、宜大度。

九个感谢，就是要心怀感恩，感谢天、感谢地、感谢四季、感谢父母、感谢亲人、感谢朋友、感谢爱人、感谢帮过自己的熟人、感谢帮过自己的陌生人。

十个等候，就是要静静地等候孩子长大，长大了他才会懂得父母的辛苦；静静地等候爱人成熟，成熟了他才会懂得两情相守；等候久别的朋友回来，重温友情的美好；等候春回大地，在寒冬风雪急骤的时候；等候幸福花开，每天辛勤浇灌；等候意外的惊喜，以善良的心面对红尘；等候久病的亲人康复，耐心细致予以照顾；等候种种误解消除，时间可以证明一切；等候得到领导重用，用工作能力来证明自己；等候成功的到来，时刻努力上进。

母亲的这番话，我深思良久，认为她说得很对。原来，人生真的很简单。只要你不用别人的错误惩罚自己，只要你拥有豁达的心胸，面对不愉快的人与事能够一笑而过，用心收集人生路上快乐的记忆、温暖的鼓励，那就行了。一句话，善于汲取人生旅途上的"正能量"，同时积极化解那些不利于进步的"负能量"，你的世界自然云淡风轻、清新可爱。你的人生路，自然会一路阳光普照。事业的成功，自然是指日可待。

将母亲的这番话认真地记下来，每天看一遍，心中便烦恼顿消，充满了努力前行的力量。从一到十的人生，是人生的至高境界。

一、念一念　写一写

kuàng yuǎn mián miǎo 旷远绵邈			yán xiù yǎo míng 岩岫杳冥		
zhì běn yú nóng 治本于农			wù zī jià sè 务资稼穑		

二、读一读　记一记

雾都——伦敦
水都——威尼斯
圣城——耶路撒冷
东方威尼斯——苏州
北方威尼斯——斯德哥尔摩
音乐城——奥地利维也纳
电影城——法国戛纳、美国好莱坞
花城——法国巴黎
酒城——德国慕尼黑
表城——瑞士伯尔尼
大学城——英国牛津
足球城——巴西里约热内卢
画城——墨西哥的墨西哥市
医学城——美国休斯敦

三、想一想　背一背

请君试问东流水，别意与之谁短长。（李白《金陵酒肆留别》）
穷且益坚，不坠青云之志。（王勃《滕王阁序》）
穷则独善其身，达则兼济天下。（孟子《尽心上》）
秋丛绕舍似陶家，遍绕篱边日渐斜。（元稹《菊花》）
秋风吹不尽，总是玉关情。（李白《子夜吴歌·秋歌》）

自我评价	任务完成情况	组长评价	教师签字
★★★			

★1. Long time no see! 好久不见！★2. What a good deal! 真便宜！

用心去悟

在南北相对的两座大山上，各有一个寺院。

每天早上，两个寺院分别派一个小和尚到山下的市场去买菜。两个小和尚年轻气盛，都不服对方，在市场上相遇，经常或明或暗地较劲，互试机巧。

一天，南寺院的小和尚问："你到哪里去？"

北寺院的小和尚答道："脚到哪里，我就到哪里。"

南寺院的小和尚听后无言以对。买了菜，回到寺院向师父禀告，师父说："下次你碰见他的时候，还用同样的话问他，如果他还是那样回答，你就说：'如果你没有脚，你到哪里去？'这样你就能击败他了。"

第二天早上，南北寺院的小和尚又在菜市场相遇。

南寺院的小和尚又问道："你到哪里去？"

北寺院的小和尚答道："风到哪里，我便去哪里。"

这出乎意料的回答使南寺院的小和尚无从回击，又站在那里，一时语塞。回到寺院，师父见小和尚满脸晦气，便问道："难道我教给你的方法不灵吗？"

小和尚便将早上的事如实地说了出来，师父听了哭笑不得，对小和尚说："那你可以反问他：'如果没有风，你到哪里去？'"

第三天早上，南寺院的小和尚又碰见了北寺院的小和尚，于是问道："你到哪里去？""我到市场去。"

南寺院的小和尚又没有话了，因为他不可能说："如果没有市场，你到哪里去？"

师父知道这情况之后，叹道："观晚霞悟其无常，观白云悟其卷舒，观山岳悟其灵奇，观河海悟其浩瀚……学贵用心悟，非悟无以入妙。别人的东西永远是别人的，只有悟出的东西才是自己的。"

一、念一念　写一写

chù zǎi nán mǔ 俶 载 南 亩				wǒ yì shǔ jì 我 艺 黍 稷			
shuì shú gòng xīn 税 熟 贡 新				quàn shǎng chù zhì 劝 赏 黜 陟			

二、读一读　记一记

中华物产三宝歌(一)

北京:景泰蓝,象牙雕,玉器玲珑细又巧。

上海:宝钢好,顾绣俏,五香豆出在城隍庙。

天津:嫩鸭梨,小笼包,乡下栗子重糖炒。

吉林:紫貂皮,乌拉草,吉林人参三件宝。

江苏:咸板鸭,镇江醋,苏绣工艺天下著。

浙江:杭州锦,龙井茶,金华火腿味道佳。

福建:文昌鱼,大桂圆,寿山石雕美名传。

江西:南丰橘,余江麻,景德镇瓷器人人夸。

山东:烟台苹果,莱阳梨,青岛啤酒数第一。

湖北:来凤桐油,水杉树,还有印花老粗布。

三、想一想　背一背

秋风萧瑟,洪波涌起。(曹操《观沧海》)

秋月扬明晖,冬岭秀寒松。(陶渊明《四时》)

取次花丛懒回顾,半缘修道半缘君。(元稹《离思》)

泉眼无声惜细流,树阴照水爱晴柔。(杨万里《小池》)

劝君更尽一杯酒,西出阳关无故人。(王维《送元二使安西》)

自我评价	任务完成情况	组长评价	教师签字
★★★			

★1. What should I do? 我该怎么办? ★2. Believe it or not! 信不信由你!

人生的标点

我希望我的人生是一个句号,圆满而充实。

母亲告诉我:孩子,人生应是一个逗号,总有未完的续音,这样才不会终结,才会充满希望。于是,当我失败时,再也不愿让衰草抚慰伤痕,拒绝让微风抚平记忆。我要靠我自己站起来,是的,要靠自己,我要自己去写完那逗号后的下文。渐渐地,我懂得了"逗号"的真正内涵。

父亲告诉我:孩子,人生应是一个冒号,永远都给人启迪,引人思索。于是,我在生活中尝试着发现,尝试着拓新。记得,是太阳的柔光,是落叶的飞舞,让我真切地感受到春去秋来,我便用心灵在人生的冒号后写下了我最珍贵的感受。

爷爷告诉我:孩子,人生应是一个引号,把经历中最刻骨铭心的片段"引"起来,藏在心底,让它成为回忆的瑰宝,前进的鞭策。我不禁想起了我的启蒙老师,是她牵着我走向人生大门,是她教会我如何做人,是她在我悲伤时给我心灵的安慰,在我失败时给我重振的勇气。我将这段记忆放在引号中,成为我心灵深处的宝石。

奶奶告诉我:孩子,人生应是一串长长的省略号。面对自己的荣誉、鲜花,省略些吧。这样,你才能淡泊一切浮躁,去寻找一种比生命更长久的踏实。面对别人的过错,省略些吧。这样,你才能微笑着用你的胸怀去容纳整个世界。于是,我学会了什么是沉着,什么是宽容;我兴奋地发掘,我应有一颗包容万物的爱心。

终于有一天,母亲对我说:"孩子,其实,没有谁的人生可以成为一个完美无缺的句号。正所谓'金无足赤,人无完人',但可贵的是,你一直都在追寻着句号。这不是目的,而是过程。但重要的,也就是这过程。"

我忽然间发觉,我在寻求"句号"的过程中成长了。我懂得了人生就是一个过程,一个不以生为始,不以死为终的过程。于是,我学会如何去珍惜我所经历的一切。曾经的历程就像退了潮的海,虽已不再汹涌澎湃,但它还是把贝壳留给了沙滩;曾经的历程就像落了山的太阳,虽已不复光辉,但它把星星留给了苍穹。

我,虽然没有得到人生的句号,但我已经拥有了最弥足珍贵的经历。毕竟,只要努力追求过了,就可以无悔。

我相信,我终究有一天会成为一个竖立的感叹号!

一、念一念　写一写

mèng kē dūn sù 孟 轲 敦 素				shǐ yú bǐng zhí 史 鱼 秉 直			
shù jǐ zhōng yōng 庶 几 中 庸				láo qiān jǐn chì 劳 谦 谨 敕			

二、读一读　记一记

中华物产三宝歌(二)

广东:功夫茶,菠萝蜜,大香蕉呀张满地。

广西:沙田柚,浔江鱼,合浦珍珠真美丽。

贵州:茅台酒,玉屏箫,安顺场上出三刀。

云南:普洱茶,大理石,白药专把红伤治。

陕西:关中驴子,秦川牛,美名远扬西凤酒。

新疆:哈密瓜,和田玉,吐鲁番葡萄甜如蜜。

青海:麝香妙,鹿茸好,名贵中药冬虫草。

四川:鲜榨菜,自贡盐,天府花生粒饱满。

台湾:甘蔗糖,细草席,幽香樟脑有名气。

三、想一想　背一背

人到情多情转薄,而今真个悔多情。(纳兰性德《摊破浣溪沙》)

人皆苦炎热,我爱夏日长。(李昂《夏日联句》)

人生在世不称意,明朝散发弄扁舟。(李白《宣州谢朓楼饯别校书叔云》)

人生自古谁无死,留取丹心照汗青。(文天祥《过零丁洋》)

人生自是有情痴,此恨不关风与月。(欧阳修《玉楼春》)

自我评价	任务完成情况	组长评价	教师签字
★★★			

★1. Don't let me down. 别让我失望。 ★2. Easy come easy go. 来去匆匆。

人生的选择

人生总要面临许多选择，选择就意味着要付出机会成本，即为了得到某种东西而要放弃另一些东西的最大价值。

选择，就要有所为有所不为，在"鱼与熊掌""义与利""忠与孝"无法两全其美的时候，选择就意味着要有所放弃。在选择与放弃之间，往往就能看到一些仁人志士人格之伟大，精神之高尚，胸怀之坦荡，追求目标之宝贵。

法国思想家、艺术家卢梭年轻时创作的歌剧《乡村卜师》公演后大获成功，国王给予很高评价。第二天，使臣来到了卢梭住所，宣布国王要召见他，并且要赐给他一份丰厚的"年金"。这对于四处奔波、捉襟见肘的卢梭来说不啻于天大福音。可谁也想不到卢梭却断然拒绝了。理由是："那笔可以说是到手的年金，我是丢掉了；但是我也就免除了年金加到我身上的那副枷锁。有了年金，真理完蛋了，自由完蛋了，勇气也完蛋了。从此以后怎么还能谈独立和淡泊呢？一接受这笔年金，我就只得阿谀逢迎，或者噤若寒蝉了。"（见《忏悔录》）

卢梭选择了自由，放弃了金钱，散发出的是人性的光辉。

《赵氏孤儿》里，公孙杵臼选择了赴死救孤，舍生取义，程婴选择了立孤报仇，忍辱负重，两个人人格同样伟大，最后也都青史留名。古希腊思想家苏格拉底选择了言论自由，放弃了宝贵生命，"宁鸣而死，不默而生"，用鲜血和生命为言论自由铺下了一块重要基石。美国独立战争总司令华盛顿，胜利后选择了急流勇退，放弃了唾手可得的君临天下，给美国民主制度带了个好头。国学大师陈寅恪选择了"独立之精神，自由之思想"，因而放弃了炙手可热的官位和优厚的物质待遇。著名学者钱钟书选择了寂寞和孤独，放弃的是喧嚣与热闹，成就的是他的学问和事业。英国的温莎公爵选择了爱情，放弃了江山，留下了不爱江山爱美人的千古佳话。

当然，失败的选择也不少。《圣经》中，以扫选择了红豆汤，放弃了长子继承权，结果后悔莫及。希腊神话里，派里斯王子选择了美女，放弃了智慧，于是他得到了最美的女子海伦和十年特洛伊战争，结果生灵涂炭，他自己也死于非命。辛亥革命后，袁世凯一手遮天，他也面临着两个选择：一是当中国华盛顿，推进共和，施行民主，这是可以流芳百世的；二是当拿破仑第二，面南而坐，黄袍加身，复辟当皇帝，注定要遗臭万年。可他却偏偏选择了后一条路，结果当了83天短命皇帝，在千夫所指中可耻地死去。

选择与放弃，就像行车的十字路口，会不时出现在生命的旅途上，等着人们作出决断。能不能作出正确、明智的选择，人生大智慧与人格、精神往往就体现在这里。

一、念一念　写一写

língyīn chá lǐ 聆音察理	jiàn mào biàn sè 鉴貌辨色

yí jué jiā yóu 贻厥嘉猷	miǎn qí zhī zhí 勉其祗植

二、读一读　记一记

　　长江，亚洲第一大河，其流域面积、长度、水量都居亚洲第一位。它发源于青藏高原唐古拉山的主峰各拉丹冬雪山。长江流域从西到东约 3 219 千米，由北至南约 966 千米。长江流经：青藏高原、青海（青）、西藏（藏）、四川（川）、云南（滇）、重庆（渝）、湖北（鄂）、湖南（湘）、江西（赣）、安徽（皖）、江苏（苏）、上海（沪），最后注入东海。长江全长 6 397 千米，是世界第三长河，仅次于非洲的尼罗河和南美洲的亚马逊河，水量也居世界第三。长江流域总面积 1 808 500 平方千米（不包括淮河流域），约占全国土地总面积的 1/5，和黄河一起并称为"母亲河"。长江的源头至湖北省宜昌市之间为上游，水急滩多；宜昌至江西省湖口市为中游，曲流发达，多湖泊（鄱阳湖最大，洞庭湖次之）；湖口以下至入海口为下游，江宽，江口有水流堆积而成的崇明岛。长江水量和水利资源丰富，盛水期，万吨轮可通武汉，小轮可至宜宾。长江流域是中国人口密集、经济最繁荣的地区。

三、想一想　背一背

人闲桂花落，夜静春山空。（王维《鸟鸣涧》）

人烟寒橘柚，秋色老梧桐。（李白《秋登宣城谢朓北楼》）

人有悲欢离合，月有阴晴圆缺，此事古难全。（苏轼《水调歌头·明月几时有》）

仍怜故乡水，万里送行舟。（李白《渡荆门送别》）

日出东南隅，照我秦氏楼。（汉乐府《陌上桑》）

自我评价	任务完成情况	组长评价	教师签字
★★★			

★ I beg your pardon. 请您再说一遍（我没有听清）。

你不能施舍给我翅膀

在蛾子的世界里，有一种蛾子名叫"帝王蛾"。

以"帝王"来命名一只蛾子，你也许会说，这未免太夸张了吧？不错，如若它仅仅是以其长达几十公分的双翼赢得了这样的名号，那的确是有夸张之嫌；但是，当你知道了它是怎样冲破命运的苛刻设定，艰难地走出恒久的死寂，从而拥有飞翔的快乐时，你就一定会觉得那一顶"帝王"的冠冕真的是非他莫属。

帝王蛾的幼虫时期是在一个洞口极其狭小的茧中度过的。当它的生命要发生质的飞跃时，这天定的狭小通道对它来讲无疑成了鬼门关。那娇嫩的身躯必须拼尽全力才可以破茧而出。太多太多的幼虫在往外冲杀的时候力竭身亡，不幸成了"飞翔"这个词的悲壮祭品。

有人怀了悲悯恻隐之心，企图将那幼虫的生命通道修得宽阔一些。他们拿来剪刀，把茧子的洞口剪大，这样一来，茧中的幼虫不必费多大的力气，就可轻易地从那个"牢笼"里钻了出来。但是，所有因得到了救助而见到天日的蛾子都不是真正的"帝王蛾"——它们无论如何也飞不起来，只能拖着丧失了飞翔功能的累赘的双翅在地上笨拙地爬行！原来，那"鬼门关"般的狭小茧洞恰是帮助帝王蛾幼虫两翼成长的关键所在，穿越的时候，通过用力挤压，血液才能顺利送到蛾翼的组织中去；唯有两翼充血，帝王蛾才能振翅飞翔。人为地将茧洞剪大，蛾子的翼翅就失去充血的机会，生出来的帝王蛾便永远与飞翔绝缘。

没有谁能够施舍给帝王蛾一双奋飞的翅膀。

我们不可能成为统辖他人的帝王，但是我们可以做自己的帝王！不惧怕独自穿越狭长墨黑的隧道，不指望一双怜恤的手送来廉价的资助，将血肉之躯铸成一支英勇无畏的箭镞，带着呼啸的风声，携着永不坠落的梦想，拼力穿透命运设置的重重险阻，义无反顾地射向那寥廓美丽的长天！

一、念一念　写一写

shěng gōng jī jiè 省　躬　讥　诫			chǒng zēng kàng jí 宠　增　抗　极		
dài rǔ jìn chǐ 殆　辱　近　耻			lín gāo xìng jí 林　皋　幸　即		

二、读一读　记一记

　　黄河是中国第二大河,全长 5 464 千米,流域面积 75 万多平方千米。黄河发源于青藏高原巴颜喀拉山北麓海拔 4 500 米的约古宗列盆地,流经青海(青)、四川(川)、甘肃(甘)、宁夏(宁)、内蒙古、山西(晋)、陕西(陕)、河南(豫)、山东(鲁)九个省、自治区,最后注入渤海。黄河的下游是华北平原,这里河道宽阔,水流缓慢,泥沙大量沉积下来,使河床不断抬高,自郑州黄河花园口一段起,成为世界闻名的"地上悬河"。黄河著名的壶口瀑布雷霆万钧,奔腾而过,壶口象征着中华民族不惧艰险,勇于开拓,勇往直前的黄河精神。著名的龙门水流湍急,相传鲤鱼如果能跳过龙门就可成龙,产生"鲤鱼跳龙门"的故事。

三、想一想　背一背

日出江花红胜火,春来江水绿如蓝。(白居易《忆江南》)
日暮苍山远,天寒白屋贫。(刘长卿《逢雪宿芙蓉山主人》)
日暮酒醒人已远,满天风雨下西楼。(许浑《谢亭送别》)
日暮乡关何处是?烟波江上使人愁。(崔颢《黄鹤楼》)
日暮征帆何处泊?天涯一望断人肠。(孟浩然《送杜十四之江南》)

自我评价	任务完成情况	组长评价	教师签字
★★★			

★1. It's Sunday today. 今天是星期天。★2. I'll be back soon. 我马上回来。

舍得

明末清初《解人颐》中一段文字：

终日奔波只为饥，方才一饱便思衣。衣食两般皆具足，又想娇容美貌妻。娶得美妻生下子，恨无田地少根基。买到田园多广阔，出入无船少马骑。槽头扣了骡和马，叹无官职被人欺。县丞主簿还嫌小，又要朝中挂紫衣。作了皇帝求仙术，更想登天跨鹤飞。若要世人心里足，除是南柯一梦西。

说的是人生欲望太多，永无满足。太多人终日劳碌奔波，蝇营狗苟，什么都想得到，什么都舍不得放弃，恨不得世界在我手中。所以，叔本华说，生命是一团欲望，欲望不满足便痛苦。期望愈大，失望便愈大。明白这个道理时，已是经历了一些事情之后。登山时，看到走得最苦最累的往往是那些背着大包小包的人。想想，人生便如登山，减省一分，便超脱一分。欲求太多，便如负重登山者，苦不堪言，更别说享受那尺寸千里的美景了。

舍得，舍得，你拆开了看便是舍和得；舍在前，得在后，有舍才有得。你舍弃了灯红酒绿、觥筹交错，得到了明山秀水、淡泊宁静。你舍弃了人群中的熙攘纷扰，得到了自我世界的恬美闲适。张继失去了跨马游街的荣耀一时，却得来千古传唱的《枫桥夜泊》，历史因此永远记住了1200年前秋夜的客船上那个失意的读书人。看来，命运就是这样，从你手中拿走了一些，就会以另外的一种方式还给你一些，得与失是不断交叠。没有人绝对幸运，也没有人绝对不幸。有什么东西是你可以永远拥有的呢？在功名与淡泊之间，我选择淡泊；在繁华与古朴之间，我选择古朴。

想起了一种鸟，它能够飞行几万里，飞越太平洋，而它需要的只是一小截树枝。在飞行中，它把树枝衔在嘴里，累了就把那截树枝扔在水面上，然后飞落在树枝上休息一会儿，饿了，它站在那截树枝上捕鱼，困了，它站在那截树枝上睡觉。

谁能想到，小鸟成功地飞越太平洋，靠的却仅是一小截简单的树枝！

如果小鸟衔的不是树枝，而是把鸟窝、食物等旅途中所需的物品，一股脑儿全带在身上，那小鸟还飞得起来吗？

一、念一念　写一写

liǎng shū jiàn jī 两　疏　见　机			jiě zǔ shuí bī 解　组　谁　逼		
suǒ jū xián chǔ 索　居　闲　处			chén mò jì liáo 沉　默　寂　寥		

二、读一读　记一记

月亮的别称

银钩、玉钩：因初月如钩而称。

玉弓、弓月：因弦月如弓而称。

金轮、玉轮、银盘、玉盘、金镜、玉镜：因满月如轮、如盘、如镜而称。

银兔、玉兔、金蟾、银蟾、蟾宫：因传说月中有兔和蟾蜍而称。

桂月、桂轮、桂宫：因传说月中有桂树而称。

广寒、清虚：因传说月中有广寒、清虚两宫殿而称。

望舒：因传说月亮驾车之神名望舒而称。

嫦娥：因传说嫦娥住在月中而称。

婵娟：因人们常把美女比作月亮而称。

三、想一想　背一背

日日思君不见君，共饮长江水。（李之仪《卜算子》）

日月之行，若出其中。（曹操《观沧海》）

入春才七日，离家已二年。（薛道衡《人日思归》）

入我相思门，知我相思苦。（李白《秋风词》）

若教眼底无离恨，不信人间有白头。（辛弃疾《鹧鸪天·代人赋》）

自我评价	任务完成情况	组长评价	教师签字
★★★			

★1. I'll check it out. 我去查查看。★2. That's all I need. 我就要这些。

遇到危险不要回避，绝地反击

有一个小女孩酷爱画画，虽然家境贫寒，但她父亲还是竭尽全力为她提供良好的学习环境。一天，她来到德高望重的老师家中。老师家有许多鹅，其中一只最凶猛，朝着小女孩就扑了过去，小女孩颤颤巍巍地向后退，嘴里还不停地喊叫着。

第二次……第三次……那只鹅像是抓住了她胆小的弱点一样，一如既往肆无忌惮地啄着小女孩，小女孩受不了了，冲回家中哭诉地对爸爸说："爸爸……我……不要去了，我很害怕那只凶猛的鹅……"

爸爸握着一根粗棍子对小她三岁的弟弟说："弟弟，明天你跟着姐姐一起去老师家，如果那只鹅冲出来伤害你们，你就拿着这根棍子向它挥过去，直到它被你赶跑，知道了吗？"弟弟坚定地说："知道了。"

第二天，弟弟和姐姐一起来到老师家，那只鹅一如既往地跑过来，弟弟先是愣了一下，但想起爸爸说的话，就拿起棍子往那只鹅身上挥了过去，一下……两下……三下……那只鹅落荒而逃。见那只鹅跑了，弟弟放下了棍子，姐姐在一旁欢呼："你真棒，弟弟！"而那个男孩名叫维尔纳·冯·西门子，是德国著名科学家、发明家，世界500强企业之一西门子公司的创始人。西门子在他的自传里说：童年那点启示，使我终身受益，它不知不觉地给了我无数次的鼓励，遇到危险的时候，不要回避，要大胆迎上去，加以痛击。

一、念一念　写一写

qiú gǔ xún lùn 求 古 寻 论				sàn lù xiāo yáo 散 虑 逍 遥			
xīn zòu lèi qiǎn 欣 奏 累 遣				qī xiè huān zhāo 戚 谢 欢 招			

二、读一读　记一记

我国历史上使用的纪年法主要有四种。

1. 干支纪年：干支是天干（甲、乙、丙、丁、戊、己、庚、辛、壬、癸）和地支（子、丑、寅、卯、辰、巳、午、未、申、酉、戌、亥）的合称。以十干和十二支依次相配，循环往复，可以组成六十组，通称为"六十甲子"，用来表示年历，六十年后周而复始，如"甲午"。

2. 帝号纪年：周朝史书中出现"宣王元年"；鲁国史书《春秋》，记录的是从"鲁隐公元年"到"鲁哀公十四年"的历史，"宣王""隐公""哀公"均为帝王或诸侯的谥号，这就是帝号纪年。

3. 年号纪年：汉武帝起开始有年号，首创年号纪年，以后历代帝王都仿照他建创自己的年号，使用年号"建元"，如《岳阳楼记》中"庆历巳年春"。

4. 年号干支兼用纪年：纪年时皇帝年号置前，干支列后，如《核舟记》中"天启壬戌秋日"。

三、想一想　背一背

塞下秋来风景异，衡阳雁去无留意。（范仲淹《渔家傲》）

三军可夺帅也，匹夫不可夺志也。（《论语·子罕》）

沙场秋点兵。（辛弃疾《破阵子·为陈同甫赋壮词以寄之》）

山光悦鸟性，潭影空人心。（常建《题破山寺后禅院》）

山回路转不见君，雪上空留马行处。（岑参《白雪歌送武判官归京》）

自我评价	任务完成情况	组长评价	教师签字
★★★			

★1. The view is great. 景色多么漂亮。★2. There comes a bus. 汽车来了。

智者对"自己与别人"的诠释

一位少年去拜访一位年长的智者。他问智者:"我如何才能变成一个自己愉快,也能够给别人愉快的人?"

智者笑着望着他说:"孩子,我送你四句话。第一句话是,把自己当成别人。你能说说这句话的含义吗?"少年回答说:"是不是说,在我感到痛苦忧伤的时候,就把自己当成别人,这样痛苦就自然减轻了;当我欣喜若狂之时,把自己当成别人,那些狂喜也会变得平和中正一些?"智者微微点头,接着说第二句话:"把别人当成自己。"

少年沉思一会儿,说:"这样就可以真正同情别人的不幸,理解别人的需求,并且在别人需要的时候给予恰当的帮助。"

智者两眼发光,继续说道:"第三句话,把别人当成别人。"

少年说:"这句话的意思是不是说,要充分地尊重每个人的独立性,在任何情况下都不可侵犯他人的核心领地?"

智者哈哈大笑:"很好,很好。孺子可教也!第四话是,把自己当成自己。这句话理解起来太难了,留着你以后慢慢品味吧。"

少年说:"这句话的含义,我是一时体会不出,但这句话之间有许多自相矛盾之处,我用什么才能把它们统一起来呢?"

智者说:"很简单,用一生的时间和精力。"少年沉默了很久,然后叩首告别。

后来少年变成了壮年人,又变成了老人,再后来在他离开这个世界很久以后,人们还时时提起他的名字。人们都说他是位智者,因为他是一个愉快的人,而且也给每一个见到他的人带来了愉快!

智者回答了四句话,细心的人请慢慢体味:(1)把自己当成别人;(2)把别人当成自己;(3)把别人当成别人;(4)把自己当成自己。

我们可以这样理解:(1)在感到痛苦的时候,把自己当成别人,这样痛苦自然减轻了,当欣喜若狂之时,把自己当成别人,那些狂喜也会变得平和中正;(2)可以真正同情别人的不幸,理解别人的需求,而且在别人需要的时候给予恰当的帮助;(3)要充分地尊重每个人的独立性,在任何情形下都不可侵犯他人的核心领地;(4)需要自己慢慢品味。

四句话之间相互矛盾,若要真正明白需要用一生的时间和精力。

这四句话应该是修身养性的四个阶段:(1)学会站在别人的角度看待自己(走出自己);(2)以看待自己的眼光看待别人(以己推人);(3)尊重他人(人格独立);(4)重视自己(人格自主)。

一、念一念　写一写

qú hé de lì 渠 荷 的 历			yuán mǎng chōu tiáo 园 莽 抽 条		
pí pa wǎn cuì 枇 杷 晚 翠			wú tóng zǎo diāo 梧 桐 蚤 凋		

二、读一读　记一记

七月流火：火指大火星；流指移动、落下，下行。《诗经》："七月流火，九月授衣。"农历七月相当于公历八月，流火是说大火星的位置已由中天逐渐西降，表明暑气已退。

彗星袭月：彗星俗称扫帚星，彗星袭月意即彗星的光芒扫过月亮，按迷信的说法是重大灾难的征兆。《唐雎不辱使命》："夫专诸之刺王僚也，彗星袭月。"

白虹贯日：白虹贯日的现象出现，往往是天气将要变化的预兆，古人把这种自然现象视作人间将要发生异常事情的预兆。《唐雎不辱使命》："聂政之刺韩傀(kui)也，白虹贯日。"

运交华盖：华盖，星座名，共十六星，在五帝座上。旧时迷信，以为人的命运中冲犯了华盖星，运气就不好。鲁迅《自嘲》诗："运交华盖欲何求，未敢翻身已碰头。"

三、想一想　背一背

山无陵，江水为竭，冬雷阵阵，夏雨雪，天地合，乃敢与君绝！（《上邪》）

山重水复疑无路，柳暗花明又一村。（陆游《游山西村》）

少小离家老大回，乡音无改鬓毛衰。（贺知章《回乡偶书》）

少壮不努力，老大徒伤悲。（汉乐府《长歌行》）

身无彩凤双飞翼，心有灵犀一点通。（李商隐《无题》）

自我评价	任务完成情况	组长评价	教师签字
★★★			

★1. What do you think? 你怎么认为？　★2. I can't follow you. 我不懂你说的。

巧借别人的智慧

陕西农村有个一字不识的农夫,在清理自家的祖传宅基地时,挖到了两百多个"破旧碗盘"。他听人说这些破旧碗盘很值钱,但到底值多少钱,他心中一点底也没有。怎么办呢?农夫自有他的办法。

农夫到市场上放出消息说,家里有刚刚挖到的一些碗盘,故意让那些专门到乡下去收旧货的商人听见。一个古董商听后就去农夫家看货,农夫把所有的破烂碗盘铺在草席上,说:"你先挑,挑好了,我们再来谈价钱。"古董商精挑细选,挑了五个小盘子出来,问他:"你要多少钱才出手?"农夫反问:"你出多少钱?"对方说:"这五个盘子,我愿意每个出价两百元。"农夫听后说:"每个一千元我才卖。"古董商觉得太贵,没有交易成功。于是,农夫知道这五个盘子应该是其中比较值钱的。后来,又不断有人上门来挑,他又以同样方法对待,由此他知道了哪些碗盘有人要,哪些是最值钱的,哪些是垃圾。后来,农夫把留下的碗盘都卖出了最好的价钱。

这个故事颇值得我们咀嚼。对古董一窍不通的农夫,是凭什么将手中的碗盘卖出最好价钱的呢?很显然他的做法是:借内行人的头脑和眼光,作出成功的定价策略。

农夫的这种"巧借智慧"的做法启示我们:"借"是一种生活智慧,是一种人生谋略,是一种成功艺术。我们要学会巧借别人的智慧,化为自己的智慧。我们要善于借助一些可以借助的力量,将"借"的智慧发扬光大,去创造属于自己的人生辉煌。

一、念一念　写一写

chén gēn wěi yì 陈　根　委　翳	luò yè piāo yáo 落　叶　飘　摇
yóu kūn dú yùn 游　鹍　独　运	líng mó jiàng xiāo 凌　摩　绛　霄

二、读一读　记一记

朔·朏·朏魄·弦·明·望·既望·晦

朔:农历每月初一。朏(fěi):农历每月初三。朏魄:农历初三的月光。弦:农历初七、八的月相。明:日月相映。望:农历每月十五(月大十六,月小十五),即满月,如袁枚《祭妹文》中"此七月望日事也。"既望:望后一天,如《赤壁赋》中"壬戌之秋,七月既望。"晦:农历每月最后一天,如姚鼐《登泰山记》"戊申晦,五鼓,与子颖坐日观亭"。

三、想一想　背一背

深居俯夹城,春去夏犹清。(李商隐《晚晴》)

深林人不知,明月来相照。(王维《竹里馆》)

生当复来归,死当长相思。(苏武《留别妻》)

生当作人杰,死亦为鬼雄。(李清照《夏日绝句》)

生于忧患而死于安乐。(《孟子·告子下》)

自我评价	任务完成情况	组长评价	教师签字
★★★			

★1. I felt sort of ill. 我感觉有点不适。 ★2. It is growing cool. 天凉起来了。

谁是最优秀的

1960年,哈佛大学的罗森塔尔博士在加州一所学校做过一个著名的实验。

新学年刚开始时,罗森塔尔博士让校长把三位教师叫进办公室,对他们说:"根据你们过去的教学表现,你们是本校最优秀的老师。因此,我们特意挑选了100名全校最聪明的学生组成三个班让你们教。这些学生的智商比其他孩子的都高,希望你们能让他们取得更好的成绩。"

三位教师听了很高兴,并表示一定尽力让这些孩子取得更大的进步。校长又叮嘱他们,对待这些孩子,要像平常一样,不要让孩子或孩子的家长知道他们是被特意挑选出来的,更不要让他们知道他们是全校最优秀的,教师们都答应了。

一年之后,这三个班的学生的成绩果然排在整个学区的前列。这时,校长告诉了教师们真相:这些学生并不是刻意选出来的最优秀的学生,只不过是随机抽调的最普通的学生。教师们得知真相后面面相觑,惊讶得说不出话来,他们无论如何都没有想到事情竟会是这样,于是,他们转而都认为自己的教学水平确实高。这时校长又告诉了他们另一个真相,那就是,他们也不是被特意挑选出来的全校最优秀的教师,也不过是随机抽调的普通老师罢了。

这个结果正是博士所料到的:这三位教师都认为自己是最优秀的,而且学生又都是高智商的,因此对教学工作充满了信心,工作自然非常卖力,结果肯定非常好了。

你知道吗,哈佛大学是美国最早的私立大学之一,以培养研究生和从事科学研究的人员为主,其前身为哈佛学院,1638年开始正式招生。哈佛共设10个研究生院,2个招收本科生的学院,并设继续教育办公室。毕业的校友中有6人先后当选为美国总统,他们分别是约翰·亚当斯、约翰·昆西·亚当斯、西奥多·罗斯福、富兰克林·罗斯福、卢瑟福·郝斯、约翰·肯尼迪,还有许多人成为杰出的文学家和科学家。至今,哈佛大学共培养出34名诺贝尔奖得主。

要想取得成功,最困难的不是一件事本身,而是对自己的正确评价。在做任何事情以前,如果先能够充分肯定自我,那么在努力的过程中就有足够的信心和勇气去克服困难、迎接竞争,这就等于已经成功了一半。所以,当你再次面对挑战时,你不妨告诉自己:我就是最优秀的和最聪明的!

一、念一念　写一写

dān dú wán shì 耽 读 玩 市		yù mù náng xiāng 寓 目 囊 箱	
yì yóu yōu wèi 易 辀 攸 畏		shǔ ěr yuán qiáng 属 耳 垣 墙	

二、读一读　记一记

　　冬至，我国民间叫"交九"，从这一天开始数九，就是人们所说的"提冬数九"。数上 9 天是一九，再数 9 天是二九……数到"九九"就算"九"尽了，"九尽杨花开"，那时就暖和了。人说"冷在九、热在伏"，数九虽冷，但由于我国地域辽阔，冷也冷得不一样。民间《九九歌谣》是：一九二九不出手；三九四九冰上走；五九六九沿河看柳；七九河开八九雁来；九九又一九，耕牛遍地走。《九九歌谣》巧妙地利用自然界中某些生物的各种生态反应，形象生动地表明"九"里各时期气候的发展。

三、想一想　背一背

　　十年生死两茫茫，不思量，自难忘。（苏轼《江城子》）

　　感时花溅泪，恨别鸟惊心。（杜甫《春望》）

　　剪不断，理还乱，是离愁。别是一般滋味在心头。（李煜《相见欢》）

　　首夏犹清和，芳草亦未歇。（谢灵运《游赤石进帆海》）

　　书当快意读易尽，客有可人期不来。（陈师道《绝句·书当快意读易尽》）

自我评价	任务完成情况	组长评价	教师签字
★★★			

★ May I use your pen? 我可以用你的笔吗？

自己是自己的镜子

　　爱因斯坦16岁那年，由于整日同一群调皮贪玩的孩子在一起，致使自己几门功课不及格。一个周末的早上，爱因斯坦正拿着钓鱼竿准备和那群孩子一起去钓鱼。这时，父亲拦住了他，心平气和地对他说："爱因斯坦，你整日贪玩且功课不及格，我和你的母亲很为你的前途担忧。"

　　"有什么可担忧的，杰克和罗伯特他们也没及格，不照样去钓鱼吗？"

　　"孩子，话可不能这样说。"父亲充满关爱地望着爱因斯坦说，"在我们故乡流传着这样一个寓言，我希望你能认真地听一听。"

　　"说有两只猫在屋顶上玩耍。一不小心，一只猫抱着另一只猫掉到了烟囱里。当两只猫从烟囱里爬出来时，一只猫的脸上沾满了烟灰，而另一只猫的脸上却干干净净。干净的猫看见满脸黑灰的猫，以为自己的脸也又脏又丑，便快步跑到河边洗了脸。而黑脸猫看见干净的猫，以为自己的脸也是干净的。结果，吓得其他猫都四下躲避，以为见到了妖怪。"

　　"爱因斯坦，谁也不能成为你的镜子，只有自己才是自己的镜子。拿别人做自己的镜子，天才也许会照成傻瓜。"

　　爱因斯坦听后，羞愧地放下渔竿，回到了自己的小屋里。

　　从此，爱因斯坦时常用自己作为镜子来审视和映照自己，终于映照出了他人生的璀璨光芒。

一、念一念　写一写

jù shàn cān fàn 具 膳 餐 饭			shì kǒu chōng cháng 适 口 充 肠		
bǎo yù pēng zǎi 饱 饫 烹 宰			jī yàn zāo kāng 饥 厌 糟 糠		

二、读一读　记一记

1949 年中国人民政治协商会议第一届全体会议暂定以田汉作词、聂耳作曲的《义勇军进行曲》为国歌，1982 年第五届全国人民代表大会第五次会议通过决议，恢复田汉作词、聂耳作曲的《义勇军进行曲》为中华人民共和国国歌。中国人民政治协商会议第一届全体会议一致通过中华人民共和国国旗为五星红旗，中国国旗中的大五角星代表中国共产党，四颗小五角星代表工人、农民、小资产阶级和民族资产阶级四个阶级。旗面为红色，象征革命，四颗小星环拱于大星之右，并各有一个角尖正对大星的中心点，象征中国共产党领导下的革命人民大团结和人民对党的拥护。国旗由上海人曾联松所设计。

三、想一想　背一背

乡书何处达，归雁洛阳边。（王湾《次北固山下》）
书山有路勤为径，学海无涯苦作舟。（韩愈《古今贤文·劝学篇》）
安居不用架高堂，书中自有黄金屋。娶妻无媒毋须恨，书中有女颜如玉。（赵恒《劝学诗》）
树木丛生，百草丰茂。（曹操《观沧海》）
谁家玉笛暗飞声，散入春风满洛城。（李白《春夜洛城闻笛》）

自我评价	任务完成情况	组长评价	教师签字
★★★			

★ How are things going? 事情进展得怎样？

人生态度，决定人生高度

有位哲学家带弟子们出行。

途中，他问弟子："有一种东西，跑得比光速还快，瞬间能穿越银河系，到达遥远的地方，这是什么？"

弟子们争着回答："是思想！"

哲学家微笑着点点头，继续说："那么，有另外一种东西，跑得比乌龟慢，当春花怒放时，它还停留在冬天；当头发雪白时，它仍然是个小孩子的模样，那又是什么？"

弟子们不知如何回答。

"还有，不前进也不后退，没出生也不死亡，始终漂浮在一个定点。谁能告诉我，这又是什么？"

弟子们更加茫然。

"答案都是思想！它们是思想的三种表现，换个角度来看，也可以比喻成三种人生。"

望着聚精会神的弟子们，哲学家解释说："第一种是积极奋斗的人生。当一个人不断力争上游，对明天永远充满希望和信心时，这种人的心灵就不受时空限制，他就好比一支射出去的箭，总有一天会超越光速，驾驭万物之上。第二种是懒惰的人生。他永远落在别人的屁股后面，捡拾他人丢弃的东西，这种人注定被遗忘。第三种是醉生梦死的人生。当一个人放弃努力、苟且偷生时，他的命运是冰封的，没有任何机会来敲门，不快乐也无所谓痛苦。这是一个注定悲哀的人，像水母的空壳漂浮于海中，不存在于现实世界，也不在梦境里……"

弟子们大悟。

播种怎样的人生态度，将收获怎样的生命高度和深度。

人的一生中，要紧处只有几处，如何使自己的生命更有意义，态度至关重要。

一、念一念　写一写

qīn qi gù jiù 亲 戚 故 旧	lǎo shǎo yì liáng 老 少 异 粮
qiè yù jì fǎng 妾 御 绩 纺	shì jīn wéi fáng 侍 巾 帷 房

二、读一读　记一记

　　中华人民共和国国徽中间是五星照耀下的天安门,周围是麦稻穗和齿轮。麦稻穗、五星、天安门、齿轮为金色,圆环内的底子及垂缕为红色,金、红两种颜色在中国是象征吉祥喜庆的传统色彩。天安门象征中国人民反帝反封建的不屈的民族精神;齿轮和麦稻穗象征工人阶级与农民阶级;五颗星代表中国共产党领导下的中国人民大团结! 中国位于亚洲东部,太平洋西岸,陆地面积约 960 万平方千米,东部和南部大陆海岸线 1.8 万多千米,内海和边海的水域面积 470 多万平方千米。海域分布有大小岛屿几千个,其中台湾岛最大,面积 35 798 平方千米。我国同 14 国接壤,与 8 国海上相邻。省级行政区划为 4 个直辖市,23 个行政省,5 个自治区,2 个特别行政区,首都北京。

三、想一想　背一背

谁言寸草心,报得三春晖。(孟郊《游子吟》)
思君如流水,何有穷已时。(徐干《室思》)
死去元知万事空,但悲不见九州同。(陆游《示儿》)
似此星辰非昨夜,为谁风露立中宵。(黄景仁《绮怀》)
随风潜入夜,润物细无声。(杜甫《春夜喜雨》)

自我评价	任务完成情况	组长评价	教师签字
★★★			

★ I know all about it. 我知道有关它的一切。

方向永远比努力更重要

经常有朋友这样问我："他的能力并不比我强，也不见得比我勤奋，为什么这件事他做成功了，我却失败了？"每次我都这样回答他们："方向比努力更重要。"

有一位著名的美国科学家，曾进行了这样一项十分有趣的试验：他在两个玻璃瓶里各放进了5只苍蝇和5只蜜蜂，然后将玻璃瓶的底部对着有光源的一方，而将开口朝向暗的一方。几个小时之后，科学家发现，那5只蜜蜂全部都撞死了，而5只苍蝇早就在玻璃瓶后端找到了出路。

一向勤劳、聪明的蜜蜂为什么找不到出口呢？经研究发现，蜜蜂通过经验认定有光源的地方才是出口，它们不停地重复这种合乎逻辑的行为。对蜜蜂来说，玻璃是一种超自然的神秘之物，它们在自然界中从来没遇到过这种不可穿透的"大气层"，而它们的智商越高，这种奇怪的障碍就越显得无法接受和不可理解。它们每次朝光源飞，都用尽了力量，被撞后还是不吸取教训，爬起来后继续撞向同一个地方，同伴们的牺牲并不能唤醒它们的觉悟，它们依旧朝那个有光源的方向拼命挣扎，最终导致死亡。

而那些苍蝇，由于对事物的逻辑毫不留意，全然不顾亮光的吸引，四下乱飞，结果误打误撞地碰上了好运气，这些头脑简单者总是在智者消亡的时候顺利得救。苍蝇最终发现那个正中下怀的出口，并因此获得了自由和新生。

其实，生活中类似蜜蜂和苍蝇这样的事例真是太多了。许多人选定一个方向后为之坚持不懈地努力，尽管结果事与愿违，可他们仍不愿放弃，他们认为自己是智者，自己选的方向总没错，而事实上，这错误的方向可能让他们的一生都活在失败中；也有些人，在意识到失败后，赶紧仔细分析，调整努力的方向，不断尝试，最终更快地找到出路，获得成功。

有一位诺贝尔奖获得者在谈到他成功的经验时说："从容思考，从速实行，方向永远比努力更重要。"我想，这句话可以给在茫然奋斗中的人们一些启示吧。

一、念一念　写一写

wán shàn yuán xié 纨 扇 圆 絜		yín zhú wěi huáng 银 烛 炜 煌	
zhòu mián xī mèi 昼 眠 夕 寐		lán sǔn xiàng chuáng 蓝 笋 象 床	

二、读一读　记一记

　　《中华人民共和国宪法》第一条规定："中华人民共和国是工人阶级领导的、以工农联盟为基础的人民民主专政的社会主义国家。社会主义制度是中华人民共和国的根本制度。禁止任何组织或者个人破坏社会主义制度。"后香港、澳门回归，因历史原因，实行"一国两制"，台湾由于内战原因未能统一，现为资本主义制度，回归后也适应"一国两制"，仍实行资本主义制度。

　　《中华人民共和国宪法》第二条规定："中华人民共和国的一切权力属于人民。人民行使国家权力的机关是全国人民代表大会和地方各级人民代表大会。人民依照法律规定，通过各种途径和形式，管理国家事务，管理经济和文化事业，管理社会事务。"

三、想一想　背一背

　　所谓伊人，在水一方。（《诗经·秦风·蒹葭》）
　　桃花潭水深千尺，不及汪伦送我情。（李白《赠汪伦》）
　　桃李不言，下自成蹊。（司马迁《史记·李将军列传》）
　　天长地久有时尽，此恨绵绵无绝期。（白居易《长恨歌》）
　　天长路远魂飞苦，梦魂不到关山难。（李白《长相思》）

自我评价	任务完成情况	组长评价	教师签字
★★★			

★ You need to workout. 你需要去运动锻炼一下。

生存法则

1. 乌龟与狼

有一天,狮王突然生病了,动物们知道后都纷纷赶来探望。狼是马屁大王,它想现在机会来了,于是第一个赶到狮王的洞里,并带来它刚从农夫那里抓来的一只肥胖的母鸡,作为孝敬狮王的礼物。

狮王很高兴,对随后赶到的动物们说:"狼是我朝的第一大忠臣,它对我的孝心、忠心,你们都有目共睹,今后,你们都要向它学习。"

"是,尊敬的大王。"众动物虽然对狼不满,但慑于狮王的威风,都不敢对狼如何。

"尊敬的狮王,乌龟早就对你有二心,你看,到现在它还没来看你呢!"狼开始搬弄是非。但这句话被刚刚赶到的乌龟听到了,狮子立即对乌龟怒吼起来。

"尊敬的大王,我之所以来迟了,是因为我听到你生病的消息后,便急着四处寻医问药,想找到一个良方为你治病。"乌龟为自己辩解道。

"这么说你倒是对我最忠心的人,快把良方献出来。"狮王转怒为喜。

"大王,这是我从人类那里得来的一个秘方,告诉我的人据说还是华佗的后代呢。"乌龟说。

"快,快献出来。"狮王乐得手舞足蹈。

"秘方里说要治好大王的病,就必须剥下一匹狼的皮,趁皮还热乎乎的时候,包住你的身体,大王的病立刻就会好起来。"

狼立刻被捉住,活剥了皮。

心怀恶念的人,常想着对别人使圈套,却不明白,总有一天,自己会落入别人的网中。

因此,千万不要用伤害他人的方式,来换取自身的利益,这是最愚蠢的办法。

2. 蚂蚁与鸽子

一只蚂蚁口渴了,便来到泉边喝水。突然一阵风吹过,把正埋头解渴的蚂蚁一下抛入水中。有只鸽子正在泉边的大树上休息,发现蚂蚁危在旦夕,急忙摘下一片树叶,抛向水中的蚂蚁。蚂蚁费尽力气爬上树叶,平安地上了岸。它对鸽子的救命之恩万分感激,却不知如何报答。

这时,路边走来一个捕鸟人,他看见了树上的鸽子,立刻撒开捕鸟网。他正在得意地以为万无一失时,蚂蚁发现了,爬上去朝他的手狠狠地咬了一口。捕鸟人痛得松开了手,他手里的网张开了,鸽子连忙从网中逃脱,飞向了天空。

有时我们的举手之劳,便能帮助他人走出困境。如果你乐于帮助他人,有一颗金子般善良的心,就会在自己遇到困难时,获得他人的倾力相助。

一、念一念　写一写

xián gē jiǔ yàn 弦 歌 酒 宴		jiē bēi jǔ shāng 接 杯 举 觞	
jiǎo shǒu dùn zú 矫 手 顿 足		yuè yù qiě kāng 悦 豫 且 康	

二、读一读　记一记

我国历史上的六大古都是指西安、洛阳、开封、杭州、南京、北京这六座城市。

西安：西周、西汉、魏晋南北朝的前赵、前秦、后秦、西魏、北周以及隋、唐两代均在这里建都，历时一千多年，曾经是古代东方最著名的大都市。

洛阳：西周、东周、东汉、曹魏、西晋、北魏（孝文帝以后）、隋（炀帝）、武周、后唐均在这里建都。洛阳先后有九个王朝建都，素称"九朝故都"，历时一千多年。

开封：战国时期魏国、后梁、后晋、后汉、后周、北宋均在这里建都。北宋历经九帝，盛极一时，著名的《清明上河图》就反映了当时开封的繁华景象。

杭州：五代吴国、南宋均在这里建都。这里山水秀丽，又历经各个朝代的修建，成为闻名天下的美丽都市。

南京：东吴、东晋以及南朝的宋、齐、梁、陈、南唐、明朝、太平天国洪秀全、辛亥革命临时政府、中华民国均在这里建都。这里依山傍水，形势险要，故有"虎踞龙盘"之称。

北京：燕国、金代、元朝、明朝、清朝均在这里建都。北京作为"五代帝都"，历时达七八百年之久，保留着我国许多文物古迹，特别是还保存着我国目前规模最大、最完整的古建筑群——故宫。1949 年，中华人民共和国成立，定都北京。

三、想一想　背一背

天街小雨润如酥，草色遥看近却无。最是一年春好处，绝胜烟柳满皇都。（韩愈《早春呈水部张十八员外》）

天生我材必有用，千金散尽还复来。（李白《将进酒》）

天时人事日相催，冬至阳生春又来。（杜甫《小至》）

天下兴亡，匹夫有责。（顾炎武《日知录·正始》）

天行健，君子以自强不息。（《周易》）

自我评价	任务完成情况	组长评价	教师签字
★★★			

★ Your hand feels cold. 你的手摸起来很冷。

微笑是一种力量

在进入这个家具公司之前,她先后干过不少工作——承包过农田,搞过运输,倒卖过袜子,还卖过雪糕。但是,都没有挣到钱。

这是个离异的女人,没有年龄优势,长相不出众,学历也低。但是她必须到外面去谋生,孩子还小,两个人的生活重担都压在了她的身上。就在这种情况下,她应聘到这家由新加坡人投资的家具公司当工人。

最初同意留下她的是那位领班(相当于班长)。他是一名复员军人,为人很正直。领班负责湿板库,她则在这个库里干些杂活。她很珍惜这份工作,除本职工作外,她还尽量干些力所能及的份外活。

半年后她被转为正式工人,工资由500多元涨到800多元。

有一次,一个木材商因为木料验收问题和他们的老板发生了激烈争吵,最后甚至要撕破脸皮,法庭相见了。

她在领班的推荐下,介入了这件事,最后把它处理得很完善。她也由此得到了老板的赏识,并发给她300元奖金。

这件事过去后,她很是高兴了一会儿,但马上又被悲观的现实拉回到愁眉苦脸的状态中——需要补充的是,她在这个家具公司工作了一年多时间,基本上就没有露过笑脸;而且天天穿着那套老旧的工作服,即使是下了班也懒得脱下来,就更不要提打扮和化妆了。那段时间她的生活真是一团糟。

后来,领班荣升为公司的经理助理。在大家的眼中,他留下的领班这个位置非她莫属了,但是很意外地,经理助理提议让另外一个人来顶替他的空位。她有点疑惑地接受了这个结果。

一天,他把她叫去,对她说:"你怎么每天都没有笑容呢?"

她说:"就咱们眼前这些活儿还需要笑吗?"

他忽然显得严肃起来:"还真让你说对了,依我看,确实是干什么都需要笑。你要是会微笑,干同样的活儿,你就能比别人省不少力气;相反,如果天天绷着脸,取得同样的成绩,你就要比别人多付出劳动,因为你的呆板拖累了你的努力——我们之所以把领班这个位置安排给另外一个人,就是因为她比你乐观。有时候,微笑也是一种力量啊……"

身边的人讲出来的道理,有时候要比从书上读到的那些东西更容易让人接受。此后她时刻都把他的这句话记在心上,她开始试着用微笑来面对身边的一切。许多老朋友见了她都说她跟以前不一样了,其实她的生活状态并没有变化,变化的是她的内心。

这是一个真实的故事。

她现在过得怎么样已经不再重要,但我们可以想象的是,以后,她的生活轨道将沿着另外一个方向伸展……

经常给生活一个微笑,那么生活也同样会回报一个微笑给你。

一、念一念　写一写

dí hòu sì xù 嫡 后 嗣 续	jì sì zhēng cháng 祭 祀 烝 尝
jī sǎng zài bài 稽 颡 再 拜	sǒng jù kǒng huáng 悚 惧 恐 惶

二、读一读　记一记

从公元前770年到公元前222年,历史上称为春秋战国时代。其中又以公元前475年为界,前段为春秋,因孔子曾编订《春秋》一书而得名;后段为战国,因当时七个较强大的诸侯国相互混战而得名。"春秋五霸",一种说法是指齐桓公、晋文公、楚庄王、吴王阖闾、越王勾践。

战国时期,原来的晋国被三个大臣瓜分为韩、赵、魏三国,齐国政权被田氏取代,东北的燕国逐渐强大,再加上南方的秦、楚两国,构成了七雄角逐的场面。所谓"战国七雄"即是指战国时期七个势力强大的国家:齐、楚、燕、韩、赵、魏、秦。

三、想一想　背一背

天涯地角有穷时,只有相思无尽处。(晏殊《玉楼青》)
停车坐爱枫林晚,霜叶红于二月花。(杜牧《山行》)
王师北定中原日,家祭无忘告乃翁。(陆游《示儿》)
往事已成空,还如一梦中。(李煜《子夜歌》)
惟有门前镜湖水,春风不改旧时波。(贺知章《回乡偶书》)

自我评价	任务完成情况	组长评价	教师签字
★★★			

★ Fasten your seat-belt. 系好你的安全带。

选择快乐

一次，我慕名去拜访一位公司主管。在他的办公室里，我看到两幅漫画：一幅满脸都是笑，眉毛、眼睛、鼻子、嘴都向上，弯弯的，像月牙，从上面往下掉的金元宝都接住了，一个也没掉在地上；另一幅则满脸都是气，眉毛、眼睛、鼻子、嘴都朝下，一撇一捺，像斗笠，从上面往下掉的金元宝都落在了地上，一个也没接住。我看了，忍不住笑了。

"你不是总问我成功的秘诀吗？如果有的话，这就是。"主管微笑着说。

我看着这两幅画，有些疑惑："就这个？"

"对，就这个。我每天早晨走进办公室，每当我遇到难题的时候，我都会看着它，它会对我说，任何时候，都选择快乐！"

"任何时候？"

"对，任何时候。"

"可有些事情是痛苦的，你怎么选择快乐？"

"事情本身是没有快乐和痛苦的，快乐和痛苦是我们对这件事情的感受。同一件事情，你从不同角度来看待，就会有不同的感受。我给你讲个故事吧。有一个年轻人，家在郊区农村，每天到城里来上学。可是他高中毕业后没有考上大学，别人都以为他会垂头丧气，没想到他却高高兴兴地回家，搞起了科学养鸡，不到两年就致富了。他用自己赚的钱，给家里盖了三间大瓦房。按照当地习惯，盖房上顶梁时要放鞭炮请客。上梁那天，街坊邻居都来了，杀猪宰羊放鞭炮，十分热闹。就在大家兴高采烈地喝酒吃饭的时候，只听'轰'的一声，梁塌了！砸得满地尘土。大家都愣住了，不知说什么好。这时，就听有人哇的一声哭了起来。这位年轻人一看，是他姐姐。他说哭什么？你哭它就立起来了？说着，他端起酒杯，对众人说：'来，大叔大婶们，咱们接着喝！梁倒了，再上一次！正好咱们街坊邻居又多了一次喝酒的机会。后天中午还请大家再来！'"

"这件事，后来不知怎么传到一位公司经理那，他们公司新开发了一个项目，正在招人，可是销售经理一直没找到合适的人选。他听说后，就找到那位年轻人，说服他加盟自己的公司。当时公司的其他负责人都不同意，认为那位年轻人没有学历，没有经验，不能胜任这项工作。可是这位经理听了却说：'哦，那没关系。因为我们不是用他20天，而是准备用他20年。所以你们说的这些，他会有时间学会的。可是，他这种乐观自信的性格，却不是别人可以花时间学会的。我看中的正是这一点。'这位经理力排众议，起用了那位年轻人。"

"那么后来呢？那位年轻人怎么样了？"

"后来，那位年轻人果然不负他所望，用了不到一年的时间，产品就占领了整个东北市场，三年后，产品遍及全国并出口到国外。后来，他成了这家公司的主管，现在，他就坐在你面前。那个年轻人就是我。"

我惊诧地看着他，又转身看看墙上的那两幅画，久久无语。

上苍不会给我们快乐，也不会给我们痛苦，它只会给我们机遇。

一、念一念　写一写

jiān dié jiǎn yào 笺 牒 简 要		gù dá shěn xiáng 顾 答 审 详	
hái gòu xiǎng yù 骸 垢 想 浴		zhí rè yuàn liáng 执 热 愿 凉	

二、读一读　记一记

百货店的来历

　　相传清朝乾隆皇帝有一次到江南私访,看到有家铺面的招牌是"万货全"。乾隆心想,好大的口气,倒要看看是不是万货全,于是就进了铺子。货架上的货是挺全的。乾隆沿柜台游了两遍,开口对小伙计说:"我买把粪叉子。"小伙计连忙拿了几把往柜台上一放说:"老客随意挑选。"乾隆边摇头边说:"我要的是金粪叉子。"这下小伙计愣了,定了定神才说:"老客等一下!"小伙计转身到柜房对掌柜说:"前面有位老客要买金粪叉子。"掌柜听了连忙来到前柜,赔笑说:"这金粪叉子小店确实没有。"乾隆说:"你不是万货全吗?"掌柜的一听明白了,让小伙计赶快把招牌摘了,然后低头哈腰地说:"小店备货有限,今后再不敢吹'万货全'了。客官看得起小店,那就请给取个字号吧!"乾隆随口说:"叫'百货全'吧!"

　　掌柜后来晓得那位客官竟是微服私访的乾隆皇帝,连忙将"万货全"改为"百货全"。这件事很快传开了,那些"万全药铺""万全货店"便都换了招牌,"百货店"的名称因此流传下来了。

三、想一想　背一背

惟有相思似春色,江南江北送君归。(王维《送沈子福之江东》)

位卑未敢忘忧国,事定犹须待阖棺。(陆游《病起书怀》)

渭城朝雨浥轻尘,客舍青青柳色新。(王维《送元二使安西》)

问君能有几多愁?恰似一江春水向东流。(李煜《虞美人》)

问渠哪得清如许,为有源头活水来。(朱熹《观书有感》)

自我评价	任务完成情况	组长评价	教师签字
★★★			

★ I'll have to try that. 我得试试这么做。

最重要的时间和最重要的人

"一生中什么时候才是最重要的时间呢？什么人才是最重要的人呢？"这两个问题一直困扰着一位年轻的国王。他询问身边的所有人，可是没有一个人的答案能够让他满意。

一位大臣告诉他，在某个山里住着一个世上最聪明的人，他一定知道答案。

国王于是打扮成一个普通人的样子去寻找这个人，当他来到那座山里，看到了那个人——一位老人，他正盘腿坐在一个简陋的小茅屋前的空地里挖着些什么。

"听说你是个聪明的人，知道这世上所有的答案。"年轻的国王来到老人的身边，说道，"你能告诉我什么时间是我一生中最重要的时间，什么人是我生命中最重要的人吗？"

"帮我挖野菜吧，"老人没有直接回答他的问题，"它的味道不错，你一定会喜欢的。"

国王在老人的茅屋里住下了，每天跟老人一样生活。

过了好几天，国王的问题一直没有得到老人的回答。

国王生气了，他向老人出示代表自己身份的扳指，指责老人是个欺世盗名之徒。

老人只是笑了笑说："我早知道你不是普通人，而且我也回答了你的问题，但是你并没有明白。"

"那你的意思是什么呢？"国王不解地问。

"你来的时候我欢迎你，让你住在我家里，"老人回答说，"和我一起劳动、吃饭、休息……"

过去的不会回来，将来也尚未来到，所以，一生中最重要的时间就是现在。

现在做好了，当它成为过去时我们才不会后悔，将来才有希望。

一个人生命中有很多重要的人，但最重要的人是现在身边的人，因为，你和他（她）正彼此共享着生活。

一、念一念　写一写

lú luó dú tè 驴 骡 犊 特			hài yuè chāo xiāng 骇 跃 超 骧		
zhū zhǎn zéi dào 诛 斩 贼 盗			bǔ huò pàn wáng 捕 获 叛 亡		

二、读一读　记一记

　　喜马拉雅山位于中国西藏同印度、尼泊尔等国的边境上,主脉平均海拔超过 6 000 米,是世界上最雄伟的山脉。喜马拉雅山的主峰珠穆朗玛峰耸立在中国与尼泊尔边境上,海拔约 8 848 米,是世界第一高峰。

　　青藏高原是世界海拔最高的高原,平均海拔 4 000 米以上。高原上,雪山、冰川很多,有"固体水库"之称。

　　云贵高原地面高低不平,地势比较平坦的山间小盆地,被当地人称之为"坝子"。

　　云贵高原上石灰岩分布广泛,形成奇异的喀斯特地形,如世界闻名的云南路南石林和贵州的龙宫、织金洞等。

　　塔里木盆地位于新疆境内,在天山以南,是中国面积最大的盆地。

　　塔克拉玛干沙漠是中国面积最大的沙漠,是世界第二大的流动沙漠。

三、想一想　背一背

问世间情为何物,直教人生死相许。(元好问《摸鱼儿·雁丘辞》)
我寄愁心与明月,随风直到夜郎西。(李白《闻王昌龄左迁龙标,遥有此寄》)
我欲与君相知,长命无绝衰。(《上邪》)
无边落木萧萧下,不尽长江滚滚来。(杜甫《登高》)
无端更渡桑乾水,却望并州是故乡。(刘皂《旅次朔方》)

自我评价	任务完成情况	组长评价	教师签字
★★★			

★ I caught the last bus. 我赶上了最后一班车。

不要太急于成功

我们在生活中有这样的经验,那些时令季节、按照自己物种规律自然生长的瓜果蔬菜甜、香、养人、润心,而那些反季节,打增长剂、膨大剂、增红素的大棚反季节瓜果蔬菜往往是"驴粪蛋,外面光"、中看不中吃,因为它们已失去草本植物的本性。冬日大棚里的光照再强,也毕竟不是大自然馈赠给植物的旭日阳光。猪肉、鸡蛋也是这个道理。十几年前,一头猪饲料不添加激素和添加剂,用纯粮食喂养一年出栏,一只土母鸡自然放养,吃虫子,昂首阔步,晚上天黑就睡,两三天产一个蛋。现在呢,猪、鸡在转不开身的"囚笼"里圈养,给猪吃大量抗生素和激素,给鸡晚上也照强光,让可怜的鸡们错把黑天当白昼,一天下一个蛋,甚至更多。结果呢,目光短浅、着急赚钱的人最终害了自己以及子孙,聪明反被聪明误。

有几个美国人看到非洲有些地区缺乏食物,就和几个朋友一起,带着食物飞往非洲。他们惊奇地发现,有一种草竟然在非洲贫瘠缺水的土壤中顽强地生存下来,并且长到了二十多厘米高,这简直太不可思议了。一位受援助的非洲妇女通过翻译告诉那几个美国人,这种草叫尖毛草,是非洲草原长得最高的茅草,可它的生长过程极为特别,在最初的半年里,它几乎是草原上最矮的草,只有一寸高,但半年后雨水一旦到来时,却像施了魔法一样,三五天后,便有一米六至两米的高度。原来,在前六个月里,尖毛草不是不长,而是一直在长根部,雨季前,它虽然露头只有二十多厘米,但扎根地下超过28米。

做人做事、立言立功其实也是如此。王叔岷是四川大学中文系的毕业生,1941年考入北京大学文研所,因抗战转入中央研究院历史语言研究所。他兴致勃勃地到文研所所在地四川南溪县李庄报到,先拜见了所长傅斯年。傅斯年问王叔岷:"你想研究什么课题?"王叔岷说:"《庄子》。"傅斯年点点头,说:"要把才气洗净,三年之内不许发表文章!"也许,在傅斯年心里,只有先做到"三年之内不发表文章",以后才有可能做到"文章不讲一句空话",才能成为具有独立思想的人,一个大写的学者。

急什么?王安石笔下的方仲永,五岁便可指物作诗,才华出众,但由于自视甚高而疏于勤修,最后只落了个"泯然如众"的下场,真叫人扼腕叹息。在迪斯尼动画大片《花木兰》中,花木兰的父亲对有些心浮气躁的女儿说:"树上开的花,每一朵都是独特的,它可能是最晚开的那朵,可是一定是最漂亮的。"

真的不用太急,给自己一些时间,不要太急于成功,不要违背规律,静下心来,一节一节生长,一步步攀登,去做最好的自己,成就最高的自己。

一、念一念　写一写

bù shè liáo wán 布 射 僚 丸	jī qín ruǎn xiào 嵇 琴 阮 啸
tián bǐ lún zhǐ 恬 笔 伦 纸	jūn qiǎo rèn diào 钧 巧 任 钓

二、读一读　记一记

准噶尔盆地位于新疆境内,在天山以北。由于降水较多,农牧业发达,被誉为"塞北长江"。

柴达木盆地平均海拔在 3 000 米左右,是中国地势最高的盆地。盆地里盐矿丰富,据初步估计,足够全世界的人食用 1 万年。

成都平原在四川盆地西部,因有两千多年历史的"都江堰"自流灌溉,农业发达,农产品丰富,所以四川省自古有"天府之国"的美称。

东北平原是中国面积最大的平原。

黑龙江省的大庆油田是中国最大的油田。

三、想一想　背一背

无可奈何花落去,似曾相识燕归来。(晏殊《浣溪沙》)

无情不似多情苦,一寸还成千万缕。(晏殊《玉楼春》)

无言独上西楼,月如钩。寂寞梧桐深院锁清秋。(李煜《相见欢》)

无意苦争春,一任群芳妒。零落成泥碾作尘,只有香如故。(陆游《卜算子·咏梅》)

梧桐叶上三更雨,叶叶声声是别离。(周紫芝《鹧鸪天》)

自我评价	任务完成情况	组长评价	教师签字
★★★			

★ Here's a gift for you. 这里有个礼物送给你。

成功是一种状态

悬崖上有一个鹰巢。一只老鹰生育了两只小鹰，一只长着黑爪，一只长着花爪。老鹰年龄大了，它感到自己时日不多了。它想，必须抓紧时间训练小鹰的飞翔本领，让它们尽快地独立生活。

当小鹰长得大一些的时候，老鹰就鼓励小鹰展翅飞向对面的悬崖。老鹰对小鹰说，谁能飞到对面的悬崖上，谁就是一个成功者。在它的鼓励下，两只小鹰开始试飞。

可是，小鹰总是飞出不远就跌到山谷里。老鹰便将它们抓回来，重新练习。几天以后，黑爪小鹰不再练习了。在它看来，自己年龄太小，根本不能飞到对面的悬崖上。每一次飞翔，都是徒劳无功的。再说了，自己迟早会长大的，长大了自然就会飞翔。所以，它放弃了练习。

花爪小鹰一直没有放弃试飞。它觉得，只要自己不断地练习，总有一天能飞到对面的悬崖上去。由于它每天都在练习，所以摔得遍体鳞伤，有时连走路都很困难。遗憾的是，它一直没有成功，它反反复复地跌到山谷里。当然，每一次试飞都比上一次飞得更远一些，跌得更轻一些。花爪小鹰意识到，自己在不断进步。

这一天，老鹰把两只小鹰叫到自己身边。它说："我老了，以后不能照顾你们了。花爪小鹰是一个成功者，黑爪小鹰你要向它学习。"

黑爪小鹰不解地问："飞到对面的悬崖上才算成功，但花爪小鹰没有飞到那里呀。"

老鹰意味深长地说："成功是一种状态，而不是一种结果。"说完，它就死去了。

此时，一阵狂风袭来，乱石砸向了鹰巢，情况万分危急。花爪小鹰拍了拍翅膀，飞了起来，很快就转移到了安全的地方。黑爪小鹰只能坐以待毙，不一会儿，可怜的黑爪小鹰被乱石击碎了脑袋，随着鹰巢跌落到山谷里去了。

我们总是习惯把成功当成一种结果。事实上，成功在本质上是一种自强不息的状态，有了这样的状态，我们才会成为一名真正的强者。

一、念一念　写一写

shì fēn lì sú 释 纷 利 俗				bìng jiē jiā miào 竝 皆 佳 妙		
máo shī shū zī 毛 施 淑 姿				gōngpín yán xiào 工 颦 妍 笑		

二、读一读　记一记

长江中下游地区是中国稻米和淡水鱼主要产区，所以有"鱼米之乡"的美称。

泰山脚下的岱庙是历代皇帝举行大典、祭祀泰山神和居住的地方，它与北京故宫、曲阜孔庙一起誉为中国三大宫殿建筑群。

中国的四大佛教名山是：山西五台山、四川峨眉山、安徽九华山、浙江普陀山。

山海关位于河北省秦皇岛市东北 15 公里，是万里长城的起点，号称"天下第一关"。

甘肃省敦煌市的莫高窟、山西大同市的云冈石窟、河南省洛阳市的龙门石窟规模特大，艺术最精，称为中国三大石窟。

莫高窟俗称"千佛洞"，是中国三大石窟中规模最大的一座，保存有长达 1 000 多年的古代珍贵壁画和彩塑艺术品，是世界现存佛教艺术的宝库。

中国的吐鲁番盆地南部的艾丁湖，湖面低于海平面 154 米，是中国地势最低的地方。

三、想一想　背一背

夕阳西下，断肠人在天涯。（马致远《天净沙·秋思》）

西北望乡何处是，东南见月几回圆。（白居易《八月十五日夜湓亭望月》）

西塞山前白鹭飞，桃花流水鳜鱼肥。（张志和《渔歌子》）

昔时人已没，今日水犹寒。（骆宾王《易水送别》）

先天下之忧而忧，后天下之乐而乐。（范仲淹《岳阳楼记》）

自我评价	任务完成情况	组长评价	教师签字
★★★			

★ How much does it cost? 多少钱？

选人与选桶

古时候，一位帝王想选一位使者出使别国。可出使之路困难重重，帝王为了找一个可担此任的使者，在全国范围内展开了选拔。经过层层筛选，最终确定了两位候选人。可帝王无法从中选出一个最好的。于是，他便去寺里找方丈帮忙。方丈听完了帝王的来意，沉思了一会儿，带着帝王和两位候选人来到斋房。斋房里堆放着好几种水桶，方丈对两位候选人说："你们一人选一对桶，从山底挑一担水上山，看谁先上来。"两人各有所思，打量了许久，便过去选桶。第一个人将水桶反过来倒过去地比较，最后选择了其中两个最小的桶，第二个人则从中选择了两个尖底的水桶。然后，这两人便下山挑水去了。

两位候选人走后，方丈笑着问帝王："陛下认为哪一位可先到达山顶？"帝王一笑，对方丈说："当然是选小桶者先到。"方丈一笑，摇了摇头说："老衲认为，选尖底桶者应先到。"帝王不信，便和方丈打赌，等候在山顶上。

一个时辰后，其中一位候选人到达了山顶，还真应了方丈所言，果然是挑尖底桶者。帝王不解，忙问为什么。方丈则叫来那位候选人，问道："施主为何选尖底桶？"那位候选人一笑，对方丈说："挑起尖底桶，可以催促我上山啊！因为我挑起它们便不能让它们着地，一旦着地，水便会泼掉，我就完成不了任务。所以，为了不让水泼掉，我必须坚持地走下去，直到完成任务。所以，我选了尖底桶。"帝王听后，豁然开朗，心中便有了出使的人选。不一会儿，挑着两只小桶的人也到达了山顶。当他发现自己不是先到达山顶的人时，一脸的羞愧。方丈把他叫了过去，问道："施主知道自己为什么没有先到达山顶吗？"那人面露愧色，对方丈说："我原以为我的桶小，挑起来省力，肯定会比他先到，所以在路上没有太急……"

每个人心中都有梦想，可梦想成真的时间却相差很多。究其原因，无非四个字：负重前行！敢给自己压担子，你就有前进的动力，这副担子甚至会促使你用奔跑代替慢步。给自己减负，会在无形中松懈进取的意志，它可能会使你享受一时的轻松，却让你离一生的目标越来越远。

投机取巧，不如脚踏实地。

一、念一念　写一写

nián shǐ měi cuī 年　矢　每　催			xī huī lǎng yào 曦　晖　朗　曜		
xuán jī xuán wò 璇　玑　悬　斡			huì pò huán zhào 晦　魄　环　照		

二、读一读　记一记

夏季中国气温最高的地方是吐鲁番,七月平均气温为 33 摄氏度以上,人称"火州"。

夏季中国长江沿岸的不少沿江城市气温较高。重庆、武汉、南京号称中国"三大火炉"。

中国降水最多的地方在台湾省东北部的火烧寮,年平均降水量达 6 558 毫米。

中国降水最少的地方则数吐鲁番盆地中的托克逊,年平均降水量仅 5.9 毫米。

六月中旬,在江淮流域,细雨连绵长达一个月之久,此时正值梅子黄熟季节,因此人们称之为"梅雨"。

从地理上看,秦岭—淮河一线是中国南方与北方的界线。但人们常常将长江一线作为中国南方与北方的分界线。

三、想一想　背一背

乡书何处达,归雁洛阳边。(王湾《次北固山下》)

相顾无言,惟有泪千行。(苏轼《江城子》)

相恨不如潮有信,相思始觉海非深。(白居易《浪淘沙》)

相见时难别亦难,东风无力百花残。(李商隐《无题》)

相见争如不见,有情何似无情。(司马光《西江月》)

自我评价	任务完成情况	组长评价	教师签字
★★★			

★ I could hardly speak. 我简直说不出话来。

敌人正是自己

驯鹿和狼之间存在着一种非常独特的关系，它们在同一个地方出生，又一同奔跑在自然环境极为恶劣的旷野上。大多数时候，它们相安无事地在同一个地方活动，狼不骚扰鹿群，驯鹿也不害怕狼。

在这看似和平安闲的时候，狼会突然向鹿群发动袭击。驯鹿惊愕而迅速地逃窜，同时又聚成一群以确保安全。

狼群早已盯准了目标，在这追和逃的游戏里，会有一只狼冷不防地从斜刺里窜出，以迅雷不及掩耳之势抓破一只驯鹿的腿。

游戏结束了，没有一只驯鹿牺牲，狼也没有得到一点食物。

第二天，同样的一幕再次上演，依然从斜刺里冲出一只狼，依然抓伤那只已经受伤的驯鹿。

每次都是不同的狼从不同的地方窜出来做猎手，攻击的却只是那一只鹿。可怜的驯鹿旧伤未愈又添新伤，逐渐丧失大量的血和力气，更为严重的是它逐渐丧失了反抗的意志。当它越来越虚弱时，狼便群起而攻之，美美地饱餐一顿。

其实，狼是无法对驯鹿构成威胁的，因为身材高大的驯鹿可以一蹄把身材矮小的狼踢死或踢伤，可为什么到最后驯鹿却成了狼的腹中之食呢？

狼是绝顶聪明的，它一次次抓伤同一只驯鹿，让那只驯鹿一次次被失败击得信心全无，到最后它会完全崩溃，已忘了自己其实是个强者，忘了自己还有反抗的能力。当狼群攻击它时，它已没有勇气奋力一搏了。

真正打败驯鹿的是它自己，它的敌人不是凶残的狼，而是自己脆弱的心灵。

在你想要放弃的那一刻
想想为什么当初坚持走到了这里

一、念一念　写一写

zhǐ xīn xiū hù 指 薪 修 祜			yǒng suí jí shào 永 绥 吉 劭		
jǔ bù yǐn lǐng 矩 步 引 邻			fǔ yǎng láng miào 俯 仰 廊 庙		

二、读一读　记一记

世界上开挖最早、最长的人工运河是京杭大运河,它全长约 1 794 公里。

青海湖位于青海省,是中国面积最大、水容量最多的湖泊。

中国五大淡水湖是:江西的鄱阳湖、湖南的洞庭湖、江苏与浙江之间的太湖、江苏的洪泽湖、安徽的巢湖。其中面积最大的淡水湖是鄱阳湖。

位于中国新疆的塔里木盆地北缘的塔里木河,是中国最大的内流河。

雅鲁藏布江大峡谷是世界最大的峡谷。

水、土是立国之本。中国水资源的分布情况是南多北少,而耕地的分布却是南少北多。

中国水能资源蕴藏量达 6.8 亿千瓦,居世界第一位。

三、想一想　背一背

相看两不厌,只有敬亭山。(李白《独坐敬亭山》)

相去日已远,衣带日已缓。(《古诗十九首·行行重行行》)

相思本是无凭语,莫向花笺费泪行。(晏几道《鹧鸪天》)

相思树底说相思,思郎恨郎郎不知。(梁启超《台湾竹枝词》)

相思似海深,旧事如天远。(乐婉《卜算子》)

自我评价	任务完成情况	组长评价	教师签字
★★★			

★ That's always the case. 习以为常了。

生气不如争气

宋徽宗喜欢书画，并且有很深的造诣。一天，他问随从："天下何人画驴最好？"随从回答不出来，便四处打听画驴出名者姓甚名谁，匆忙中得知一位叫朱子明的画家有"驴画家"之称，即召他进宫画驴。得知被召进宫是为皇上画驴时，朱子明吓出一身冷汗。他原本是很有功底的山水画家，可同行们嫉妒他，四处造谣贬低他，说他是"驴画家"。"驴画家"的绰号并非擅长画驴所得，他根本不会画驴。然而，圣命难违，他只好硬着头皮开始画驴。他苦练画驴术，先后画了数百幅有关驴的画，最后终于得到皇上的赏识，真正成了"天下第一画驴人"。朱子明晚年感慨道："嫉妒是坏事，也是好事。感谢嫉妒者，你们的骂声、贬责和造谣成就了我！"

一位自以为很有才华的年轻人因得不到重用而非常苦恼。他质问上帝："命运为什么对我如此不公？"上帝从路边捡起一枚石子，随手扔了出去，然后问他："你能找到我扔出去的那枚石子吗？"年轻人摇了摇头。

上帝把手指上的金戒指摘下来扔到石子堆里，问年轻人："你能找到我的金戒指吗？"年轻人很肯定地回答："能。"上帝说："当一个人抱怨自己怀才不遇时，往往是因为他还不过是一枚石子，而远远不是一块金子。你不能像一块金子那样耀眼夺目，又怎能要求别人将你从石子堆中识别出来呢？"

永远不要抱怨自己怀才不遇，这世上根本没有怀才不遇这回事。你之所以没被伯乐发现，是因为你还只是一枚石子，尽管你可能是一枚很漂亮的石子，但也只是一枚石子而已。

1946年8月，21岁的艾柯卡到福特汽车公司当了一名见习工程师，但他对和机器做伴、做技术工作不感兴趣，他喜欢和人打交道，想搞经销。艾柯卡靠着自己的奋斗，由一名普通推销员当上了福特公司的总经理。然而好景不长，1978年7月13日，有点得意忘形的艾柯卡被大老板亨利·福特开除了。在福特工作了32年、当了8年总经理的艾柯卡突然间失业了。昨天还是英雄，今天却好像成了传染病患者，人人都远远地避开他，过去公司里的所有朋友都抛弃了他，他遭遇了生命中最大的打击。

艾柯卡痛不欲生，他开始酗酒，对自己失去了信心，认为自己要彻底崩溃了。这时，一位朋友对他说："你要么驾驭失败，要么让失败驾驭你。你的心态是你真正的主人，它将决定谁是坐骑，谁是骑师。"艾柯卡幡然醒悟。重整心态后，他接受了一个新的挑战：应聘到濒临破产的克莱斯勒汽车公司出任总经理。凭着智慧、胆识和乐观的精神，艾柯卡大刀阔斧地对克莱斯勒进行整顿、改革，并向政府求援，舌战国会议员，取得了巨额贷款，重振企业雄风，并使其一跃成为美国第三大汽车公司。

"艰苦的日子一旦来临，除了做个深呼吸，咬紧牙关尽己所能外，实在也别无选择。"艾柯卡是这么说的，也是这么做的。

凭窗远眺，有人看到的是一片黑暗，有人看到的却是万点星光。命运对每个人都是公平的，因为窗外有黑暗也有星辰，就看你能不能磨砺一颗积极的心和一双智慧的眼，透过岁月的风尘，寻觅到辉煌灿烂的星辰。

一、念一念　写一写

shù dài jīn zhuāng 束 带 矜 庄	pái huái zhān tiào 徘 徊 瞻 眺
gū lòu guǎ wén 孤 陋 寡 闻	yú méng děng qiào 愚 蒙 等 诮

二、读一读　记一记

中国的矿产资源相对集中,煤、铁、石油的产区主要分布在北方,而有色金属矿大多分布在南方。

中国植物种类非常丰富,单乔木就有 2 000 多种。还有世界上的特有树种,如著名的"活化石"水杉和银杏。

中国著名的水稻专家袁隆平主持培育和推广的杂交水稻,为中国增产粮食超过 1 300 多亿公斤,也为全世界粮食的增长作出很大的贡献。

中国有四大名园,即北京颐和园、承德避暑山庄、苏州拙政园和留园。前两座是北方皇家园林的代表,后两座是南方园林的代表。

三、想一想　背一背

相思相见知何日,此时此夜难为情。(李白《秋风词》)
相思一夜情多少,地角天涯未是长。(张仲素《吟咏唱和》)
相送情无限,沾襟比散丝。(韦应物《赋得暮雨送李曹》)
想当年,金戈铁马,气吞万里如虎。(辛弃疾《永遇乐》)
小荷才露尖尖角,早有蜻蜓立上头。(杨万里《小池》)

自我评价	任务完成情况	组长评价	教师签字
★★★			

★I'm very proud of you. 我为你感到非常骄傲。

"低就"未必低人一等

20世纪70年代初,美国麦当劳总公司看好中国台湾市场。打算正式进军中国台湾之前,他们需要在当地先培训一批高级干部,于是进行公开的招考甄选。由于要求的标准颇高,许多初出茅庐的青年企业家都未能通过。

经过一再筛选,一位名叫韩定国的某公司经理脱颖而出。最后一轮面试前,麦当劳的总裁和韩定国夫妇谈了三次,并且问了他一个出人意料的问题:"如果我们要你先去洗厕所,你会愿意吗?"韩定国还未及开口,一旁的韩太太便随意答道:"我们家的厕所一向都是由他洗的。"总裁大喜,免去了最后的面试,当场拍板录用了韩定国。

后来韩定国才知道,麦当劳训练员工的第一堂课就是从洗厕所开始的,因为服务业的基本理论是"非以役人,乃役于人",只有先从卑微的工作开始做起,才有可能了解"以家为尊"的道理。韩定国后来之所以能成为知名的企业家,就是因为一开始就能从卑微的工作做起,干别人不愿干的事情。

"低就"未必低人一等。对于许多选择就业岗位的人来说,首要的不是先瞄准好多么令人羡慕的岗位,而是一开始就树立好正确的就业观念。如果干什么都挑三拣四,或者以为选准一个岗位便可以一劳永逸,那么你就可能永远是真正的低人一等。正如中国台湾的女作家杏林子所说:现在社会,昂首阔步、趾高气扬的人比比皆是,然而有资格骄傲的却不骄傲的人才是真正的高贵。

一、念一念　写一写

wèi yǔ zhù zhě 谓 语 助 者			yān zāi hū yě 焉 哉 乎 也		
zhào qián sūn lǐ 赵 钱 孙 李			zhōu wú zhèng wáng 周 吴 郑 王		

二、读一读　记一记

中国三大航天中心是:四川的西昌、甘肃的酒泉、山西的太原。

中国古代有四大工程,即长城、都江堰、灵渠和京杭大运河。

重庆、武汉、南京、上海是长江沿岸的重要港口,可以江海联运。

中国是瓷器的故乡,被世界称为"东方瓷园"。江西省景德镇是中国的"瓷都"。

杭州出产的丝绸不但花色繁多,而且质量精美。千百年来杭州一直是中国著名的"丝绸之府"。

三、想一想　背一背

小楼一夜听春雨,深巷明朝卖杏花。(陆游《临安春雨初霁》)

小时不识月,呼作白玉盘。(李白《古朗月行》)

晓镜但愁云鬓改,夜吟应觉月光寒。(李商隐《无题》)

晓看天色暮看云,行也思君,坐也思君。(唐寅《一剪梅》)

心似双丝网,中有千千结。(张先《千秋岁》)

自我评价	任务完成情况	组长评价	教师签字
★★★			

★ It doesn't make sense. 这没有意义(不合常理)。

有爱好就有前途

爱拍照

拍照是一个已经被普及的爱好,普通人只为凝固片刻记忆,高手却能写就传奇。

一天,一个叫克雷格·阿伦德的人行走在巴黎街头,被一对时髦的夫妇以及他们漂亮的沙皮狗深深吸引。随后他举起了相机,从此开始了以街拍为主题的摄影。2007年,他发布了自己的街拍博客,并逐渐形成了以名模为拍摄重点的街拍风格。如今时尚街拍更是横扫大小论坛,成为全民运动。

而曾经一贫如洗的克雷格,也靠街拍拥有了自己的公寓,并且成为时尚和摄影圈炙手可热的人物,他的街拍作品还令他获得了供职于知名时尚杂志的机会。

爱搭配

明天穿什么?很多人可能会为此翻箱倒柜搭配一番。90后美国女孩塔维则把自己"搭配"进了巴黎高级定制时装周秀场,并稳坐第一排,成为时尚圈的新势力。塔维的父母都与时装产业无关,她的成功全靠自己的勤奋。

早在2008年3月31日,塔维就开辟了个人时装博客,那时的她只有11岁。她在博客上发表自己对服装的见解,并贴出自己的日常服装。塔维的衣服大部分购自她家附近的平价超市以及旧货店,她仿照杂志上的设计,自己动手改制衣服。

靠着勤奋和天赋,这个小女孩的个人博客以400万点击率击败超模凯特·摩丝。这个在时尚圈并没有任何背景的女孩,甚至从时尚杂志的采访对象成为封面女郎。

爱化妆

每个女人或女孩都有一门必修课——化妆。这门课程慢慢变成生活的一部分,现在一个叫米歇尔·潘的女孩用自己的经历演绎了爱好如何变成事业。

舒适地在家中拍摄简单的化妆教程,刚开始这只是年仅22岁的米歇尔的业余爱好。这些定期推出并每次都拥有不同主题的化妆视频渐渐受到越来越多爱美人士的关注和追捧,其中生活化的化妆器材运用和简单易懂、充满艺术感的技巧都为米歇尔吸引来了无数拥趸。在她YouTube网站的个人主页上,米歇尔已经积累起了超过70万的忠实粉丝,而全球更是有超过1.5亿的观众欣赏过她的视频作品。

兰蔻看中了米歇尔充满智慧的创意和风靡网络的人气,于是米歇尔得以以一个普通人的身份加入了由众多奥斯卡得主和超级名模组成的兰蔻代言人大家庭。

爱聊天

17岁的俄罗斯高中生安德烈特诺夫斯基是互联网下成长起来的孩子,他认为全球其他地方的青少年会和自己一样,想看看其他人的网上生活。身边朋友都习惯使用3kype交流,但那毕竟局限在语音层面,所以他决定建立一个小站点,可以随机地同其他人联系。

于是网站"猜你聊上谁"诞生了。它的特点是网站访客可以跟随机出现的任何陌生人开始聊天——视频和文字两种方式。聊天的双方如果任意一方点开另外一个随机对象,就会离开当前的聊天对象。这个网站每个晚上可以吸引2万名用户,大家纷纷讲述自己在这家网站上的新奇遭遇。如今这个网站的估值达到4000万美元。

一、念一念　写一写

féng chén chǔ wèi 冯 陈 褚 卫				jiǎng shěn hán yáng 蒋 沈 韩 杨			
zhū qín yóu xǔ 朱 秦 尤 许				hé lǚ shī zhāng 何 吕 施 张			

二、读一读　记一记

初次见面说"久仰"，等候客人用"恭候"；

对方来信叫"惠书"，请人帮忙说"劳驾"；

托人办事用"拜托"，请人指点用"赐教"；

赞人见解用"高见"，求人原谅说"包涵"；

老人年龄问"高寿"，客人来到用"光临"；

与人分别用"告辞"，看望别人用"拜访"；

请人勿送用"留步"，麻烦别人说"打扰"。

三、想一想　背一背

新竹高于旧竹枝，全凭老干为扶持。（郑燮《新竹》）

燕雀安知鸿鹄之志哉。（司马迁《陈涉世家》）

阳春布德泽，万物生光辉。（汉乐府《长歌行》）

杨柳青青江水平，闻郎江上唱歌声。（刘禹锡《竹枝词》）

遥知兄弟登高处，遍插茱萸少一人。（王维《九月九日忆山东兄弟》）

自我评价	任务完成情况	组长评价	教师签字
★★★			

★ Make yourself at home. 请不要拘礼。

米芾——珍惜

宋代著名的书法家米芾(1052—1108年),小时候曾经跟村里的一个私塾先生学写字。

学了三年,费了好多纸,却写得很平常,先生一气之下把他赶走了。

一天,有个赶考的秀才从米芾的家乡路过。米芾听说他的字写得很好,就去求教。

秀才说:"要我教你,就得用我的纸才行。我的纸五两纹银一张。"米芾听后,吓得目瞪口呆。

秀才又说:"不买我的纸就算了。"

米芾急了,忙说:"我找钱去。"

母亲经不住米芾的苦苦哀求,只好把唯一的首饰当了五两纹银。

秀才接过银子,把一张纸给了米芾,并嘱咐他要用心写字。

这只不过是一张普通的纸,但米芾不敢轻易下笔,反复认真琢磨字帖。

他用手指在书桌上画着,想着每个字的间架结构和笔锋,渐渐入了迷。

半天过后,秀才找到米芾问:"怎么不写呢?"

米芾一惊,笔掉在地上,说:"纸太贵,怕废了纸。"

秀才笑到:"你琢磨了这么半天,写个字让我看看。"

米芾写了个"永"字,几乎和字帖上的字一样,可又好像不一样,真是漂亮。

秀才说:"写字不只是动笔,还要动心,你已经懂得窍门了。"

几天后,秀才要走了,临行前送给米芾一个布包,并叮嘱要在他走后再打开。

米芾目送秀才远去,打开布包一看:原来是那五两纹银!米芾不禁掉下了眼泪。此后他一直把五两纹银放在书桌上,时刻铭记那位苦心教他写字的秀才。天道酬勤,米芾珍惜每一张白纸,勤学苦练,终于成为历史上赫赫有名的大书法家。

珍惜白纸,可以练出精美的书法。

珍惜幼苗,可以育出参天的大树。

珍惜土石,可以形成巍巍高山。

珍惜滴水,可以汇成茫茫海洋。

珍惜时间,可以使生命之花更加绚丽。

珍惜工作,可以使事业之果更加丰硕。

珍惜情感,可以肝胆相照,荣辱与共。

珍惜群众,可以感天动地,所向披靡。

……

世间可怕的是挥霍,可贵的是珍惜。因为,挥霍导致衰败,珍惜导致兴盛。

一、念一念　写一写

kǒng cáo yǎn huá 孔　曹　严　华				jīn wèi táo jiāng 金　魏　陶　姜			
qī xiè zōu yù 戚　谢　邹　喻				bǎi shuǐ dòu zhāng 柏　水　窦　章			

二、读一读　记一记

欢迎购买叫"光顾"，好久不见说"久违"；
赠送作品用"斧正"，归还原物说"奉还"；
请人批评说"指教"，麻烦别人说"打扰"；
向人祝贺说"恭贺"，求人看稿说"赐教"；
盼人指点用"赐教"，赞人见解说"高见"；
宾客到来称"光临"，陪伴朋友用"奉陪"；
无暇陪客说"失陪"，请人别送用"留步"。

三、想一想　背一背

窈窕淑女，君子好逑。（《国风·周南·关雎》）
野旷天低树，江清月近人。（孟浩然《宿建德江》）
夜阑卧听风吹雨，铁马冰河入梦来。（陆游《十一月四日风雨大作》）
夜月一帘幽梦，春风十里柔情。（秦观《八六子》）
一寸丹心图报国，两行清泪为思亲。（于谦《立春日感怀》）

自我评价	任务完成情况	组长评价	教师签字
★★★			

★ My car needs washing. 我的车需要洗一洗。

毛泽东的麻将智慧

毛泽东的遗物中有两副麻将牌,一副为牛骨质地,另一副为塑料质地。毛泽东不止一次对麻将作过评价。在延安期间,他曾说:"中国对世界有三大贡献:第一是中医;第二是曹雪芹的《红楼梦》;第三是麻将牌。""不要看轻了麻将……你要是会打麻将,就可以更了解偶然性与必然性的关系。麻将牌里有哲学哩。"

1949年,当国共谈判代表在北平达成《国内和平协定》之后,毛泽东在中南海接见国民党谈判代表刘斐和黄绍。当谈到个人爱好时,对前途茫然的刘斐借机向毛泽东试探道:"你会打麻将吗?"毛泽东随口答道:"晓得些,晓得些。"刘斐接着问:"你爱打清一色呢? 还是喜欢打平和?"毛泽东反应敏捷,立即明白了对方提出这个问题的用意,笑着答道:"平和,平和,还是平和好,只要和了就行了。"刘斐笑道:"平和好,那么还有我一份。"后来,国民党拒绝在《国内和平协定》上签字,和谈破裂。刘斐却下定决心,留在了北平,此事一时传为佳话。

毛泽东打麻将时,常会由此及彼。有一次,毛泽东和叶剑英等人打麻将。开始时,毛泽东幽默地说:"咱们今天搬砖头喽!"大家以为他只是随口说笑而已,谁知他又连说了几遍"搬砖头喽""搬砖头喽!"毛泽东察觉到在座的人不理解,就解释说:"打麻将好比面对着这么一堆'砖头',这堆'砖头'好比一项艰巨的工作。对这项艰巨的工作,不仅要用气力一次次、一摞摞地把它搬完,还要开动脑筋,发挥智慧,施展才干,就像调兵遣将进攻敌人一样,灵活运用这一块块'砖头',使它们各得其所,充分发挥作用。你们说,对不对?"大家这才明白他说"搬砖头"的含义,都笑了起来。

他接着说:"打麻将这里面有辩证法,有人一看手中的'点数'不好,就摇头叹气,这种态度我看不可取。世界上一切事物都不是一成不变的,打麻将也是一样。就是最坏的'点数',只要统筹调配,安排使用得当,会以劣代优,以弱胜强。相反,胸无全局,调配失利,再好的'点数'拿在手里,也会转胜为败。最好的也会变成最坏的,最坏的也会变成最好的,事在人为!"

既然选择了远方
便只顾风雨兼程

一、念一念　写一写

yún sū pān gě 云 苏 潘 葛			xī fàn péng láng 奚 范 彭 郎		
lǔ wéi chāng mǎ 鲁 韦 昌 马			miáo fèng huā fāng 苗 凤 花 方		

二、读一读　记一记

求给方便说"借光"，请人指教说"请教"；
称人之父为"令尊"，称己之父为"家君"；
称人之妻为"夫人"，称己之妻为"拙荆"；
称友家人均加"令"，"舍""家"用于自家人；
"泰水"用来称岳母，"泰山"用以称丈人；
客人来家曰"光临"，我接客人为"恭迎"；
请求别人做某事，当用"敢烦"或敢请"。

三、想一想　背一背

一寸相思千万绪，人间没个安排处。（李冠《蝶恋花》）
一看肠一断，好去莫回头。（白居易《南浦别》）
一年好景君须记，正是橙黄橘绿时。（苏轼《赠刘景文》）
一曲新词酒一杯，去年天气旧亭台。夕阳西下几时回？（晏殊《浣溪沙》）
一日不见兮，思之如狂。（司马相如《凤求凰·琴歌》）

自我评价	任务完成情况	组长评价	教师签字
★★★			

★ None of your business! 与你无关！

抬头辩解，不如低头认错

范纯仁，北宋大臣，人称"布衣宰相"，是范仲淹的二儿子。虽然范纯仁在文学方面的造诣不及父亲，却拥有常人难以想象的气度。

一代大儒程颐与范纯仁素有交往。一天，程颐去拜访刚刚卸任的范纯仁，谈起往事，范纯仁显得十分怀恋自己当宰相的时光。程颐不以为然，直言不讳道："当年你有很多事情都处理得不妥，难道不觉得惭愧吗？"范纯仁不知程颐所指何事。程颐解释说："在你任宰相的第二年，苏州一带发生暴民抢粮事件，你本应在皇上面前据理直言，可你却什么也没说，导致许多无辜百姓受惩罚。"范纯仁连忙低头道歉："是啊，当初真该替百姓说话！"程颐接着说："在你任宰相第三年，吴中发生天灾，百姓以草根树皮充饥。地方官员报告多次，你却置之不理。"范纯仁愧疚无比："这的确是我失职！"此后，程颐又指出了范纯仁的许多过失，范纯仁都一一认错。

事隔多日，皇帝召见程颐问政，程颐畅谈了一番治国安邦之策，皇帝听后赞叹不已，感慨地说："你大有当年范纯仁的风范啊！"程颐不甘心皇帝将自己与范纯仁相提并论，忍不住问："难道范纯仁也曾向皇上进言过？"皇帝命人抬来一个箱子，指着箱子说："里面全是范相当年进言的奏折。"程颐似信非信地打开那些奏折，这才发现自己前些天所指责范纯仁的事情，其实他早就进言过，只是因某些原因没有得到很好的实施罢了，程颐红了脸。第二天专程登门道歉，范纯仁哈哈大笑："不知者无罪，您不必这样。"

范纯仁曾自我总结："懂得恕人，受之不尽。"恕，是用宽恕自己的心来宽恕别人。面对他人莫须有的责备，与其抬头辩解，不如低头认错。谦卑地认错，往往比桀骜地辩解更加有力。

一、念一念　写一写

yú rèn yuán liǔ 俞 任 袁 柳				fēng bào shǐ táng 酆 鲍 史 唐			
fèi lián cén xuē 费 廉 岑 薛				léi hè ní tāng 雷 贺 倪 汤			

二、读一读　记一记

顾客到店称"惠顾"，朋友来家曰"惠临"；
人送物我称"惠赠"，送物于人称"惠存"；
朋友喜事称"恭贺"，邀友做客曰"恭请"；
施爱于我称"垂爱"，看重于我称"垂青"；
友人念我称"垂念"，问我问题称"垂询"；
请人任职称"屈就"，降低身份曰"屈尊"；
对方身体称"玉体"，对方回话称"玉音"；
别人照片称"玉照"，帮我成功称"玉成"。

三、想一想　背一背

一身报国有万死，双鬓向人无再青。（陆游《夜泊水村》）
一枝红艳露凝香，云雨巫山枉断肠。（李白《清平调词》）
衣带渐宽终不悔，为伊消得人憔悴。（柳永《蝶恋花》）
遗民泪尽胡尘里，南望王师又一年。（陆游《秋夜将晓出篱门迎凉有感（其二）》）
已知泉路近，欲别故乡难。（夏完淳《别云间》）

自我评价	任务完成情况	组长评价	教师签字
★★★			

★ Not a sound was heard. 一点声音也没有。

做人也需要水的智慧

巴尔扎克是法国伟大的批判现实主义作家。1829年，巴尔扎克出版了一部描写旺岱地区共和国军队扑灭保皇党叛乱的长篇小说《最后一个舒昂党人》，小说一出版就轰动了文化界，但是也有人对这部作品很不以为然，甚至有许多人对这本书发出了不认同的声音。

有一次，一位名叫萨乐毫姆的读者从里昂给巴尔扎克写了一封信，说："你那《最后一个舒昂党人》算什么作品，你到底会不会写小说，你审视过自己的观点吗？"之后还在信中把他臭骂了一顿。巴尔扎克看完信后，不仅没有生气，反而还给萨乐毫姆写了一封信，他在信中说："其实仔细想起来，您的认识非常有价值！我很高兴知道您对这本书有别的看法。今后您如果来巴黎，欢迎光临，相信我们会有更好的交流！"

巴尔扎克的一位朋友知道这件事情以后，忍不住责怪巴尔扎克说："你怎么能这么软弱？别人写信来骂你，而你竟然还邀请别人来做客！"

巴尔扎克笑笑说："你知道水的智慧吗？"

那位朋友说："水也有智慧吗？"

巴尔扎克说："你如果认为我这是软弱的话，那么水的智慧就是软弱！"他的朋友听得似懂非懂，疑惑地看着他。

信寄出去以后过了两个月，那天巴尔扎克正在家里和他的朋友谈论文学，忽然有人敲门，巴尔扎克开门后，一位陌生人走了进来。陌生人说："请问巴尔扎克在吗？我是一位里昂市来的读者。"巴尔扎克把他让进屋后，一聊才知道，原来这位读者就是前不久寄信来骂他的萨乐毫姆。三人坐在一起谈人生，谈文学，谈价值观、世界观，非常融洽，一直谈到天黑时，萨乐毫姆才起身准备离去，他站起来由衷地对巴尔扎克说："我非常敬佩您的胸怀，我当初那封信的措辞是那么激烈，假如我是您，收到那封信一定会大发雷霆，没想到您不但没有生气，反而还那么客气地邀请我来做客！"

送走萨乐毫姆后，巴尔扎克的那位朋友不解地说："我只是觉得你很软弱，可是他为什么却会那么尊敬你呢？"

巴尔扎克说："水的智慧就是当它遇到攻击时，它不仅不会一味地反抗，反而还敞开心扉来容纳别人，而只有这样，外来的力量才会和水相容。否则，用一块石头去砸一砸外面的柏油马路试试看，一味的强硬抵抗不仅不能化解任何矛盾，反而还会导致两败俱伤！"

水在遇到石头打击的时候，从来不做任何抵抗，但它的"软弱"却是一种无比深奥的智慧，因为这种"软弱"有时候正是化解矛盾的神奇力量！人生，其实也需要这种智慧。

一、念一念　写一写

téng yīn luó bì 滕　殷　罗　毕			hǎo wū ān cháng 郝　邬　安　常		
lè yú shí fù 乐　于　时　傅			pí biàn qí kāng 皮　卞　齐　康		

二、读一读　记一记

别人好心称"雅意"，别人批评称"雅正"；
女子名字曰"芳名"，女子年龄曰"芳龄"；
请人谅解曰"海涵"，请改文章曰"斧正"；
托付于人曰"奉托"，我请别人曰"奉请"；
回信于人曰"奉复"，送物于人曰"奉赠"；
等待别人曰"敬候"，有请于人曰"敬请"；
告诉别人曰"敬告"，"敬谢不敏"推辞人。

三、想一想　背一背

以国为国，以天下为天下。(《管子》)
忆君心似西江水，日夜东流无歇时。(鱼玄机《江陵愁望有寄》)
风萧萧兮易水寒，壮士一去兮不复还。(《易水歌》)
银烛秋光冷画屏，轻罗小扇扑流萤。(杜牧《秋夕》)
悠悠洛阳道，此会在何年。(陈子昂《春夜别友人》)

自我评价	任务完成情况	组长评价	教师签字
★★★			

★That's always the case. 习以为常了。

强者不吹牛

小老鼠、小白兔、大公鸡在一起吹牛，比谁最厉害。

老鼠说："我最厉害，有一次和大象决斗，我钻进它鼻孔里，咬得它直喊饶命！对于我，大象都不在话下，还有什么让我害怕的呢！"

小白兔对小老鼠说："你这个小地豆子，按体重是我的二十分之一，也敢在此逞能！我是三次马拉松赛跑冠军的获得者，一次还创造了世界纪录，连赛跑能手猎豹都惧我三分！"

大公鸡说："你们都给我住嘴！俗语云'雄鸡一唱天下白'，太阳都按我的叫声出来，连人类也听我的指挥，按我的命令起床下地，因此老子才是天下第一！"

它们正在不着边际地吹牛，旁边的草丛中躺着一只老虎，似睡非睡，似醒非醒，听了它们的话，闭目微笑。过了一阵，老虎忽然打了一个哈欠，不由自主地说："好困呀！"

老鼠、白兔、公鸡一看，无不抱头鼠窜……

吹牛的人，充其量只能算只"纸老虎"，一旦实力雄厚的"真老虎"出现在他面前，他只会落荒而逃。所以，不断地给自己充电吧，机遇与成功，永远只会青睐有准备、有实力的人。

有一天，众多狐狸聚集在迈安特洛斯河边，想要喝河里的水，但因河水水流很急，它们彼此只是说说而已，不敢跳下河去。

其中有一只狐狸，嘲笑同伴胆小，为显示自己比它们勇敢，它壮着胆子跳入河中。

湍急的河水一下就把它冲到了河心，站在河边的狐狸对它说："请不要离开我们，快回来，告诉我们从哪里可以安全下去喝水吧。"

被水冲走的狐狸却回答说："我想把一封寄往米利都的信送到那里去，回来后我再告诉你们吧。"

吹牛后要做的事也就是自己力所不能及的。既然力不能及，又不得不做，结果只有一个，那就是浪费时间精力。

一、念一念　写一写

wǔ yú yuán bo 伍 余 元 卜			gu mèng píng huáng 顾 孟 平 黄		
hé mù xiāo yǐn 和 穆 萧 尹			yáo shào zhàn wāng 姚 邵 湛 汪		

二、读一读　记一记

"抛砖引玉"我先说，"笨鸟先飞"我先行；

"仁兄贤弟"称别人，"愚兄愚弟"称自身；

"拙"字从来我专利，"拙笔""拙作""拙见"等；

"阳春白雪"称人歌，"下里巴人"称己音；

"大方之家"学识广，"小家碧玉"位不尊；

问人姓氏曰"贵姓"，问人年龄曰"贵庚"。

三、想一想　背一背

欲把西湖比西子，淡妆浓抹总相宜。（苏轼《饮湖上初晴后雨》）

欲穷千里目，更上一层楼。（王之涣《登鹳雀楼》）

欲说还休，却道天凉好个秋。（辛弃疾《丑奴儿·书博山道中壁》）

愿得一人心，白首不相离。（卓文君《白头吟》）

只愿君心似我心，定不负相思意。（李之仪《卜算子》）

自我评价	任务完成情况	组长评价	教师签字
★★★			

★ What a nice day it is! 今天天气真好！

孔融分梨有绝招

孔融是东汉末年的文学家，从小聪明过人，而且很有礼貌。他六岁让梨的故事早已被人们知晓，被后人传为美谈，但孔融巧思分梨的故事恐怕很少有人知道。

一天吃完午饭，孔融便钻进自己的书房去学习。这时老管家进房传话说："小主人，在外地的伯伯、叔叔、婶婶和六个堂兄妹都来了，夫人叫你到前厅去见见他们。"听到这些，孔融高兴地跳了起来。说句实在话，伯伯、叔叔长年在外地做官，孔融长这么大了，还没见过他们，特别是自己的六个堂兄妹，不知是个什么样子。于是，孔融没等老管家赶到前厅回话，就飞快地跑到了他们身边。在父母的介绍下，孔融逐个给伯伯、叔叔、婶婶和六个堂兄妹见过了礼，大家都夸他是一个有礼貌的好孩子。

这时，母亲叫丫环端上一盘梨，不一会儿，六只香嫩可口的鸭梨便被端了上来，母亲又叫孔融把鸭梨分给六个堂兄妹吃。

孔融正要分梨，却被父亲止住了："等一等，你给堂兄妹分梨，每个人一个，而且盘子里还要留一个，你知道怎么分吗？"

父亲知道孔融是个聪明的孩子，想借此机会让他展示一下自己的才智，谁知题目太难，反倒把孔融给问住了。伯伯、叔叔、婶婶们也觉得这事连他们都不能办到，更何况是一个六岁的孩子呢？六个堂兄妹也不知道该怎么分，相互看了看，心里琢磨着："这样分梨，我们六个人中总有一个人吃不到梨子呀！"

孔融皱紧了眉头，他为难地看看母亲，母亲慈祥地对孔融说："孩子，再好好想想！梨子分来一个不少，我相信你一定会有办法的。"

孔融低着头陷入了沉思，忽然，他眼睛一亮，脸上露出了欢欣的喜悦，他拍着小脑瓜儿说："我知道该怎么分了。"

只见孔融拿起盘中五个梨子分别递给五个堂兄妹，这样，有一个梨子留在了盘中，可还有一个堂妹没有分到梨子，这个堂妹看上去非常委屈。伯伯、叔叔和婶婶说这样分不行。孔融微微一笑，把剩下的一个梨子连同盘子一起递给了这个堂妹。

"孩子，你分得很对，能不能给大家讲讲为什么要这样分？"父亲高兴地说。

孔融回答得很干脆："每人分一个，说明六个堂兄妹都得分着；盘子里还要留一个，这也可理解为只要有一个梨子放在盘子里就行，所以我这种分法并没有错。"

大家这时候才完全明白过来，连夸孔融聪明过人，父母亲也开心地笑了。

任何看似不可解答的刁钻问题都是有漏洞的，只要抓住了这个漏洞，问题就会迎刃而解。

一、念一念　写一写

qí máo yǔ dí 祁 毛 禹 狄		mǐ bèi míng zāng 米 贝 明 臧	
jì fú chéng dài 计 伏 成 戴		tán sòng máo páng 谈 宋 茅 庞	

二、读一读　记一记

称人疾病为"贵恙"，来客登门称"贵宾"；

看望别人曰"拜访"，探望家人称"省亲"；

问人任职曰"高就"，老者年龄曰"高寿"；

赞人看法称"高见"，赞人学生曰"高足"；

称指对方为"大驾"，称其书信为"大札"；

老人寿辰曰"大庆"，年长妇女称"大妈"；

感激别人体念我，要用"俯念"或"俯察"。

三、想一想　背一背

月出惊山鸟，时鸣春涧中。（王维《鸟鸣涧》）

月黑雁飞高，单于夜遁逃。（卢纶《塞下曲》）

月落乌啼霜满天，江枫渔火对愁眠。（张继《枫桥夜泊》）

月上柳梢头，人约黄昏后。（欧阳修《生查子·元夕》）

月下飞天镜，云生结海楼。（李白《渡荆门送别》）

自我评价	任务完成情况	组长评价	教师签字
★★★			

★He was born in Zigui, Hubei Province. 他出生在湖北秭归。

国家与玫瑰

历史充满残酷，但它又是那么丰饶多情。关于爱与生活，这里只讲两个与之相关的小故事。

第一个故事发生在古罗马时期。据说当年的罗马军队带着葡萄的种子到达位于高卢的博纳时，发现这里充沛的阳光与丰厚肥沃的砾石土地特别适合葡萄的种植，于是他们便和当地农民一样边种植葡萄边酿酒。三年后，当军队要开拔时，有近半士兵都留了下来，因为这里的葡萄美酒俘获了他们的"芳心"。为此，查理曼大帝不得不颁布法令，禁止军队经过博纳。难怪莎士比亚会借李尔王之口说出"罗马帝国征服世界，博纳征服罗马帝国"。生活，让战争走开，让帝国坍塌。

第二个故事是关于"巴黎玫瑰"的。1942年5月，德军三个机械化师越过孚日山脉，沿罗纳河两岸直驱巴黎。这天夜里，巴黎凯旋门广场周围的几乎所有人家都收到一大把鲜艳的玫瑰，里面附了一张纸条，上面写着："明天上街请都怀抱鲜花，让纳粹看看我们并没有被他们吓着。我们依旧热爱生活和大自然。"字条的落款是"洛希亚"，一个卖花姑娘。据说，当德军进驻巴黎时，洛希亚看到平时生意兴隆的花店竟然没有一个人来买花，她心里十分难受，不是担心凋敝的生意，而是沦落的生活。于是，她将店里所有的玫瑰花和她从别人店里买来的玫瑰花一起打包，送给左邻右舍。洛希亚的行为感动了大家，第二天早晨，驻扎在香榭丽舍大街的德军发现，几乎所有的巴黎女人，都手捧鲜花、面带笑容，眼里没有一丝绝望的神情。

当时法新社记者以《玫瑰花的早晨》报道此事，这个细节给了远在伦敦的戴高乐将军和他的自由法国的战士们极大鼓舞。十年后，戴高乐还专门找到了洛希亚，并且将她称为"巴黎的玫瑰"。当年执勤的德军士兵著书回忆此事时，同样不忘感慨：我们可以征服这个国家，却无法征服生活在这里的人们。

一、念一念　写一写

xióng jì shū qū 熊　纪　舒　屈				xiàng zhù dǒng liáng 项　祝　董　梁			
dù ruǎn lán mǐn 杜　阮　蓝　闵				xí jì má qiáng 席　季　麻　强			

二、读一读　记一记

称人房屋为"华堂"，称人生日为"华诞"；
称人同姓为"华宗"，称人书信为"华翰"；
称人兄弟为"昆玉"，男女结拜称"金兰"；
图谋夺取称"问鼎"，请看我信曰"台鉴"；
保住冠军为"卫冕"，光荣称号曰"桂冠"；
父母可以曰"高堂"，老人故去称"登仙"；
尊长教诲曰"钧谕"，请人审查曰"台览"。

三、想一想　背一背

云横秦岭家何在，雪拥蓝关马不前。（韩愈《左迁至蓝关示侄孙湘》）
云想衣裳花想容，春风拂槛露华浓。（李白《清平调词三首》）
曾经沧海难为水，除却巫山不是云。（元稹《离思》）
沾衣欲湿杏花雨，吹面不寒杨柳风。（志南《绝句》）
丈夫非无泪，不洒离别间。（陆龟蒙《杂曲歌辞·别离曲》）

自我评价	任务完成情况	组长评价	教师签字
★★★			

★He was not a bit tired. 他一点也不累。

人生数问

最困难的事。有人问古希腊哲学家泰勒斯："你认为人活在这个世界上,什么事情是最困难的?"泰勒斯回答说:"认识你自己。"认识自己难,认识自己的不足更难。

贵重的财物。毕阿斯出生于古希腊普里埃耶城。一次,当普里埃耶城遭到围攻时,居民们纷纷带上自己最贵重的财物四散奔逃,只有毕阿斯一个人赤手空拳。居民们问他为什么空手离开时,他回答说:"因为我的一切都在我的身上。"是的,还有比生命更宝贵的吗?

快乐的工作。有人问毕阿斯:"什么样的工作最能让人快乐?"毕阿斯回答:"挣钱的工作。"这是一句大实话,能够挣到更多的钱,才能更好地生活。

安全的船。有人问古希腊思想家阿那哈斯:"什么样的船最安全?"阿那哈斯说:"那些离开了大海的船。"不走路,才不会摔倒;不航行,才没有危险。但船离开了大海,也就没有了存在的价值。

永远的道德。有人问雅典的执政官梭伦:"为什么作恶的人往往富裕,而善良的人却往往贫穷?"梭伦回答:"我们不愿把我们的道德和他们的财富交换,因为道德是永远的,而财富每天都在更换主人。"道德是永远的,财富是暂时的。靠作恶致富的人,内心肯定会非常空虚,而且富裕也绝不会长久。

理想的家居。有人问古希腊的庇塔乌斯:"最理想的家是什么样子?"庇塔乌斯回答:"既没有什么奢侈品,也不缺少必需品。"这个回答很理智,也很聪明。奢侈品是给别人看的,必需品是给自己用的。打肿脸充胖子的人,永远也成不了"胖子"。

健康的意义。有人问赫拉克利特身体健康的重要程度,赫拉克利特说:"如果没有健康,智慧就无法表露,文化就无法施展,力量就无法战斗,知识就无法利用。"生命因健康而快乐,因疾病而枯萎。有了健康,才有一切。

流动的河流。有人问赫拉克利特:"过去的事情能否更改?"赫拉克利特回答:"人不能两次踏进同一条河流。"流水会变,落花会变,时间会变,环境会变,什么都会变,什么都不能重复。

不同的城市。有人问柏拉图:"一个贫穷的国家为什么也有富人?"柏拉图回答:"如果你把一个国家当作一个纯粹的国家那就大错特错了。因为任何一座城市都是两座城市,即富人的城市和穷人的城市。"城市是富人的城市,也是穷人的城市。而且到任何时候,穷人都会多于富人。所以城市的领导者在作决策的时候,一定要首先想到穷人。

活着的意义。一个满脸愁苦的病人问安提丰:"活着到底有什么意义?"安提丰说:"我至今也没有弄清楚,所以我要活下去。"活着就是为了追求,为了探讨,为了知道自己还不知道的事情。也许,这就是活着的意义吧。

吃饭的区别。有人问大哲学家亚里士多德:"你和平庸的人有什么不同的地方?"亚里士多德回答:"他们活着是为了吃饭,而我吃饭是为了活着。"庸人享口福之乐,哲人享智慧之乐;庸人享物质之乐,哲人享精神之乐。

道歉的好处。有人问政治家塞涅卡:"道歉有什么好处?"塞涅卡回答:"道歉既不伤害道歉者,也不伤害接受道歉的人。"道歉是一种美德,不仅能化解矛盾,而且会给自己及对方带来轻松和快乐。

一、念一念　写一写

jiǎ lù lóu wēi 贾 路 娄 危			jiāng tóng yán guō 江 童 颜 郭		
méi shèng lín diāo 梅 盛 林 刁			zhōng xú qiū luò 钟 徐 邱 骆		

二、读一读　记一记

女未定亲曰"待字",男之女友曰"红颜";
请人谅解曰"见谅",请给方便曰"借光";
好久没见曰"久违",初次见面曰"久仰";
放弃爱物称"割爱",人赠我物曰"珍藏";
"英年早逝"指早亡,沙场捐躯称"阵亡";
恭敬陈述为"谨启",看过文书为"谨悉";
高明决断为"卓裁",夫妻美称"伉俪"。

三、想一想　背一背

这次第,怎一个愁字了得!(李清照《声声慢》)
枕前泪共阶前雨,隔个窗儿滴到明。(聂胜琼《鹧鸪天》)
争渡,争渡,惊起一滩鸥鹭。(李清照《如梦令·常记溪亭日暮》)
征蓬出汉塞,归雁入胡天。(王维《使至塞上》)
正是江南好风景,落花时节又逢君。(杜甫《江南逢李龟年》)

自我评价	任务完成情况	组长评价	教师签字
★★★			

★I will be more careful. 我会小心一些的。

希望与自信

1. 乌有的木头

大约在我七岁左右,有一天,我跟着母亲到地里去干活。母亲在玉米地里锄草,因为是夏天,天气很热,我玩了一会儿就偷偷溜到地头附近的水塘边去划水。

划着划着,我一蹲,屁股一垫,一头栽了进去。塘坎很陡,有两米多深,水立刻没过了我的头顶。我奋力挣扎,并借着浮起来的瞬间大声呼救。母亲听到我呼救,迅速跑过来。可是,胡乱扑腾之中我离岸边越来越远了,不识水性的母亲只能放开喉咙大声呼救。大约过了一分钟的样子,我已筋疲力尽,挣扎的动作渐渐缓慢……

忽然,我听到母亲喊:"儿呀,快抓住身边的木头!快抓住身边的木头!"

木头,我的身边有木头!本已绝望的我听到这个消息后,立即又充满了力量,奋力挣扎起来,四处寻找母亲所喊的那块救命的木头。就在此时,听到呼救的一个大伯已经赶来,跳下水将我救了上来。

等我醒过来,我呆呆地看着塘面,嗔怪地对母亲说:"妈,你不是告诉我有木头吗?木头在哪里?"母亲含泪说:"傻孩子,哪有什么木头,我看你快要支撑不住了,情急之下,故意喊出来激你的。要不,咱娘俩可要永别了!"

这根乌有的木头,让濒临绝望的我挣扎着又坚持了几秒,赢得了生机。说到底,救我的不是木头,而是乌有的木头上漂着的希望。

2. 做一只优秀的兔子

人和动物是一样的,每个人都有自己的天赋,比如老虎有锋利的牙齿,兔子有高超的奔跑力、弹跳力,所以它们都能在大自然中生存下来。人们都希望自己成为老虎,但其中很多人只能是兔子。我们为什么放着很优秀的兔子不当,而一定要当很烂的老虎呢?

读到漫画家朱德庸先生的这段话,我想起邻居家的一个女孩。她人长得漂亮,是一高级住宅区的电梯工,因相貌很像某位演员,有人便认为她应该是一个当演员的料,当电梯工太委屈她了。于是劝她:"你长得太像某某演员了,为什么不去演电影呢?""那位演员我知道,她最多不过是一位三流的演员,而我却是一名一流的电梯工。"女孩自豪地回答说。

是啊,做一只优秀的"兔子",又有什么不好呢?又有什么不可以扬眉吐气、抬头挺胸呢?做一只优秀的"兔子",你的心里同样会拥有自豪感和成就感,同样会赢得别人的尊敬和赞美。

一、念一念　写一写

gāo xià cài tián 高 夏 蔡 田			fán hú líng huò 樊 胡 凌 霍		
yú wàn zhī kē 虞 万 支 柯			zǎn guǎn lú mò 昝 管 卢 莫		

二、读一读　记一记

人家夸我曰"过誉",准备出版称"付梓"。

谦称儿女皆加"小",谦称自己应加"老"。

请人收下为"笑纳",请人指点为"赐教"。

父母同称高堂、双亲、膝下。

父母单称家父、家严;家母、家慈。

父去世称先父、先严、先考。

母去世称先母、先慈、先妣。

兄弟代称昆仲、手足。

夫妻称伉俪、配偶、伴侣。

三、想一想　背一背

知我意,感君怜,此情须问天。(温庭筠《更漏子》)

执子之手,与子偕老。(《诗经·邶风·击鼓》)

直道相思了无益,未妨惆怅是清狂。(李商隐《无题二首》)

只有一枝梧叶,不知多少秋声。(张炎《清平乐》)

只愿君心似我心,定不负相思意。(李之仪《卜算子》)

自我评价	任务完成情况	组长评价	教师签字
★★★			

★ I will never forget it. 我会记着的。

学会在过程中享受

很多人做事都只重结果。

农民种庄稼，都认为是辛苦、劳累的，而只在粮食收获时才感到喜悦。收获多少与喜悦的程度是成正比的。学生学习被认为是枯燥的、辛苦的，只有在考试后取得了好成绩才会高兴。文学爱好者认为创作是艰辛的，只有作品发表了才认为没有白写。绘画者认为作画是辛苦的，只有画品被人买了才认为没有白画。习书法者认为只有坚持苦练才会有长进，而"成功"的标志就是能否让作品参展、作品能否有价值。旅游者的旅途是辛苦的，只有到达目的地后才开始欣赏风景……

做任何事情，都是过程更长。

农民种粮种果，往往是几个月才收获一季，而收获的时间相对来说都是短暂的。学生也如此，要经过多少个日日夜夜地听、写、练，才会有取得好成绩时兴奋的短暂时间。写作有时看起来一蹴而就，但积累生活、打腹稿的时间也是很长的。

人活着总是要做事的，而做事的过程一般会很长，如果我们都把过程看作苦，不能在过程中学会享受，那真是浪费了生命！

做事的过程中是有乐趣供我们享受的。

农民播种后，每天去田间地头，看见种子发芽了，应该高兴；长叶了，由两片叶变多片叶了，开花了，结果了，果熟了，哪一个过程不令人高兴！学生冥思苦想的一道题终于解了，能不快乐！这快乐恐怕比看到高分时的快乐更实在。我曾在课堂上建议学生把古人说的"学海无涯苦作舟"的"苦"字改作"乐"字，为什么？虽然学生每天坐在同一地方，但每天都获取了新的知识，使自己得到了新的充实，人的文化素养又有了新的提高，不应该为此高兴快乐？练书法者，某字长期写来不满意，或因临摹古帖，或因借鉴他人，或是自己所悟，此次写来十分满意，不亦乐乎！文学创作者，把长期聚结在心中的极想通过文字倾诉的情怀终于写成了作品，爱恨情仇的心怀得以宣泄，发表与否，都是快乐！旅游者，并非只在目的地才有风景，无论乘车乘船坐飞机，沿途都有风景：或乡野，或街镇，或沙漠，或草原，或云海，或波涛……比那些只到目的地才开始欣赏风景的人，不是多领略了美、多享受了乐趣吗？

人的一生总是在一次次做事的过程中度过的。学会在过程中享受，会使我们更加热爱学习和工作，更加热爱生活，热爱人生。

一、念一念　写一写

jīng fáng qiú miào 经 房 裘 缪			gān xiè yīng zōng 干 解 应 宗		
dīng xuān bēn dèng 丁 宣 贲 邓			yù shàn háng hóng 郁 单 杭 洪		

二、读一读　记一记

卫冕：指竞赛中保住上次获得的冠军称号。

惠赠：敬辞，指对方赠予（财物）。

惠允：敬辞，指对方允许自己做某事。

驾临：敬辞，称对方到来。

见教：客套话，指教（我），如"有何见教？"

见谅：客套话，表示请人谅解。

借光：客套话，用于请别人给自己方便或向人询问。

借重：指借用其他的力量，多用作敬辞。

三、想一想　背一背

纸上得来终觉浅，绝知此事要躬行。（陆游《冬夜读书示子聿》）

中军置酒饮归客，胡琴琵琶与羌笛。（岑参《白雪歌送武判官归京》）

中夜四五叹，常为大国忧。（李白《经乱离后天恩流夜郎忆旧游书怀赠江夏韦太守良宰》）

终日两相思。为君憔悴尽，百花时。（温庭筠《南歌子》）

种豆南山下，草盛豆苗稀。（陶渊明《归园田居》）

自我评价	任务完成情况	组长评价	教师签字
★★★			

★ It is just what I need. 这正是我所需要的。

145

有爱就年轻

第二次世界大战爆发后,香港沦陷,她带着母亲逃避战火,辗转到了重庆,亲眼看到士兵、平民在无情的战火下受伤丧命,心生要当医护的想法。凭借她的坚持和诚意,最终打动了一所护理学校,校长打破年龄限制录取了她。于是,她成为英国伦敦护士学院学生,修读完 8 年的护理课程,毕业后到巴拉圭当收容所护士。

那年,她 55 岁。

后来,为了照顾高龄的母亲,她移居马来西亚。在自身颠沛流离的同时,她更多地看到有人比自己更困苦。抱着一颗简单直接的心,她开始着手开展扶贫工作。不久之后,她买下新加坡的一块地,成立了当地第一所"养老病院",身兼创办人、院长、赞助人,义务收容了 250 位贫病老人。

那年,她 67 岁。

接下来,她开始学习中文。她出生于潮州汕头的穷苦农民家庭,没有接受过完整的学校教育,此刻,她希望通过自学,来安慰久离故土的思念。

那年,她 100 岁。

2010 年,经新加坡全国志愿服务与慈善中心推荐,社会发展、青年及体育部提名,她获得新加坡总统颁发的国庆奖章。

那年,她 112 岁。

她认为,自己"只是一个会扫地,喜欢做工的平凡女人"。

她依然身体力行参与义务工作。由她创办的"心连心"服务,主要照顾社会上的独居长者,为他们送上日用品和定期发放补助金。每逢周末,她更会亲身探访院舍,跟院舍的长者聊天。她的义工服务已经深具国际影响力,从新加坡扩展到毗邻的越南,她还资助了越南的 30 名失明人士。

2011 年 8 月,她专程由新加坡赶到香港,出席保健活动,并为长者提供免费血压检查及派发奶粉。

这时,她 113 岁。

她是目前全球最年长的华人义工许哲,被新加坡人称为"国宝"。抱着永不言休的精神,她在许多人视为"衰老期"的"知天命"之年开始自己的义工事业,使自己的人生更精彩,更使许多人的人生更光明。她用历经艰辛的人生演绎了最为简单的哲理:有爱就年轻。

一、念一念　写一写

bāo zhū zuǒ shí 包　诸　左　石		cuī jí niǔ gōng 崔　吉　钮　龚	
chéng jī xíng huá 程　嵇　邢　滑		péi lù róng wēng 裴　陆　荣　翁	

二、读一读　记一记

金婚：欧洲风俗，指结婚五十周年。

金兰：可用做结拜为兄弟姐妹的代称，如"义结金兰"。

进见：前去会见（多指见首长）。

进言：向人提意见（尊敬或客气的口气），如"向您进一言""大胆进言"。

晋见：即进见。

觐见：（书）朝见（君主）。

垂问：敬辞，表示别人（多指长辈或上级）对自己询问。

垂爱：（书）敬辞，称对方（多指长辈或上级）对自己的爱护（多用于书信）。

三、想一想　背一背

仲夏苦夜短，开轩纳微凉。（杜甫《夏夜叹》）

竹外桃花三两枝，春江水暖鸭先知。（苏轼《题惠崇〈春江晚景〉》）

壮心未与年俱老，死去犹能作鬼雄。（陆游《书愤》）

壮志饥餐胡虏肉，笑谈渴饮匈奴血。（岳飞《满江红》）

浊酒一杯家万里，燕然未勒归无计。（范仲淹《渔家傲·秋思》）

自我评价	任务完成情况	组长评价	教师签字
★★★			

★Just for entertainment. 只是为了消遣一下。

简单的智慧

第二次世界大战期间，一艘美国驱逐舰停泊在某国的港湾里。那天晚上万里无云，明月高照，一片宁静。

一名士兵对全舰进行例行巡视，他走着走着，突然停步不动了，因为他看到一个乌黑的大东西在前面不远的水面上浮动着。他认真地观察了一会，才惊骇地发现，那是一枚触发水雷，可能是从一个雷区脱离出来的，正随着退潮慢慢向驱逐舰这边漂来。看到这一情景，那名士兵吓出了一身冷汗，他赶忙抓起舰内电话机，通知了值日官。听到这个消息，值日官马上快步跑来。他们很快通知了舰长，并且发出了全舰戒备信号，全舰立刻动员起来。

官兵们都惊愕地注视着那枚逐渐靠近的水雷，大家都知道，灾难即将来临。全舰军官迅速研究对策，设法避开危险。他们提出了各种办法：赶快起锚走吗？不行，因为没有足够的时间。发动引擎使水雷离开？也不行，因为螺旋桨转动只会使水雷更快地漂近舰身。用枪炮引爆水雷？更不行，因为那枚水雷太接近舰内的弹药库。放下一只小艇，用一只长竿把水雷携走？这种方法也不可行，因为那是一枚触发水雷，同时也没有时间去弄掉水雷的雷管。眼看水雷越漂越近，一触即发，悲剧似乎没有办法避免了，众人束手无策。到底该怎么办呢？

突然，一个名叫弗雷泽的士兵大声喊道："把消防水管拿来。"就这一声喊，仿佛醍醐灌顶，让每个人的眼睛突然一亮，大家明白这个办法确实有道理，而且简单可行。他们迅速拿来水管，向舰艇和水雷之间的海上喷水，制造出一条水流，把水雷带向远方，然后用舰炮引爆了它。

一场看似不可避免的灾难转瞬间消失在无形之中，用的方法却异常简单，又有些出人意料。其实，我们细细想一想，又在情理之中。在生活中，很多问题，都被我们复杂化了，我们总习惯于所谓的"透过现象看本质"，往深处远处去思考。可是大多数的情况是，那些事情看起来复杂，解决的方法却非常简单，有些只不过是迷惑我们的假象，只要我们的思维稍微转个弯，问题就可能迎刃而解。

一、念一念　写一写

xún yáng yū huì　荀　羊　於　惠			zhēn qū jiā fēng　甄　曲　家　封		
ruì yì chǔ jìn　芮　羿　储　靳			jí bǐng mí sōng　汲　邴　糜　松		

二、读一读　记一记

久违:客套话,好久没见。

久仰:客套话,仰慕已久(初次见面时说)。

问鼎:指图谋夺取政权(中性词)。

伉俪:(书)夫妻,如伉俪之情。

劳步:敬辞,用于感谢别人来访。

劳驾:客套话,用于请别人做事或让路。

留步:客套话,用于主人送客时,客人请主人不要送出去。

蒙尘:(书)蒙受风尘之苦(指君主因战乱落难出逃)。

三、想一想　背一背

中华成语千句文——民族神话

鸿蒙未辟,宇宙洪荒。亿万斯年,四极不张。

盘古开天,浊沉清扬。天高地厚,乾坤朗朗。

日月经天,星宿列张。江河行地,浩浩汤汤。

女娲补天,日月重光。夸父逐日,血气贲张。

精卫填海,荡气回肠。后羿射日,功德无量。

神话故事,意味深长。民族精神,积厚流光。

自我评价	任务完成情况	组长评价	教师签字
★★★			

★Let bygones be bygones. 过去的,就让它过去吧。

勇气

19世纪，在英国的名门公立学校——哈罗学校，常常会发生以强凌弱、以大欺小的事情。有一天，一个强悍的高个子男生，拦在一个新生的面前，颐指气使地命令他替自己做事。新生初来乍到，不明白其中"原委"，断然拒绝。

高个子恼羞成怒，一把揪住新生的领子，劈头盖脸地打起来，嘴里还骂骂咧咧："你这小子，为了让你聪明点，我得好好开导你！"新生痛得龇牙咧嘴，却并不肯乞怜告饶。

旁观的学生或者冷眼相看，或者起哄嬉笑，或者一走了之。

只有一个外表文弱的男生，看着这欺凌的一幕，眼里渐渐涌出了泪水，终于忍不住嚷起来："你到底还要打他几下才肯罢休？"

高个子朝那个又尖又细的抗议的声音望去，一看也是个瘦弱的新生，就恶狠狠地骂道："你这个不知天高地厚的家伙，问这个干吗？"

那个新生用含泪的眼睛盯着他，毫不犹豫地回答："不管你还要打几下，让我替他忍受一半的拳头吧。"

高个子看着他的眼泪，听到这出人意料的回答，不禁羞愧地停住了手。

从这以后，学校里反抗恶行暴力的声音开始响亮，帮助弱者的善举也逐渐增多，两个新生也成为莫逆之交。那位被殴打的少年，深感爱与善的可贵，后来成为英国颇负盛名的大政治家罗伯特·比尔；挺身而出，愿为陌生弱者分担痛苦的，则是扬名全世界的大诗人拜伦。

人生途中，我们也需要像拜伦一样，在别人只是畏惧地逃避，或幸灾乐祸地观看时，能够拿出罕有的勇气，为了善，为了爱，也为了启迪和震撼那些冷漠的心灵。

一、念一念　写一写

jǐng duàn fù wū 井　段　富　巫			wū jiāo bā gōng 乌　焦　巴　弓			
mù kuí(wěi) shān gǔ 牧　隈　山　谷			chē hóu fú péng 车　侯　宓　蓬			

二、读一读　记一记

名讳:旧时指尊长或所尊敬的人的名字。

内眷:指女眷。

内人:对别人称自己的妻子。

赏脸:客套话,用于请对方接受自己的要求或赠品

舍间:对自己家的谦称,也称"舍下"。

舍亲:对人称自己的亲戚。

托福:客套话,依赖别人的福气使自己幸运。

三、想一想　背一背

中华成语千句文——传承文明

中华文化,生生不息。博大精深,璀璨瑰丽。

华夏为号,炎黄为旗。龙凤为图,汉字为记。

典章文物,经史子集。文化积淀,书不尽意。

厚德载物,通天彻地。薪火相传,百世一系。

注:① 璀璨(cuǐcàn):形容光彩夺目,非常绚丽。

② 厚德载物(hòu dé zài wù):重视品德像大地一样能容养万物。

③ 薪火相传:古时候比喻形骸有尽而精神不灭,后人用来比喻学问和技艺代代相传。

自我评价	任务完成情况	组长评价	教师签字
★★★			

★Oh, you are kidding me. 哦,你别拿我开玩笑了。

安于低调是自信

　　有人认为高调是一种成功，因为一个人似乎只有高调才会被人看见、被人关注。其实不然，高调只是这个时代的一种活法。每个人都有权选择自己的活法，高调不仅风光，还可名利双收，所以有人选择高调；当然，也有一些人却选择另一种活法——低调。

　　这种人不喜欢一举一动都被人关注，一言一语被人议论，不喜欢人前显贵，更不喜欢被追逐。他们明白在商品社会里，高调存在的代价是被商品化。这样，心甘情愿低调的人就没人认识，不为人所知，但他们反而能踏踏实实做自己喜欢的事，充分地享受和咀嚼日子，活得平心静气，安稳又踏实。你问他们怎么这么低调，他们会一笑而已；就像自己爱一个人，需要对别人说明吗？

　　所以说，低调是为了生活在自己的世界里，高调是为了生活在别人的世界里。文化也是一样，有高调的文化和低调的文化。首先，商业文化必须是高调的，只有高调才会热卖热销，低调谁知道，谁去买？然而热销的东西不可能总热销，它迟早会被更新鲜、更时髦的东西取代。所以说，时尚是商业文化的宠儿。有人说时尚是造势造出来的，里边有大量五光十色的泡沫，但商品文化不怕泡沫，因为它只求当时的商业效应，一时的震撼与强势，不求持久的魅力。

　　故而，另一种追求持久生命魅力的纯文化很难大红大紫，可是它也不会为大红大紫而放弃一己的追求。它甘于寂寞，因为它确信这种文化的价值与意义。

　　低调的人生活在社会深深的褶皱里，也生活在自己的心灵与性情里，所以看得见黑暗中的光线和阳光中的阴影。也许他们天生不是做明星的材料，但他们像思想者一样：把自己放在低调里，是为了让思想真正成为一种时代的高调。享受一下低调吧——低调的宁静、踏实、深邃与隽永。低调不是被边缘化、被遗忘，更不是无能。相反，只有自信才能做到低调和安于低调。

一、念一念　写一写

quán xī bān yǎng 全 郗 班 仰			qiū zhòng yī gōng 秋 仲 伊 宫		
nìng qiú luán bào 宁 仇 栾 暴			gān tǒu lì róng 甘 钭 厉 戎		

二、读一读　记一记

劳驾——麻烦别人。

高攀——希望跟别人一块做事或联姻。

包涵——请别人原谅。

借光——用于请别人给自己方便或向人询问。

见教、赐教——请别人指教。

屈尊——降低身份俯就。

屈就——用于请人担任职务。

久违了——指好久不见。

久仰——仰慕已久。

三、想一想　背一背

中华成语千句文——礼仪之邦(一)

　　　　　礼仪之邦,重情重义。以和为贵,求同存异。

　　　　　推己及人,设身处地。温良恭俭,忠信孝悌。

　　　　　尊老爱幼,子孝父慈。天伦之乐,儿孙绕膝。

　　　　　幼有所养,关怀备至。老有所终,反哺之私。

　　　　　舐犊情深,倚闾之思。寸草春晖,昊天罔极。

注:① 悌(tì):敬爱兄长,后泛指敬重长上。

　　② 舐犊情深(shì dú qíng shēn):比喻对子女的慈爱之情。

　　③ 倚闾(yǐlú)之思:靠着家门思念子女,形容父母盼望子女归来的迫切心情。

　　④ 昊天罔极(hào tiān wǎng jí):原指天空广大无边,后比喻父母的恩德极大。

自我评价	任务完成情况	组长评价	教师签字
★★★			

★Does she like ice-cream? 她喜欢吃冰淇淋吗?

古人有多会讲话

中国人历来讲究语言的艺术,尽管素有"巧言令色,鲜矣仁"的古训,但还是极大地发展了辩论的艺术。

三国著名书法家钟繇的儿子钟毓、钟会,不仅人漂亮,才学也出众,在当时很有名。魏文帝(曹丕)听说此事,下令召见他们。召见时,钟毓十分紧张,脸上出汗,文帝问他:"你的脸上为什么出汗呢?"钟毓仍然不失机智,随口应道:"天子威严,心中紧张,所以汗如水出。"而钟会镇定自若,脸上一点汗也没有。文帝问他:"你为什么没有流汗呢?"钟会的回答更巧妙,说:"天子威严,心中紧张,汗流不出来。"

晋武帝刚刚登基的时候,就去卜筮,想问晋朝能传多少世代,结果,卜筮的结果是"一",武帝很不高兴,觉得很不吉利,臣子们也大惊失色,不知该说什么好。侍中裴楷有急才,随口说道:"我听说,古人有这么一句话:'天得到一就清,地得到一就宁,诸侯、帝王得到一,天下就安定。'"武帝很高兴,臣子们钦佩不已。

相传某布政使请按察使喝酒。席间,布政使因自己儿子太多而表示忧虑。按察使只有一个儿子,正为儿子太少而发愁。布政司的一个案吏就在旁边说:"子好不需多。"布政使听了这话,于是说:"我儿子多,你又怎么说呢?"那位案吏回答说:"子好不愁多。"说得二人皆大欢喜,大加赞赏,一起举杯痛饮。

在群雄会盟之时,秦国、赵国相互订约,说:"从今以后,对于秦国想做的事,赵国要帮助它;对于赵国想做的事,秦国要帮助它。"过了不长时间,秦国发兵攻打魏国,赵国想援助魏国。秦王不高兴,派人责备赵国说:"盟约上说,对于秦国想做的事,赵国要帮助它,对于赵国想做的事,秦国要帮助它。现在,秦国想要攻打魏国,赵国却想援救它,这不符合盟约。"赵王把这件事告诉了平原君,平原君把这件事告诉了公孙龙。公孙龙说:"赵国也可以派使者责备秦国:'赵国想要援救魏国,秦国却偏偏不帮助赵国,这不符合盟约。'"

宋徽宗政和初年,宋汝霖出知莱州掖县。当时,户部命提举司购买牛黄以制药用。使者们催逼得急如星火,州县的老百姓竞相杀牛,寻找牛黄,但一时根本无法满足。宋汝霖向提举司上疏说:"牛要遇到疫年,才多病(胆结石)生出牛黄。如今长期过太平日子,融和之气充塞天地之间,本县境内的牛一个个膘肥体壮,没有牛黄可以提取。"提举司的使者无法反诘,掖县因此免缴牛黄,全县百姓无不感恩戴德。

一、念一念　写一写

zǔ wǔ fú liú 祖 武 符 刘			

jǐng zhān shù lóng 景 詹 束 龙			

yè xìng sī sháo 叶 幸 司 韶			

gào lí jì bó 郜 黎 蓟 薄			

二、读一读　记一记

叨(tāo)光——沾光(受到好处,表示感谢)。

叨教——领教(受到指教,表示感谢)。

叨扰——打扰(受到款待,表示感谢)。

不情之请——不合情理的请求(向人求助时称自己的请求)。

不吝指教——不吝惜自己的经验来教诲。

请即赐复——要求别人回信的客套话。

恕不远送——表示不再继续送。恕:请不计较别人的过错。

洗耳恭听——专心地听(请人讲话时说的客气话)。

不足挂齿——说自己的事不值得提起。

借花献佛——拿别人的东西做人情。

三、想一想　背一背

中华成语千句文——礼仪之邦(二)

> 手足之情,同气连枝。兄友弟恭,深情厚谊。
> 青梅竹马,心有灵犀。两情相悦,山盟海誓。
> 燕尔新婚,如胶似漆。伉俪情深,连理比翼。
> 相敬如宾,善解人意。白头偕老,恩爱夫妻。

注:伉俪(kàng lì):泛指夫妻。

自我评价	任务完成情况	组长评价	教师签字
★★★			

★First come first served. 先到先得。

贵在"自愈"

"砍瓜",表皮鲜翠,长约1.5米左右,成人小腿般粗细。夏末秋初,走进茂盛的砍瓜林,一条条长瓜仿佛一个个翠衣卫士,分布罗列、唾手可得,场面蔚为壮观。这种瓜奇特的地方是:不像黄瓜、西瓜类等到成熟了再摘下来食用,它可以在生长期随吃随砍,吃多少砍多少。所以,每天都可以保证人们吃到新鲜瓜,被砍过的"伤口"会在最短的时间内迅速愈合。如果你的手指破了,几滴新鲜瓜汁就是难得的绿色特效药。

无独有偶。在湖北省一片幽深、茂密的丛林中,生存着一种罕见的神奇的小蛇,身长约40厘米,秤杆般粗细。这种蛇的身体特别脆嫩,若是从山崖上滑落下来,随着"叭"的一声响,蛇身一下子摔成四五节,并且像冰柱落地那样崩飞,起码有1米多远。可你别以为它死了,它自有回天之神术。只见脱开的每一节蛇体,都像离水泥鳅那样不停地跳动,向蛇头聚集。各节"分家"身躯很快跳往一处,但见断头与断头一碰,就自动愈合牢固,再和蛇头粘到一起。不见血,也不见痕迹,整个又连成一条,神气活现地钻进草丛,人们称其为"碎蛇"。它还是治疗跌打损伤的特效方剂,市场价格高达千元一条。

砍瓜在受到"人为伤害"时,仍能不改它皮薄肉嫩、脆甜香糯的本性,除了供人美食,还用流出的"血"为人疗伤;碎蛇从高空跌落,没有怨天尤人、自暴自弃,在最短时间内,倾尽自己的力量重新拼合,恢复原貌。这些生物的生存之道,或许可以给在困境中苦苦挣扎的人们一些启示。

一、念一念　写一写

yìn sù bái huái　印 宿 白 怀			pú tái cóng è　蒲 邰 从 鄂		
suǒ xián jí lài　索 咸 籍 赖			zhuó lìn tú méng　卓 蔺 屠 蒙		

二、读一读　记一记

家父、家严——对人称自己的父亲。

家母、家慈——对人称自己的母亲。

家兄——对人称自己的哥哥。

家姐——对人称自己的姐姐。

拙见——称自己的看法。

拙著、拙作——称自己的著作、文章。

不才——称自己没有才能。

不敢当——表示承当不起(对方的招待、夸奖等)。

三、想一想　背一背

中华成语千句文——礼仪之邦(三)

高山流水,惺惺相惜。取友必端,管宁割席。

莫逆之交,同休共戚。一诺千金,无信不立。

街坊邻里,缓急相济。守望相助,唇齿相依。

成人之美,乐善好施。见义勇为,水火不辞。

注:① 管宁割席(guǎn níng gē xí):比喻朋友间的情谊一刀两断中止交往,或不与志不同、道不合的人为友。

② 唇齿相依(chún chǐ xiāng yī):像嘴唇和牙齿那样互相依靠,比喻关系密切,相互依靠。

自我评价	任务完成情况	组长评价	教师签字
★★★			

★Great minds think alike. 英雄所见略同。

世上并不存在完美

《吕氏春秋》中说："尺之木必有节目，寸之玉必有瑕瑜。"这句话其实暗示了一个道理，那就是，这个世界上并不存在真正的完美。所以在生活中，我们不应该过多地追求完美，而忽略了原本就很美好的生活。

上帝在创造鸟类的时候，首先制作了各种形状、各种颜色的羽毛，他把这些羽毛摆出来作为样品供鸟儿们挑选。凤凰选择了红色、绿色、金色等颜色的羽毛，喜鹊选择了它最喜欢的白色和黑色的羽毛，黄鹂鸟选择了淡黄色的羽毛，麻雀觉得褐色的羽毛最适合自己，所以为自己选择了褐色的羽毛……

蝙蝠挂在树枝上，看着鸟儿们兴高采烈地选择自己的羽毛，显出一副不屑一顾的样子。看到凤凰选中了红色和绿色的时候，蝙蝠撇了一下嘴，鄙视地说："哼，真俗气！"看到喜鹊披上黑白相称的羽毛时，它又不屑地说："这身衣服也太难看了！"当麻雀穿上褐色的衣服时，蝙蝠差点笑背过气去，最后它强忍住笑说："哎呀，这身衣服简直土得掉渣啦！"

最后，除了蝙蝠以外，所有的鸟儿都选到了自己喜爱的羽毛。上帝问蝙蝠："你没有选中任何羽毛吗？"蝙蝠说："没有。上帝您能不能创造出更完美的羽毛让我选择呢？"听了蝙蝠的话，上帝笑了笑说："每种羽毛都有它的美丽之处，关键是找到最适合你的那一种。既然你选不出自己喜欢的羽毛，那么你就做不成鸟类了，你就做兽吧！"蝙蝠想了想说："我做兽也可以，但是，我想做一个完美的兽。""什么样的兽才是完美的呢？"上帝问蝙蝠。"不仅会走，而且会飞的兽才是完美的。"蝙蝠眼睛中释放出憧憬的光芒，仿佛它已经看到自己变成完美的兽。最后，上帝满足了蝙蝠的要求，把它变成了它心目中最完美的兽——没有羽毛却有翅膀，又能走，又能飞。但是，人们看到它的时候总觉得它不伦不类，既不像鸟，又不像兽。

没有谁能够真正达到完美，因为这世界上根本就不存在完美，不要奢望自己能够拥有完美，并不意味着我们不能够追求完美。把完美当作一种追求，在追求的过程中不断地完善自己，让自己尽可能地接近完美，这样的人生是成功的，这样的人生也是足够精彩的。

一、念一念　写一写

chí qiáo yīn yù 池 乔 阴 郁			xū nài cāng shuāng 胥 能 苍 双		

wén shēn dǎng zhái 闻 莘 党 翟			tán gòng láo páng 谭 贡 劳 逄		

二、读一读　记一记

不敏——不聪明,常用来表示自谦。

寒舍——对人称自己的家。

寒门——指自己出身低微。

愚兄——对比自己年龄小的人称自己。

愚弟——对比自己年龄大的人称自己。

愚见——称自己的见解。

鄙薄——浅陋微薄(多用作谦辞)。

鄙人、敝人——对人谦称自己。

绵薄——谦称自己薄弱的能力。

三、想一想　背一背

中华成语千句文——礼仪之邦(四)

四海为家,天涯游子。白云亲舍,莼鲈之思。

树高千丈,情系故里。叶落归根,敬恭桑梓。

中秋佳节,婵娟千里。花好月圆,今夕何夕。

除夕春节,良辰吉日。辞旧迎新,吉祥如意。

注:莼鲈之思(chún lú zhī sī):比喻怀念故乡的心情。

自我评价	任务完成情况	组长评价	教师签字
★★★			

★You have a sense of humor. 你真幽默。

光脚的要怕穿鞋的

有钱人不在乎钱？错，有钱人最在乎钱，甚至锱铢必较。亡命之徒不在乎命？亦错，亡命之徒最在乎命，所以当被危机笼罩时，才敢不顾一切，去杀出一条血路，彼时内心之恐惧可以想象得到。即使一无所有的人也会有所畏惧的。

影视上常听到"你什么都没有了，凭什么跟我斗"之类的话。"光脚的"与"穿鞋的"相斗，先天不足也。光着脚丫子，论踢，踢不过穿鞋的，论跑也跑不过穿鞋的。人家隔着一层皮，哪怕只是布，也能保护脚。"光脚的"鲜血淋漓了，"穿鞋的"怕鞋都尚未磨破吧，山穷水尽到一点资本都没有，想同归于尽都难。光脚的注定了要怕穿鞋的。

公元550年，东魏丞相高洋篡位，杀了孝静帝和宗室近亲，还迫远亲改姓高。元景皓认为江山都被逆臣占了，覆巢之下焉有完卵，还在乎一条命么？他被告密处死了。没有实力的愤怒毫无意义，不过以卵击石，为之付出代价的大有人在。

"两败俱伤"的案例中，有一种叫"玉石俱焚"，以己顽石之躯摧毁彼之美玉之身，合算得很呀，但仔细一计，非良策也。雨果在《九三年》里说："有一种东西燃烧起来比一座皇宫燃烧起来更令看见的人痛心，这东西就是茅屋。一所着火的茅屋是悲惨的，那是穷苦的偏受到蹂躏。"

元景皓若忍辱负重则如何？一个忍字，心头上的一把刀，其中苦楚，也只有当事人才明白，可这些煎熬不会白受。伍员忍得草间求活，三年归报楚王仇；韩信忍得胯下之辱，沙场任其驰骋。其实，高洋很快病死了，北齐的历史也很短暂。

先天不足，后天补呀，还是要拼命，对象变一下，不是那些有鞋穿的人，而是世上万难之事，拿了命去拼，即使秀才遇上了兵，也会有办法的。手里有金刚钻，自有瓷器活来。曾文正言："李少荃拼命做官，俞荫甫拼命著书。"可能就是会拼命吧，李鸿章官至一品，俞曲园终成硕学。

鳌拜野心膨胀，想废了康熙。少年聪明的康熙，没有纠集本不多的忠臣去拼了，正是悟透了这"怕"字的奥处。潜龙勿用，谋定而后动，先是隐忍，明着装傻，背地呢，铆足了劲，给自己打造了一双"铁鞋"，一举歼灭了权臣及其党羽，坐稳了江山。

智者言："一时强弱在于力，千秋胜负在于理。"头上有个天，万事有个理，送给"光脚的"，忍下一时之气，再蓄势待发，何妨？也送给"穿鞋的"，逞一时之气，为自己埋下了隐患，值吗？既是如此，姑且怕一怕，何损之有？

一、念一念　写一写

jī shēn fú dǔ 姬　申　扶　堵			rǎn zǎi lì yōng 冉　宰　郦　雍	
què qú sāng guì 却　璩　桑　桂			pú niú shòu tōng 濮　牛　寿　通	

二、读一读　记一记

见笑——被别人笑话。

后进、后学、晚生、晚辈——对长者称自己。

过奖、过誉——过分地表扬或夸奖(用于对方赞扬自己时)。

拙荆、贱内、内人、山荆、荆屋、山妻——古代对他人称自己的妻子。

小儿、犬子、息男——古代称自己的儿子。

息女、小女——古代称自己的女儿。

蓬荜增辉:谦辞,表示由于别人到自己家里来或张挂别人给自己题赠的字画等而使自己非常光荣。

抛砖引玉——谦辞,比喻用粗浅的、不成熟的意见引出别人高明的、成熟的意见。

三、想一想　背一背

中华成语千句文——百年树人(一)

十年树木,百年树人。国之大计,教育为本。

为人师表,明德惟馨。蜡炬泪干,春蚕丝尽。

言传身教,金针度人。潜移默化,春风风人。

学海无涯,力学笃行。书山有路,天道酬勤。

自我评价	任务完成情况	组长评价	教师签字
★★★			

★He is looking for a job. 他正在找工作。

"零"的压力

"零",是形体的圆圈,是文章的句号,是批复的"同意",是射击的"靶心",是化学的"氧",是考试的"0"分。细看,又是"无",是"空",是没有质量,没有体积,没有内容的"无"。再细品,"无"是万物的起源,是无限的想象,是无牵无挂的自我超越,是心底无私的广阔天地。继续悟,健健康康,即是有,多灾多难,终是无;"有"到无处无是有,无到有时有亦忧,"有"无尽头,止不住人们无止境的欲望与追求。

因此,从零出发,压力最小、张力最大、可塑性最强。

"零"的压力最小。最小,是说"零"的负担最轻,但任务最重。"零"是"无","无"是一切"有"的出发点。无中生有,有中含无;无提携着有,有来源于无。无忧无虑,快乐如仙;无私无畏,无欲则刚。大无,即不贪不占,不卑不畏,不俗不诣,才有大德天才,大智若愚。老子讲大成若缺、大盈若冲、大巧若拙、大辩若讷,这些意思都与"大智若愚"息息相通。真正的大智是深藏的,是不那么张扬外露的。这也包含了警示人们不要耍小聪明,不要一心投机取巧,不要聪明反被聪明误。

无大,则无不大;无通,则无不通;无为,则无不为;不争,则无不争;无求,则无不求。以不争而达到无所不争,以不为而达到无所不为。

"零",代表每个成员在组织内都有公平的地位和平等的关系,每个人都可以参与制定规划,在法定的"圆"内自由操作,为目标的实现而奋斗。

"零"的直径是相等的,半径也是相等的,圆周上任何一点与圆心的距离都是相等的,价值是相同的,没有上下左右隶属关系,没有台上台下首尾之别,没有尊贵好坏之分。

等距,则淡化等级;平等,则淡化能级;沟通,则淡化独立与隔阂,不会感到自身的智力不发达或不健全而影响自己的胜负,也不会因为自己的个性和坚持自己的主张而感到压抑或惧怕,它是世界上最公正无私的形体,恰如圆桌会议的圆桌一般。

圆桌的形状是圆。圆桌会议,与会者围圆桌而坐的会议,是一种平等、对话的协商会议形式,没有主席位置,亦没有随从位置,没有台上头头的宝座,亦没有台下小百姓的站立,人人平等。在举行国际或国内政治谈判时,为避免席次争执,不分上下尊卑,可避免其他排座方式出现一些代表席位居前、居中,另一些代表居后、居侧的矛盾,更好体现平等原则和协商精神。据说,这种会议形式来源于英国亚瑟王的传说。5世纪,英国国王亚瑟在与他的骑士们共商国是时,大家围坐在一张圆形的桌子周围,骑士和君主之间不排位次,圆桌会议由此得名。第一次世界大战之后,这种形式被国际会议广泛采用。直到今天,"圆桌会议"已成为平等的标志。

一、念一念　写一写

biān hù yān jì 边 扈 燕 冀	jiá pǔ shàng nóng 郏 浦 尚 农
wēn bié zhuāng yàn 温 别 庄 晏	chái qú yán chōng 柴 瞿 阎 充

二、读一读　记一记

潘多拉的盒子

　　潘多拉是希腊神话中第一个尘世女子。普罗米修斯盗天火给人间后,主神宙斯为惩罚人类,命令神用黏土塑成一个年轻美貌、虚伪狡诈的姑娘,取名"潘多拉",意为"具有一切天赋的女人"。并给了她一个礼盒,然后将她许配给普罗米修斯的弟弟埃庇米修斯(意为"后知")。埃庇米修斯不顾禁忌地接过礼盒,潘多拉趁机打开它,于是各种恶习、灾难和疾病立即从里面飞出来。盒子里只剩下唯一美好的东西:希望。但希望还没来得及飞出来,潘多拉就将盒子永远地关上了。"潘多拉的盒子"被用来比喻造成灾害的根源。

三、想一想　背一背

中华成语千句文——百年树人(二)

　　　　悬梁刺股,映雪囊萤。凿壁偷光,立雪程门。
　　　　废寝忘食,枕典席文。目不窥园,聚精会神。
　　　　滴水穿石,磨杵成针。锲而不舍,持之以恒。
　　　　学而不厌,循序渐进。逆水行舟,知难而进。

自我评价	任务完成情况	组长评价	教师签字
★★★			

　　★He doesn't care about me. 他并不在乎我。

世间万物皆为师

子曰"三人行，必有我师焉"，从字面上讲，说的是三个人当中，必定有一个人有我可以学习的地方。推而广之，世间万物，不管是有生命的还是无生命的，不管是动物还是植物，不管是高贵还是谦卑，都有值得学习的地方。一个人需要学习的不只是知识，还有修养、气质以及为人处世的方式，而世间万物都有其独特的灵性，正是值得我们学习的地方。

草木庄稼众多，从卑微小草到高大树木，从艳丽花朵到饱满果实，都值得我们学习。我们向草木学习生长和适应能力，植物再卑微，都会在春天返青，在盛夏生长，在秋天结出果实籽粒。我们人类拥有比草木更高的智慧，却缺少它们无怨无悔的倔强精神。只要有一点泥土和水分，草木都会发芽生长，而我们人类在面对困难时，往往会怨天尤人，甚至失去生活下去的勇气。再看树木，不管是名贵的珍稀物种，还是遍布山野乡村的寻常树木，都会直直地向上生长，以无限的热情去展示自己，去接近天空。而人类多的是抱怨，是懒惰，如果能够学习到植物的谦虚和顽强，从体质到精神我们都会焕然一新。

人们对动物最熟悉不过，在家有家禽家畜宠物，出外有小鸟蝴蝶蜜蜂，电视里还有总也放不完的《动物世界》，动物不仅是我们最好的伙伴，更是我们的老师。如狗的忠诚、牛的任劳任怨，都是值得我们虚心学习的优良品格。鸟儿在蓝天翱翔，我们应该学习它们向往自由的精神；昆虫仅仅存活几天，仍然活得精神，我们应该学习它们珍惜生命的可贵。蜜蜂采蜜，蚂蚁搬家，这都是昆虫界的劳动模范，让我们在学习中勤劳起来。甚至人们不太喜欢的动物，如老鼠、蚊子，它们面临很多强大的敌人，仍然可以很好地存活和繁衍，我们应该学习它们面对危机时的沉着和解决危机的能力，这样才能坦然面对各种自然灾害，才能更好地创建美好家园。

即使很多没有生命的物体，如大海，我们要学习其博大的胸怀；如高山，我们要学习其远大目标；如白云，我们要学习其从容和淡然。向世间万物学习，才能不断提高自己，拜世间万物为师，才能谦虚谨慎、循序渐进。我们在学习中会更加强大，才能体会到生命的本真。

一、念一念　写一写

mù lián rú xí 慕　连　茹　习				huàn ài yú róng 宦　艾　鱼　容			
xiàng gǔ yì shèn 向　古　易　慎				gē liào yǔ zhōng 戈　廖　庚　终			

二、读一读　记一记

达摩克利斯剑

　　达摩克利斯是希腊神话中叙拉古王迪奥尼修斯的宠臣,他常说帝王多福,以取悦帝王。有一次,狄奥尼修斯让他坐在帝王的宝座上,头顶上挂着一把仅用一根马鬃系着的利剑,以此告诉他,虽然身在宝座,利剑却随时可能掉下来,帝王并不多福,而是时刻存在着忧患。人们常用这一典故来比喻随时可能发生的潜在危机。

三、想一想　背一背

中华成语千句文——百年树人(三)

　　　　　　　行成于思,业精于勤。厚积薄发,学无止境。
　　　　　　　立身处世,洁身慎行。温柔敦厚,敬业乐群。
　　　　　　　严于律己,宽以待人。从善如流,三省吾身。
　　　　　　　光明磊落,抱诚守真。志存高远,出类拔群。

注:从善如流(cóng shàn rú liú):从,听从;善,好的,正确的;如流,像流水一样,比喻迅速。形容能迅速地接受别人的好意见。

自我评价	任务完成情况	组长评价	教师签字
★★★			

★I felt no regret for it. 对这件事我不觉得后悔。

留一点才有活路

清朝时，安徽有个叫郑经的药商，从药农手中把药材收购上来，加价批发给那些零售药材商铺，从中赚取一些利润。药材的行情很不稳定，时高时低，有的时候，药商按正常价位从药农手里收购的药材，没过几天，市场行情就跌了，很多药商不管市场行情如何，依然按正常价位把药材批发给零售药材商铺，至于商铺是赔是赚，他们就不管了。但郑经却从来不那么做，如果市场行情跌了，他就会把药材低价位批发给零售药铺，哪怕自己不赚钱也要这样。郑经说："做人、经商，都要想到给别人'留一点'，让别人有活路，自己才能有活路。"正是由于坚持给别人"留一点"的原则，很多零售商铺都感激他的仁义，他的生意也越来越红火。

明代有个叫于成的县令，他手下有个叫江财的听差。有一回，于县令办理一桩豪绅侵占贫民土地的案子，豪绅的家人便请托江财为其打点，于是便几次请江财到家中喝酒。这事被于县令知道了，有一天，他便对江财说："听说你现在经常喝酒，酒喝多了伤身，还是适可而止吧！"江财听出了于县令的弦外之音，满脸愧色，从此再也没有到豪绅家喝过酒，也没再帮豪绅说话，从而使案件得到了公正的处理。事后，有人问县令，当时为什么不直接批评江财？于县令说："如果我当时话说得太直白，会让他颜面尽失，我只点到为止，批评人的时候想着给人'留一点'，更有利于别人改正缺点。"

"留一点"的交际方式，是一种智慧，更是一种处世哲学。

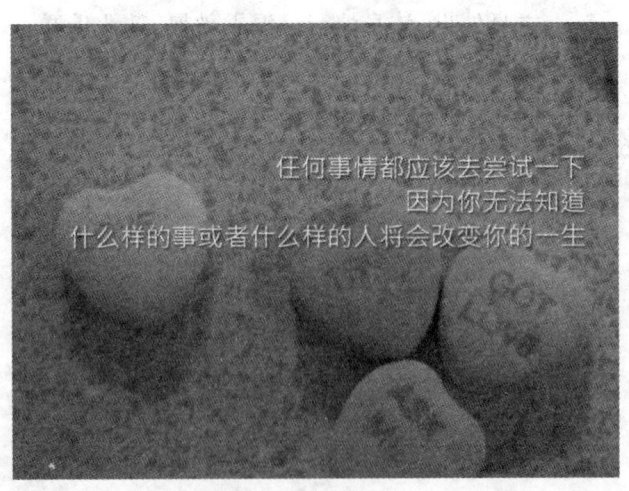

任何事情都应该去尝试一下
因为你无法知道
什么样的事或者什么样的人将会改变你的一生

一、念一念　写一写

jì jū héng bù 暨 居 衡 步	dū gěng mǎn hóng 都 耿 满 弘
kuāng guó wén kòu 匡 国 文 寇	guǎng lù quē dōng 广 禄 阙 东

二、读一读　记一记

缪斯

　　缪斯是希腊神话中9位文艺和科学女神的通称。她们均为主神和记忆女神之女。她们以音乐和诗歌之神阿波罗为首领,分别掌管着历史、悲剧、喜剧、抒情诗、舞蹈、史诗、爱情诗、颂歌和天文。古希腊的诗人、歌手都向缪斯呼告,祈求灵感。后来,人们就常用"缪斯"来比喻文学、写作和灵感等。

三、想一想　背一背

中华成语千句文——琴棋书画(一)

　　　　　　琴棋书画,闲情逸致。弦外之音,蕴藏哲理。

　　　　　　繁弦急管,敲金击石。阳春白雪,品竹调丝。

　　　　　　千回百转,穿云裂石。八音迭奏,绕梁三日。

　　　　　　纹枰玉子,棋布错峙。纵横捭阖,不可端倪。

注:① 纵横捭阖(zòng héng bǎi hé):纵横,用游说来联合;捭阖,开合。战国时策士游说的一种方法,指在政治或外交上运用手段进行分化或拉拢。

　　② 不可端倪(bù kě duān ní):端倪,事情的眉目、头绪。不能窥测到事情的头绪,形容变化莫测。

自我评价	任务完成情况	组长评价	教师签字
★★★			

★I get up at six o'clock. 我六点起床。

无力浮起，不妨下沉

在南极大地的水陆交接处，一只企鹅正在水中悠闲地游泳。

过了一会儿，这只企鹅也许是累了，便想重新回到岸上来。

可是，岸上全是滑溜溜的冰层或者尖锐的冰凌，体型笨拙的它尝试了几次也没能从水中爬上来。

这只企鹅该如何从水中上岸呢？正在我为它担心的时候，想不到的一幕发生了。

这时，只见这只企鹅猛地低下头，使劲从海面上扎入海中，并拼力沉潜。大约下沉到 10 米深的时候，它又突然转过身，摆动双足，迅猛向上。快接近水面了，企鹅突然拼出全力，腾空而起，犹如离弦之箭蹿出水面，并稳稳落于陆地之上。

企鹅成功上岸的做法令我拍手叫绝，同时，也让我陷入沉思。

生活中，我们每个人都想出人头地，然而，又总是会遭遇到不期而至的"冰层"或"冰凌"。

面对困难，有的人唉声叹气甚至放弃努力；有的人则不自量力，不惜拼死一搏。这两种人的做法结果都一样，都不会上得"岸"来。其实，细想想，当我们面前困难重重，出头之日遥不可及时，学学企鹅的沉潜，才不失为明智之举。甘于沉下去，才可浮出来，像企鹅那样，面对困难，专心致志积聚力量，并抓住恰当的机会反弹向上，毫无疑问，我们就能成功登陆。反之，贸然向前，或者怨天尤人，注定会被命运的风浪玩弄，直至精疲力竭。

一、念一念　写一写

ōu shū wò lì 欧殳沃利		yù yuè kuí lóng 蔚越夔隆	
shī gǒng shè niè 师巩厍聂		cháo gōu áo róng 晁勾(句)敖融	

二、读一读　记一记

斯芬克斯之谜

　　斯芬克斯是希腊神话中以隐谜害人的怪物,埃及最大的胡夫金字塔前的狮身人面怪兽就是他。他给俄狄浦斯出的问题是:什么东西早晨用四只脚走路,中午用两只脚走路,傍晚用三只脚走路? 俄狄浦斯回答:是人。在生命的早晨,他是个孩子,用两条腿和两只手爬行;到了生命的中午,他变成壮年,只用两条腿走路;到了生命的傍晚,他年老体衰,必须借助拐杖走路,所以被称为三只脚。俄狄浦斯答对了。斯芬克斯羞愧坠崖而死。"斯芬克斯之谜"常被用来比喻复杂、神秘、难以理解的问题。

三、想一想　背一背

中华成语千句文——琴棋书画(二)

楚河汉界,别有天地。棋逢对手,袖里玄机。

三真六草,炫异争奇。龙飞凤舞,渴骥怒猊。

铁画银钩,劲骨丰肌。颜筋柳骨,遒劲有力。

妙手丹青,尺幅千里。烘云托月,开心写意。

画龙点睛,神来之笔。逸态横生,画中有诗。

注:① 渴骥怒猊(kě jì nù ní):骥,骏马;猊,狻猊,即狮子。口渴的骏马奔向泉水,如愤怒的狮子撬扒石头。形容书法遒劲奔放。

　　② 遒劲(qiú jìng):雄健有力。

自我评价	任务完成情况	组长评价	教师签字
★★★			

★I met the boss himself. 我见到了老板本人。

— 169 —

两个打工者的经历

两个乡下人，外出打工。一个去上海，一个去北京。可是在候车厅等车时，又都改变了主意，因为邻座的人议论说，上海人精明，外地人问路都收费；北京人质朴，见了吃不上饭的人，不仅给馒头，还送旧衣服。

去上海的人想，还是北京好，挣不到钱也饿不死，幸亏车没到，不然真掉进了火坑。

去北京的人想，还是上海好，给人带路都能挣钱，还有什么不能挣钱的？我幸亏还没上车，不然真失去一次致富的机会。

于是他们在退票处相遇了。原来要去北京的得到了上海的票，去上海的得到了北京的票。

去北京的人发现，北京果然好。他初到北京的一个月，什么都没干，竟然没有饿着。不仅银行大厅里的太空水可以白喝，而且大商场里欢迎品尝的点心也可以白吃。

去上海的人发现，上海果然是一个可以发财的城市，干什么都可以赚钱。带路可以赚钱，开厕所可以赚钱，弄盆凉水让人洗脸可以赚钱。只要想点办法，再花点力气都可以赚钱。

凭着乡下人对泥土的感情和认识，第二天，他在建筑工地装了十包含有沙子和树叶的土，以"花盆土"的名义，向不见泥土而又爱花的上海人兜售。当天他在城郊间往返六次，净赚了五十元钱。一年后，凭"花盆土"他竟然在大上海拥有了一间小小的门面。

在常年的走街串巷中，他又有一个新的发现：一些商店楼面亮丽而招牌较黑，一打听才知道是清洗公司只负责洗楼不负责洗招牌的结果。他立即抓住这一空当，买了人字梯、水桶和抹布，办起一个小型清洗公司，专门负责擦洗招牌。如今他的公司已有150多个打工仔，业务也由上海发展到杭州和南京。

前不久，他坐火车去北京考察清洗市场。在北京车站，一个捡破烂的人把头伸进软卧车厢，向他要一只空啤酒瓶，就在递瓶时，两个都愣住了，因为五年前，他们曾换过一次票。

一、念一念　写一写

lěng zī xīn kàn 冷 訾 辛 阚		nā jiǎn ráo kōng 那 简 饶 空	
zēng wú shā niè 曾 毋 沙 乜		yǎng jū xū fēng 养 鞠 须 丰	

二、读一读　记一记

皮格马利翁

皮格马利翁是希腊神话中的塞浦路斯国王。他憎恨女性，决定永不结婚。他用神奇的技艺雕刻了一座美丽的象牙女像，并爱上了她。他像对待自己的妻子那样抚爱她，装扮她，并向神乞求让她成为自己的妻子。爱神阿芙洛狄忒被他打动，赐予雕像生命，并让他们结为夫妻。"皮格马利翁效应"后来被用在教育心理学上，也称"期待效应"或"罗森塔尔效应"，比喻教师对学生的期待不同，对他们施加的方法不同，学生受到的影响也不一样。

三、想一想　背一背

中华成语千句文——五霸七雄

围魏救赵，声东击西。田忌赛马，动态博弈。

悲歌易水，风萧萧兮。图穷匕见，士死知己。

李冰父子，兴修水利。天府之国，沃野千里。

都江古堰，百世之利。帝王霸业，望尘莫及。

自我评价	任务完成情况	组长评价	教师签字
★★★			

★I really enjoyed myself. 我玩得很开心。

工作上不能有的八种态度

1.“我觉得这样就差不多了。”

一旦你骄傲自满，生活进步就会戛然而止。不论你对某件事多么擅长，总有可以不断提高的地方。学习一项新技能、发展一个新爱好或掌握一门新语言，让思维保持新鲜活力。想办法提高工作质量或减少完成娴熟任务的时间，这样你就能争取更多时间去做开心而重要的事情了！请记住：个人成长靠的不是嘴上功夫，而是日复一日的具体行动。

2.“我还是挑容易的事做吧。”

你对那件事怕得要死？问题在于，那件事恰恰是你需要去做的。你以为公司愿意聘用只会做任何人都能完成的简单事情的员工吗？当然不可能。不论是为了在职场上更好地推销自己，还是为了保持身体健康，你都得面对这样的事实：有时你不得不做自己讨厌的事情。静下心来认真做你不愿意做的事情吧，因为不管喜不喜欢，这可能正是你急需解决的问题。

3.“我不在乎细节如何，直接告诉我该怎么做吧！”

如果你不清楚为何要做某件事，那你很可能会对它马虎大意。如果遇到不明白的问题你又不主动请教，那你可有苦头吃了。每项任务都该拿出主动精神，是不是有好想法能让结果更佳？那就说出来吧。如果你的问题或建议能改善最终结果，没人会反对、阻止你的。

4.“我不够优秀。”

如果你总认为自己不够优秀、不够漂亮、不够资历、不够聪明或诸如此类，那么，这种自卑思想会从你的言行举止中透露出来。既然你连自己都不相信，那别人为何要相信你呢？多跟积极的人交往吧。多阅读，多思考，找出自己的优势，然后自信说出自己对某方面很擅长。别再找借口说自己不能怎样，多找理由暗示自己能够干什么。人们总说“人是不堪一击的”，但这完全荒谬至极。你绝对可以坚强如铁。

5.“这事儿根本没辙。”

不要暗示自己会失败，因为心理暗示往往会成真。

6.“我不是个好人。”

人人都会犯错。不管你觉得自己如何对不起某人，为了过去的事而一味自责也无济于事，甚至还会让你更愧疚。不论是吃了不该吃的东西、说了不该说的狠话，还是犯了不该犯的工作错误，既然事情已经过去，就不要再耿耿于怀。如果你已经作了道歉和解释，那就让它过去吧。把精力投入到未来，那才是进步的开始。

7.“别人会怎么看我啊？”

虽然你应该尽量与周围的人融洽相处，但也不必为了讨好别人而委屈自己的本性。请拥抱本真自我、向他人展现真我吧。如果别人不喜欢本真的你，那也是他们的问题和损失。

8.“等时机适合我就去做。”

世上根本就没有所谓的“完美时机”。如果你继续等待完美时机再搬往新城市或开始健身新计划，那你永远也不会采取行动。给自己一点挑战，走出舒适区吧。虽然舒适区让你感到安全，但整天只空想不做事又有什么意义呢？

一、念一念　写一写

cháo guān kuǎi xiāng 巢　关　蒯　相	zhā hòu jīng hóng 查　后　荆　红

yóu zhú quán lù 游　竺　权　逯	gě(gài) yì huán gōng 盖　益　桓　公

二、读一读　记一记

犹大的亲吻

犹大是《圣经》中耶稣基督的亲信子弟 12 门徒之一。耶稣传布新道虽然受到了百姓的拥护,却引起犹太教长老司祭们的仇恨。他们用 30 个银币收买了犹大,要他帮助辨认出耶稣。他们到客马尼园抓耶稣时,犹大假装请安,拥抱和亲吻耶稣。耶稣随即被捕,后被钉死在十字架上。人们用"犹大的亲吻"比喻可耻的背叛行为。

三、想一想　背一背

中华成语千句文——乐山乐水

渔樵耕读,林泉之志。竹篱茅舍,墟烟依依。
烟波钓徒,雨蓑风笠。曲水流觞,枕流漱石。
梅兰竹菊,雅人高致。月白风清,心旷神怡。
霞友云朋,梅妻鹤子。胸有丘壑,鸥鹭忘机。
梦游天姥,泛舟赤壁。灞桥烟柳,阳关羌笛。
乐山乐水,风光月霁。回归自然,物我一体。

注:① 曲水流觞(qū shuǐ liú shāng):民俗,每年农历三月在弯曲的水流中放置酒杯,酒杯顺流而下,流到谁面前,谁就取下来喝,可以除去不吉利。

② 霞友云朋(xiá yǒu yún péng):与云霞为朋友,指避世隐居。

③ 霁(jì):雪后或雨后转晴。

自我评价	任务完成情况	组长评价	教师签字
★★★			

★I'm fed up with my work! 我对工作烦死了!

六大能力成就一流员工

作为下属,我们自问:"我可以为上司做些什么?"交出具体成果,提升身为部属的价值后,就能得到充分的权限。想成为一流部属,可以培养以下6种特质与能力。

态度力:尽早超出上司对你的期望。

部属力不足的最大特色就是"什么都不会,却认为自己很有本事",而这种态度最容易产生抱怨组织及上司的负面想法。

在抱怨之前,先问问自己能给公司和上司作出什么样的贡献,试着将艰苦的职场难题化作转机,尽早超出上司对你的期望,才有冲破工作瓶颈的动力。

印象力:端正的仪态绝对必要。

"以貌取人"虽然很武断,但不可否认的是,第一眼的视觉感受将会决定外人对你的好恶。因此,戒除生活里的坏习惯,维持干净利落的外表,用有朝气的声音打招呼,以及端正的姿势仪态是绝对必要的。

信任构筑力:巧妙弥补上司的缺点。

当上司嘱咐任务或商讨要事时,善用"立即反应""用心聆听""确实回应"这三个沟通原则,切忌打断上司的话,再搭配点头或倾身向前等身体语言,表现出你的专注力。发现上司有麻烦时,可以不经意地弥补上司的短处与缺点,发挥守护者的精神,就能成为他们最好的后盾,获得更多信任与授权。

成长力:讨厌的事也想办法认真投入。

赶快治好"还不错病"!当觉得自己还不错时,就容易失去自我成长的机会。部属应该要有"吾日三省吾身"的反省能力,认真投入自己不喜欢的事情,才有可能获得双倍的能力,发觉自己都没发现的天赋!

麻烦上司应对力:笑着面对坏老板。

在职场中碰到一两个脾气暴躁、工作能力差的上司是常有的事。正面批评跟战斗是一点儿效果也没有的。虽然一开始很难转换心态,但坏老板也是一种让自己加速成长的强大力量。请给这种上司充分的认同,让他不找你麻烦;并且打通自己与周遭关键人物的关系,设法让工作顺利完成。

志向力:目标明确,坚持不懈。

明确了解自己的地位、自己的工作,以及自己的公司有何存在的意义与价值,认真询问自我内心深处的想法,找到为何而生的意义。记着,勿忘初衷,面对逆境勇于前进,才能化为坚持理想的力量!

一、念一念　写一写

mò qí sī mǎ 万 俟 司 马			shàng guān ōu yáng 上 官 欧 阳		
xià hóu zhū gě 夏 侯 诸 葛			dōng fāng wén rén 东 方 闻 人		

二、读一读　记一记

诺亚方舟

　　诺亚方舟出自《圣经》。上帝对人类所犯下的罪孽非常忧伤,决定用洪水消灭人类。诺亚是一个正直的人,上帝吩咐他造船避灾。经过 40 个昼夜的洪水,除诺亚一家和部分动物外,其他生物都被洪水吞没。后被用来比喻灾难中的避难所或救星。

三、想一想　背一背

中华成语千句文——建筑园林(一)

古典建筑,美奂美轮。飞檐斗拱,镂月裁云。

碧瓦朱甍,雕龙画凤。桂殿兰宫,玉阶彤庭。

北京故宫,中轴对称。流金溢彩,龙楼凤城。

布达拉宫,峥嵘轩峻。金碧辉煌,奉若神明。

赵州拱桥,历雨经风。长虹饮涧,初月出云。

注:甍(méng):屋脊。

自我评价	任务完成情况	组长评价	教师签字
★★★			

★It's no use complaining. 发牢骚没什么用。

职场等待成功

1927年6月，美国有一个穷困潦倒的年轻人带着他的新婚妻子来到旧金山谋生，他们在这里开了一家冷饮店。事实上，这个店只是在一家面包店隔开了一角而已，根本不能算是店，只不过是个冷饮摊，而且只卖汽水。

后来因为全球经济衰退，没多久，他们的冷饮店被迫关门。但他们并没有就此放弃而离开这里，他们把冷饮摊摆在了附近一个十字路口，不久年轻人发现这里来来往往的人很多，不管将来做什么生意，都是很理想的位置。所以尽管关门歇业了，他还是照样付房租。

有一天，当他收摊回来的时候，看到隔壁面包店的生意好过往常，受此启发，他与爱妻商量决定开一家快餐店。他推出的热食品，有辣椒红豆、墨西哥薄饼、夹烤肉三明治等，再加上年轻人用心写成的广告标语一渲染，更显得奇妙无比，这正迎合了人们好奇的心理。

此外，他还以强调"热"来表现特色。他煮了一大锅玉米汤，不时地掀锅盖，热气从锅里涌出来，缭绕在店面上空，给人一种热气腾腾的感觉。尤其在冬天，这一招特别吸引人。

同时，这种小店，炉灶跟店面连在一起，他把炉灶做成白色的，妻子则穿着时髦的衣服，围了条白色围裙，站在炉边烤肉。

在夫妇两人齐心合力的经营下，小吃店的生意有了很大起色。年轻人一看发展的时机来临，立即着手准备扩展的计划。他让妻子亲自主持训练厨师，他自己则一有空闲就到外面去勘察地点，以备将来增设分店。

这时候的美国经济仍在阴霾的笼罩之下，豪华的餐厅，一家接一家地倒闭，而大众化的小吃店，却成为饮食业的一枝独秀。再加上年轻人经营的小吃店别具特色，生意就更加兴隆了，到了1932年，年轻人所经营的小吃店已增加到7家。

经过近30年的奋斗，年轻人拥有了大小餐馆近千家、员工3万多人、年营业额在4亿美元左右的大企业，创造这一奇迹的就是离世界500强企业只有一步之遥的梅瑞特公司的创办人约翰·梅瑞特。

很多人总是埋怨没有成功的机会，其实是因为他们没有发现机会的眼光。机会总是存在的，只要你善于捕捉，它往往就在你周围。在成功的道路上，如果你没有耐心去等待成功的到来，那么，你只好用一生的耐心去面对失败。

一、念一念　写一写

hè lián huáng fǔ 赫 连 皇 甫		yù chí gōng yáng 尉 迟 公 羊	
tán tái gōng yě 澹 台 公 冶		zōng zhèng pú yáng 宗 政 濮 阳	

二、读一读　记一记

伊甸园

伊甸园出自《圣经》。上帝在东方的一片富饶的平原上开辟了一个园子，里面有果树和各种飞禽走兽。上帝让亚当看守园子。为排解他的寂寞，上帝从亚当的身上取出一根肋骨，造成一个女人——夏娃，来陪伴他。他们过着无忧无虑的日子。人们用伊甸园比喻人间的乐园。

三、想一想　背一背

中华成语千句文——建筑园林(一)

大理三塔,交相辉映。古朴庄重,遗风余韵。

园林艺术,怡情养性。叠山理水,庭院深深。

移天缩地,小山假景。亭台楼阁,珠联玉映。

苏州园林,匠心独运。曲径通幽,移步换景。

茂林修竹,暗香疏影。诗情画意,人间仙境。

注:曲径通幽(qū jìng tōng yōu):曲,弯曲;径,路;幽,指深远僻静之处。弯曲的小路,通到幽深僻静的地方。

自我评价	任务完成情况	组长评价	教师签字
★★★			

★She's under the weather. 她心情不好。

成功或失败的理由，我没有时间

有个人很喜欢绘画，小时候被人称为神童画家，他便有了当画家的梦想。

可是随着年龄的增长，他先是忙于考理想的大学，又在大学毕业后忙于找一个好的工作，工作后为了发展还要忙于业务和人际关系，每天忙得焦头烂额。

一天，他找一份资料时，不经意间发现了小学时参加绘画比赛得的一摞获奖证书。看着褪了色的证书，想起年少时的梦，他的心不由得一阵悸动。

最后他无奈地叹道：我没有时间啊！要不我一定会成为画家的。

有一天，他在街上偶遇一个老朋友，那是他小学时美术班的同学，虽然多年没见，他还是一眼认出了他。因为这个昔日的同学早已成了闻名全国的国画大师，他曾在无数报纸上看过他的照片。聊了一些当年的事后，他们都很有感触。

然后这个年轻的国画大师便告辞了，说："我要回去画画了，没有时间和你多聊了。这些年能取得这样的成绩，就是因为没时间去做别的事啊！"看着朋友远去的背影，他怔在那里。当年在美术班里，他的成绩远远比这个同学好，可是时过境迁，他已成为一个太普通的人了。

命运真是捉弄人，他没有成为画家的理由是没有时间，而他的同学成为国画大师的理由也是没有时间。只是前者是没有时间去为了梦想而努力，后者却是没有时间去做梦想以外的事情，这样就造成了迥然不同的结局。

哲学家费尔德曾精辟地说成功与失败的分水岭可以用这么5个字来表达——我没有时间！

对于理想来说，只有把它变成脚下的路和生命的一部分，你才能用全部的时间去奔向它。如果你为了眼前的利益而把梦想挤远，那梦想只能是你怅然回首时一个遗憾的梦。

无论道路有多坎坷，只要你在不停地走，就一定能达到梦想的远方！

一、念一念　写一写

chún yú chán yú 淳 于 单 于	tài shū shēn tú 太 叔 申 屠
gōng sūn zhòng sūn 公 孙 仲 孙	xuān yuán líng hú 轩 辕 令 狐

二、读一读　记一记

禁果

禁果出自《圣经》。亚当和夏娃住在伊甸园中,上帝允许他们食用园中的果实,唯独"知善恶树"上的果实不能吃。狡猾的蛇引诱他们吃了禁果,从此他们懂得了善恶,辨别出真假,而且产生了羞耻之心。上帝因此将他们逐出伊甸园。禁果比喻被禁止得到而又渴望得到的东西。

三、想一想　背一背

中华成语千句文——寓言故事(一)

　　　　　寓言故事,引人入胜。言简意赅,妙趣横生。
　　　　　掩耳盗铃,自欺欺人。刻舟求剑,冥顽不灵。
　　　　　买椟还珠,舍质求文。画蛇添足,自作聪明。
　　　　　守株待兔,坐享其成。狐假虎威,仗势欺人。
　　　　　揠苗助长,欲益反损。邯郸学步,东施效颦。

注:① 赅(gāi):完备。

② 买椟还珠(mǎi dú huán zhū):椟,木匣;珠,珍珠。买下木匣,退还了珍珠。比喻只重外表、不重实质、没有眼光、舍本求末的人。又讽刺那些不了解事物本质,弃主求次的人。

自我评价	任务完成情况	组长评价	教师签字
★★★			

★The child sobbed sadly. 小孩伤心地抽泣着。

细节人生

平和帆在大学里是一对睡在上下铺的兄弟,大学毕业又去了同一城市的同一家报社,成为同事加好友,尽管他们的性格十分不同。

平性格文静,拘谨小心,做事井然有序,细致周到。从小到大,平一直是家里的好孩子、学校的好学生、单位的好员工。他走到哪里,哪里就干净整齐,一尘不染。被子叠得像豆腐块,每天换衣换袜子,出门之前三检查——钥匙、钱包和月票,买东西不厌其烦先问三家,每天上、下班永远踩着不变的时间和步伐。写起文章来更是精耕细作,字字推敲,无一错字,挑不出一点毛病,但通篇平淡无奇,读来全然无味,毫无印象。

帆正相反,性格豪爽,自由散漫,做事不拘小节,粗枝大叶。帆从小到大,总是让家长、老师和单位领导操心,他走到哪里,哪里就会变得凌乱不堪。早晨起来总是不叠被子,两只脚常常穿不同色的袜子,出门经常忘带钥匙,坐车有时候坐过好几站。写起文章来却是大笔一挥,文如泉涌,一泻千里,虽然有时错字连篇,却挡不住其文才和神韵,特别是结尾处,总是神来一笔,出奇制胜,读后令人回味无穷,久久难以释怀。

参加工作后不久,有一天,平和帆晚上下班,去附近一家小饭店吃饭。服务员过来倒茶,递上菜牌。平接过来,看了一会儿,说:"谁是老板?叫你们老板来!"然后把菜牌递给帆,帆看了一眼,也说:"对,找你们老板来。"

服务员不知何事,赶紧把饭店老板找来。老板年纪不大,也是外地人,他不知眼前两位来者何事,有点担心害怕。平看看他,说:"你们家的菜牌上有5个错别字,请你改过来。"

老板一听,笑了,连声说:"谢谢,我这就改"。说完转身就要走。帆叫住了他,顺手拉过旁边一把椅子,说:"来,坐下,我是报社记者,我发现你们家的菜价比别人家的平均便宜三分之一,这样还赚钱吗?"

老板一看是记者想采访,就放心了,一一道来。他越谈越投入,把自己这几年经营过程中的酸甜苦辣一股脑倒给帆听。帆回去后,连夜写出一篇深刻且生动的《小老板的故事》。文章刊出后,反响很好,帆又连续采写了十位小老板创业的故事,引起很大反响。

现在,几年过去了,帆已是南方某大报总编,并出版了好几本专著。平仍然留在原来的城市,原来的报社。前不久,由于报社改制,他没有被原部门应聘,调到检查科作校对了。他曾经想给帆写封信,想调到他所任职的报社工作,但是最终没有下笔。

大智的人可以在细节上错得颇多,但其整体却是对的。小智者却相反:细节都对,但加起来却是错了。

一、念一念　写一写

zhōng lí yǔ wén 钟　离　宇　文			zhǎng sūn mù róng 长　孙　慕　容		
xiān yú lǘ qiū 鲜　于　闾　丘			sī tú sī kōng 司　徒　司　空		

二、读一读　记一记

多米诺骨牌

多米诺骨牌是一种西洋游戏,将许多长方形的骨牌竖立排列成行,轻轻推倒第一张牌,其余骨牌将依次纷纷倒下。"多米诺骨牌效应"常指一系列的连锁反应,即"牵一发而动全身"。

三、想一想　背一背

中华成语千句文——寓言故事(二)

运斤成风,神乎其神。叶公好龙,徒有虚名。

杞人忧天,荒诞不经。杯弓蛇影,疑鬼疑神。

滥竽充数,混淆视听。井底之蛙,孤陋寡闻。

南辕北辙,背道而行。黔驴技穷,无计可生。

塞翁失马,祸福相生。愚公移山,有志竟成。

注:荒诞不经(huāng dàn bù jīng):荒诞,荒唐离奇;不经,不合常理。形容言论荒谬,不合情理。

自我评价	任务完成情况	组长评价	教师签字
★★★			

★The rumor had no basis. 那谣言没有根据。

名人求职记

李咏：处变不惊

1991年7月，李咏刚从北京广播学院（现已更名为中国传媒大学）毕业，就参加了中央电视台的招聘考试。面试当天，中央电视台把内部的闭路电视全部开通，台里所有人都能看到面试现场的画面，考场台下也黑压压的全是人。初出茅庐的李咏有点儿紧张，但他及时调整自己的心态，随着面试的进行，他逐渐适应了这种场面。

当时在打海湾战争，考官就问海湾都有哪些国家。李咏搜肠刮肚说了一些，唯独少了伊拉克，台下马上就有人质问，李咏想都没想，脱口而出："联合国正制裁呢，那是'敌'国呀！"一句话让台下的人全乐了，李咏由此给考官留下了深刻的印象，顺利地进入了中央电视台，为日后成为大陆综艺节目"一哥"奠定了基础。

毕福剑：不落窠臼

20世纪80年代中期，毕福剑从部队退伍到地方后，曾有一段时间在家待业。一天，他在街头看到北京广播学院（现已更名为中国传媒大学）导演系招生的广告，便抱着"玩一把"的心态花4元钱报了名。之后，他参加了导演系组织的集体面试。考官给毕福剑所在的6人小组出的小品题目是《公共汽车站》，要求在5分钟之内设计构思，3分钟表演完毕。6人中一个小伙子挺身而出，主动做了临时头目，组织牵头落实了剧情，并给其他人分配角色：司机、售票员、逃票者、劝架者，不知是有意还是无意，他没有给毕福剑分配角色。小品表演的场面很热闹：车到站，逃票青年要下车，被售票员死死拽住，并告知司机不要开车门，以防逃票者逃跑……毕福剑只是在一旁看热闹。

3分钟的表演时间很快结束，考官愣是没看明白毕福剑演什么角色，便问他："你在小品中演什么角色？"毕福剑回答说："我演的是观众。有司机、有售票员、有逃票的，没观众可不行。"凭借不落俗套的回答，毕福剑顺利进入了复试，从而最终被导演系录取。

没想到近千名应聘者只有他笑到了最后。拿到录取通知书的当天，毕福剑感叹道："我做梦也想不到这么幸运的事会落到我头上。当初我若知道最终只招一人，打死我也不敢报名啊！"

一、念一念　写一写

qí guān sī kòu 亓 官 司 寇	zhǎng dū zǐ chē 仉 督 子 车
zhuān sūn duān mù 颛 孙 端 木	wū mǎ gōng xī 巫 马 公 西

二、读一读　记一记

象牙塔

象牙塔出自 19 世纪法国诗人、文艺批评家圣佩韦·查理·奥古斯丁的书函《致维尔曼》。奥古斯丁批评同时代的法国作家维尼作品中的悲观消极情绪，主张作家从庸俗的资产阶级现实中超脱出来，进入一种主观幻想的艺术天地——象牙之塔。"象牙塔"被用来比喻脱离现实生活的文学家和艺术家的小天地。

三、想一想　背一背

中华成语千句文——民间传说（一）

民间传说，通俗易懂。娓娓道来，回味无穷。

情爱无价，冲破樊笼。惩恶扬善，家传户颂。

牛郎织女，恩深爱重。男耕女织，其乐融融。

天命难违，劳燕西东。仙尘路隔，泪如泉涌。

咫尺天涯，目断飞鸿。鹊桥相会，犹恐梦中。

注：樊笼(fán lóng)：关鸟兽的笼子，比喻受束缚而不自由的境地。

自我评价	任务完成情况	组长评价	教师签字
★★★			

★They praised him highly. 他们大大地表扬了他。

不需能干，只要肯干

通用公司西雅图分部要招聘1名后勤副经理，进入最后大名单的有10人。根据公司的规定，他们必须实习三个月，并且通过公司的考核后，才能知道谁是最后的胜利者。

这三个月来，每个人都准时上下班，在自己的岗位上兢兢业业，谁也不敢大意，每一个人都认为自己将会被公司留用。时间过得很快，三个月后的一天，公司人事经理将10名员工召集在公司大楼门口，他宣布了公司的人事决定："最后被留用的，是你们中的雷克。"消息一出，顿时炸了锅："怎么会是雷克，他干活又慢又笨，而且还只有高中学历。""是呀，雷克原来可是清洁工，难道我们还不如一名扫大街的？"

人事经理示意大家不要说话，他指着公司门口说："你们看见没，我们公司大楼的位置正处于一个风口，这里上午刮西南风，下午刮东北风。刮风的时候，大风会从各处带来很多垃圾，一片片地堆积在公司门口，满眼看去，尽是些纸片、塑料袋，看起来非常不雅观。"

"这和我们的工作有什么关系吗？"有人问经理。"当然有，"经理说，"你们每天下班时，都会从这些垃圾面前走过，除了雷克，你们都表现得熟视无睹。而雷克却不一样，他每天下班后，都要多干一会儿，就是把公司门前的这些垃圾清扫干净。有一天，总经理下班时，正好碰见雷克在扫垃圾。第二天，他就向我打听那位扫垃圾的小伙子是谁。所以，你们不要抱怨，最后的决定是总经理下的。但是，总经理让我转告你们，清除垃圾只是举手之劳，为什么你们不愿意去做？在这件简单的事情上，我们通用的用人观点是，不需要你的'能干'，而是需要你的'肯干'。现在，你们明白只有高中学历的雷克为什么会被录用吗？"

人事经理的一番话，说得大家心服口服。

靠手脚去做事，你会成为合格员工；靠头脑去做事，你会成为优秀员工；而用心去做事，去完成那些让上级感动的任务，你就会成为一名企业需要的卓越员工。

一、念一念　写一写

qī diāo yuè zhèng 漆 雕 乐 正				rǎng sì gōng liáng 壤 驷 公 良			
tuò bá jiá gǔ 拓 拔 夹 谷				zǎi fǔ gǔ liáng 宰 父 谷 梁			

二、读一读　记一记

滑铁卢

1815 年,在比利时的滑铁卢,拿破仑率领法军与英国、普鲁士联军展开激战,法军惨败。随后,拿破仑以退位结束了其政治生涯。"滑铁卢"被用来比喻惨痛的失败。

鳄鱼的眼泪

西方传说,鳄鱼捕到猎物时,一边贪婪地吞噬猎物,一边假惺惺地流泪。喻指虚假的眼泪,伪装的同情。又被引申为一面伤害别人,一面装出悲天悯人的阴险狡诈之徒。

三、想一想　背一背

中华成语千句文——民间传说(二)

白蛇素贞,翩若惊鸿。断桥结缘,情之所钟。

水漫金山,临危不恐。雷峰塔下,不改初衷。

征夫白骨,十室九空。孟姜寻夫,忧心忡忡。

千里送衣,水复山重。哭倒长城,天地动容。

梁祝同窗,行吟坐咏。草桥结拜,十八相送。

海枯石烂,生死与共。化蝶双飞,千古传诵。

注:翩若惊鸿(piān ruò jīng hóng):比喻美女的体态轻盈。

自我评价	任务完成情况	组长评价	教师签字
★★★			

★Winter is a cold season. 冬天是一个寒冷的季节。

这些话，别跟老板说

"不是我的错。"当公司或团队中发现一个问题，即使与你毫不相干，也千万别说"不是我的错"。因为这个问题肯定与老板有关，此时应该尽量帮助出出主意，这也是表现能力的一个机会。

"这事没法做"或"这事一直就是这么做的"。面对难以应付的工作应该努力寻找处理途径，帮助老板理清思路。

"目前境况令我很高兴。"此类话语的潜台词是："我不愿尝试新的任务。"

"我需要一个更大的头衔。"在如今的职场中，头衔不能直接体现你对公司的贡献和价值。"做出业绩"应摆在首位，"寻求位置"则应放在最后。

"我效率很高，从不加班。"员工应该从来不计较投入的时间，埋头工作，了解公司和客户才最重要。很多重要信息及策划通常都是在"非上班"时间发生的。

"我只认识本部门的人。"没有人是一座孤岛，务必了解公司各部门的负责人、其理念及做事方法以及你的团队与其他部门的关系。

"这次该轮到我晋升了。"在现代职场中，"资格"不再是值钱的"古董"。贡献的大小、特殊技能及与公司各部门的协调能力等，才是个人进步的关键。

"我没啥新内容要汇报。"对自己从事的事情保持沉默或言语不多，给老板的信号是"你工作投入不够"。老板欣赏的是创新和效率。

"技术我不在行。"要明白"科学技术让我们的工作效率更高"的道理。一方面，要保持强烈的求知欲，加强学习；另一方面，过分谦虚就是骄傲。要积极表现自己，随时在同事们面前露几手。

一、念一念　写一写

jìn chǔ yán fǎ 晋 楚 闫 法	rú yān tú qīn 汝 鄢 涂 钦
duàn gān bǎi lǐ 段 干 百 里	dōng guō nán mén 东 郭 南 门

二、读一读　记一记

山姆大叔

　　山姆大叔是美国的绰号,产生于 1812 年美英战争时期。纽约州一位诚实能干的肉类包装商被人们亲切地称为"山姆大叔"。战争期间,他担任纽约州和新泽西州的军需检验员,负责在供应军队的牛肉桶和酒桶上打戳。人们发现该厂的牛肉桶上都盖有 E. A—U. S. 标记。本来,E. A 是一个军火承包商的名字,U. S. 是美国的缩写。碰巧山姆大叔(Uncle Sam)的缩写与美国的缩写(U. S.)相同,人们就管美国叫"山姆大叔"。美国人把"山姆大叔"诚实可靠、吃苦耐劳以及爱国主义精神视为自己民族的骄傲和共有的品质。1961 年,美国国会正式承认"山姆大叔"为美国的民族象征。

三、想一想　背一背

中华成语千句文——民间传说(三)

　　　　嫦娥奔月,寂寞深宫。碧海青天,闲愁万种。
　　　　哪吒闹海,波涛汹涌。初生牛犊,只手擒龙。
　　　　莲花宝灯,法力无穷。沉香救母,胆壮心雄。
　　　　颠僧济公,衣敝履空。抱打不平,博施济众。
　　　　八仙过海,各显神通。悠然自得,乐在其中。

注:① 哪吒(né zhā):中国古代神话中神的名字。
　　② 衣敝履空(yī bì lǚ kōng):衣服破烂,鞋子穿孔,形容贫穷。

自我评价	任务完成情况	组长评价	教师签字
★★★			

★You can call me any time. 你可以随时打电话给我。

187

大公司的小规定

在一家世界500强公司谈完事情，送我出去时，部门经理一边说着"等我一分钟"，一边把办公桌上演示给我看的资料、模型等物归原位。因为他们公司有一项"一分钟桌面清理"规定，要求每位职员在离开办公室时，必须保证办公桌是清洁整齐的。

想起我办公桌上用各种出版物、文件、光盘、名片盒、手套甚至巧克力等堆积成的小山，我思忖着在这家公司工作可能有的结果，因为不合规定被解雇，还是最终养成了随手清洁桌面的好习惯？如果违反规定意味着一定程度的经济处罚，我可能宁愿选择后者。

很多优秀的公司都有小规定。

在某国际大型连锁超市工作的朋友向我透露，他们公司有一个奇怪的规定，去机场接客户时，手里举的牌子不可以写接机对象的全名以及所属公司的名称，只能写姓，如"接张先生"之类，据说是出于保护公司的机密的需要。

这个规定有时让他们颇费周折，因为对方常常忽略他们举的牌子，到最后还得靠电话联系。牌子虽然没用，但还得举着，这是为了礼仪。

还有的公司虽然没把规定写在纸上，却"弥漫在空气里"。在奢侈品公司工作的朋友这样形容：从头到脚，如果没有一件带有本公司产品logo的东西，就会像少穿了什么衣服般失落，或者像迷失的羔羊一样感到被孤立。

规定一般辅之以惩罚才能贯彻。一家不坐班的广告公司，为了让一周一次的例会准时举行，颁布了迟到者请吃饭的"微笑规定"。在连续两周"微笑"请客之后，一位我认识的老兄终于笑不出来了。公司共30多人，吃一次需要摆三桌，只点20元以下的菜也得花费500元以上。迟到一次成本500元，那点想纵容自己的小惰性与之相比，实在算不得什么，不要也罢。

还有的公司则罚之以当众背公司手册。这种惩罚的缺陷在于，随着背诵熟练程度的提高，惩罚的难度在降低，看来公司手册要不停地出2.0、3.0的更新版才行。

一旦规定形成，只要赏罚分明并且有一定道理，还是能够赢得员工的理解的。比如连锁超市接机的朋友，他在讲述公司规定时，没有牢骚，而是尊敬，似乎为自己服务于一家有原则的公司而庆幸。

甚至可以这么说，大公司之所以成为大公司，正是因为贯彻了无数类似的小规定，于细节之处建筑起磅礴大业。而时间长了，这些规定也就成了公司文化的一部分。

一、念一念　写一写

hū yán guī hǎi 呼 延 归 海	yáng shé wēi shēng 羊 舍 微 生
yuè shuài gōu kàng 岳 帅 缑 亢	kuàng hòu yǒu(yòu) qín 况 郈 有 琴

二、读一读　记一记

相传中国古时候有一种叫"年"的怪兽,头长尖角,凶猛异常。"年"长年深居海底,每到除夕,爬上岸来吞食牲畜,伤害人命,因此每到除夕,人们就会逃往深山以躲避"年"的伤害。这年的除夕,乡亲们正逃往深山时,村东头来了一个白发老人,他对一户老婆婆说只要让他在她家住一晚,他定能将"年"驱走。众人不信,老婆婆也劝其上山躲避,老人却坚持留了下来。当"年"像往年一样准备闯进村肆虐的时候,突然传来爆竹声,"年"浑身战栗,再也不敢向前凑了,仓皇而逃。第二天,人们回到村里,发现村里安然无恙,才恍然大悟,原来"年"最怕红色、火光和炸响。从此,每年的除夕,家家都贴红对联,燃放爆竹,户户灯火通明,守更待岁。这风俗越传越广,成了中国民间最隆重的传统节日——"过年"。

三、想一想　背一背

中华成语千句文——戏曲小说(一)

戏曲杂剧,喜闻乐见。曲尽其妙,动人心弦。

梨园弟子,优孟衣冠。惟妙惟肖,活灵活现。

窦娥奇冤,动地感天。待月西厢,天假良缘。

长生殿内,悱恻缠绵。血溅桃扇,柔肠寸断。

京剧国粹,鳌头独占。粉墨登场,锣鼓喧天。

科班出身,字正腔圆。抑扬顿挫,有板有眼。

生旦净丑,争奇斗艳。各擅胜场,众口交赞。

注:① 悱恻缠绵(fěi cè chán mián):心绪悲苦而不能排遣。

② 鳌头独占(áo tóu dú zhàn):鳌头,宫殿门前台阶上刻的鳌的头,科举进士发榜时状元站此迎榜,皇帝在殿前召见新考中的状元、榜眼等。原指科举时代考试中了状元,现泛指居首位或第一名。

自我评价	任务完成情况	组长评价	教师签字
★★★			

★All for one, one for all. 我为人人,人人为我。

三招助你轻松入职场

每一个初入职场的年轻人都想很快适应工作,创造不错的业绩,但是往往事与愿违,不是感到工作不适应,就是感觉和同事不好相处,自然谈不上施展才华,建功立业。其实初入职场只要掌握一些方法,就会事半功倍。

第一招:缩短新人期。

初入职场者,同事会以挑剔的眼光看你,会拿着显微镜去发现你的缺点与不足。这时如果你真的有什么缺点,你的缺点就会被放大。时间一长,大家彼此熟悉后,这种情况就不会出现了,你有了缺点,大家也会包容你。初入职场者一定要想方设法缩短新人期时间,以最快的速度融入新集体之中,营造和谐稳定的工作氛围。一要冷静对待别人对你的挑剔,不能与人针尖对麦芒地对着干。二要多说好话。要经常适当地给同事以赞美,见人减岁,见衣加价,人都有这种心理,好赖话一样说,我们何必做出费力不落好的事呢?三要谦虚。初到一个地方,肯定有不少你不懂的地方,你决不能不懂装懂,一定要勤学好问,甘心认有经验的同事领导为师,学习他们的长处,克服自身不足。

第二招:勇挑重担。

挑重担多干活,就会得到更多锻炼的机会。人常说,经验大于学问,任何工作做来就是经验,经验就是自己最宝贵的财富。能力是逼出来的,只有逼才能激发潜能。在办事过程中,能力不知不觉中就会得到提升,久而久之,不但赢得了好口碑,更重要的是发展了自己,成就了自己,从而受益终生。著名企业家、阿里巴巴集团主要创办人马云曾说:这世界没有优秀的理念,只有脚踏实地的结果。不愿、不敢去挑重担,最终只能是庸庸碌碌,到头来两手空空。初入职场者只有勇挑重担,才能迅速成长。要达到单位离开了你,有些工作就做不了的程度,你的地位才稳固。

第三招:以德立身。

德是立身之本,人无德而不立。初入职场者若想做到以德立身,必须做到"一活三稳"。一活即心眼活,三稳即嘴稳、手稳、心稳。做人的"心眼"活一点,成功的机会就会多一点。当"肉眼"被环境左右时,"心眼"却能左右环境。如果用心观察,你就会发现,那些在生活中春风得意的人都是做人的高手! 这些人之所以能取得成功,之所以能赢得他人的尊敬和社会的认同,关键在于他们掌握了做人的智慧。"心眼"灵活的人,凡事多为他人着想,多考虑别人的感受。

三稳第一要"嘴稳"。"嘴稳"就是不乱说话,静坐常思己过,闲谈莫论人非。不应该问的不问,不应该说的不说。第二要"手稳"。"手稳"就是不应该用的东西不用,不应该拿的东西不拿。无论是单位的东西也好,私人的物品也好,再好再多,如果不属于自己的千万不能拿。别人拿不拿,是别人的事,一定要管住自己。要知道贪小便宜吃大亏,会被别人看不起。第三要"心稳"。"心稳"即要保持一颗从容淡定的心,不急功近利,不急躁冒进。没有从容,难以获取。真正的波涛都在平静后,真正的深厚就孕育在平和里,真正的成功就在从容中稳步获取。面对风雨,岿然不动,宠辱不惊,风云在握,就会拥有并赢得整个世界。

一、念一念　写一写

liáng qiū zuǒ qiū 梁　丘　左　丘	dōng mén xī mén 东　门　西　门
shāng móu shé nài(èr) 商　牟　佘　佴	bó shǎng nán gōng 伯　赏　南　宫

二、读一读　记一记

神舟飞船为什么选在晚上发射

　　我国的神舟飞船的发射时间基本上都是选择在凌晨和子夜。据有关专家介绍,飞船发射时机的选择要考虑各种各样可能影响发射的因素,其中,气象因素往往是最关键、最直接的决定性因素。在综合考虑判断的基础上,最终确定下来的一天中的某一个时间段会作为飞船发射的时机,这个时间段被称为"发射窗口"。神舟飞船的发射窗口之所以选择在夜晚,最重要的原因是便于飞船发射升空时,地面的光学跟踪测量设备易于捕捉到跟踪目标。道理很简单,在漆黑的夜空中,喷射着火焰向太空飞行的载有飞船的火箭非常显眼和突出。

三、想一想　背一背

中华成语千句文——戏曲小说(二)

古典小说,雅俗共赏。　四大名著,不朽篇章。
才子佳人,帝王将相。　市井之徒,纨绔膏粱。
悲欢离合,荣辱兴亡。　人情冷暖,世态炎凉。
呼之欲出,跃然纸上。　百读不厌,击节称赏。

　　注:纨绔膏粱(wán kù gāo liáng):膏粱,精美的食品,借指只知享受,什么事也不能干的富贵人家子弟。

自我评价	任务完成情况	组长评价	教师签字
★★★			

★East,west,home is best. 金窝,银窝,不如自己的草窝。

职场成长之路：让你受益一生的老话

让你受益一生的老话：一斗米养个恩人，一石米养个仇人。

当别人遇到困难时，雪中送炭、江湖救急，受助者必定感恩戴德，当然只有极个别人除外。持续的帮助，却会冲淡"恩情"，对方会将你的帮助看成他应得的福利，并且期待更多，一旦帮助中断或减少，对方往往会理解为利益受损，进而心生怨恨。所以说，帮助虽是善行，但毫无理性的"妇人之仁"，只会损害美德，于人于己无益。

多下及时雨，少放马后炮。

老话说得好：多下及时雨，少放马后炮。世上的"热心人"很多，他们最大的爱好是给别人贡献意见，当别人失误了，遭受挫折了，不待邀请，这些人便主动站出来，担任"评论员"和"批评家"，讲一些于事无补的话——"你应该这样……""你不该那样……""假设你当初……就不会这样"。但是，好话一箩筐，不如在别人遇到困难时，提供一点点实质性的帮助。

叫人不蚀本，舌头打个滚。

与人相处，主动的人往往"吃得开"。路上见了熟人，必定主动打招呼，好像见了亲人一样；同事相见，从不忘了一声问候；在领导面前，从不忘了请示、汇报；跟朋友相交，无事不中断联络，有事随叫随到；在家人面前，进出都有交代，从不独来独往。所有这一切，做起来都不难，却能树立可亲可爱、可以信赖的形象。

不挑担子，不知轻重。

年轻人喜欢指点江山，问他们最喜欢谁，从尧舜算起，一直算到顶头上司这儿，怕也没有一个心悦诚服的对象，最后，很多人说：我最崇拜自己。为什么最崇拜自己？因为别人都不行，不知靠什么运气占着那个位置，漂亮活没干几件，蠢事、坏事倒干了不少，"假如让我来做……"那可强多了！年轻人高看自己一眼，为自己鼓劲、打气，没有什么不好，但是，不要将天下事想象得太容易，不管做什么事业，都要做好长期坚持的打算，做好打苦仗、硬仗、恶仗的心理准备。

千招要会，一招要好。

技艺的高度决定事业的高度，唱歌唱到邓丽君那水准，自然成"大腕"；选秀节目的小男生、小女生，网络吹起来的"红人"，人气足而技艺不足，闪闪光就完了。其他行当也是如此。你的位置最终由技艺的高低决定。你不妨盘点一下自己，最拿手、最得意、最要紧的那项技艺，到了什么高度？在排行榜上可以排多少位？然后你就知道你目前该待在什么位置，以及未来怎样提高。

不怕人不请，就怕艺不精。

人在职场，一个基本理念是：凭本事吃饭，靠业绩取胜。还有，不要给别人找麻烦。凭此两条，走遍天下，无往不利。许多人总结自己职场不利的原因，认为是不善于吹拍逢迎。但是，老板找员工，不是为了找朋友、找亲戚，而是为了找"助手"，帮自己把工作干好，所以，有本事、会办事的人才，不愁找不到好老板、好位置。

一、念一念　写一写

mò hǎ qiáo dá 墨 哈 谯 笪			nián ài yáng tóng 年 爱 阳 佟	
dì wǔ yán fú 第 五 言 福			《 bǎi jiā xìng 》zhōng 《 百 家 姓 》终	

二、读一读　记一记

下水管道巧疏通

楼房卫生间、蓄水池的下水管拐弯处常有纤维、食物等堵塞现象。可在木棒一端缠上棉花,使它比下水管口略粗,再用细铁丝缠紧,把下水管口灌满水,再把缠有棉花的木棒一端塞进下水管中,用力下压,由于水能传递压强,因而可打通下水管。

三、想一想　背一背

中华成语千句文——戏曲小说(三)

　　　　齐天大圣,百炼成钢。腾云驾雾,登界游方。
　　　　大闹天宫,横冲直撞。呵佛骂祖,作乱犯上。
　　　　西天取经,水阔山长。荆棘塞途,路在何方?
　　　　妖魔鬼怪,魑魅魍魉。荼毒生灵,兴风作浪。
　　　　行者悟空,从天而降。火眼金睛,东张西望。
　　　　神通广大,变幻无常。降妖除魔,遇难呈祥。

注:① 魑魅魍魉(chī mèi wǎng liǎng):指形形色色的坏人。

　　② 荼毒生灵(tú dú shēng líng):荼毒,毒害,残害;生灵,指百姓。指残害人民,伤害百姓。

自我评价	任务完成情况	组长评价	教师签字
★★★			

★I'm so sorry about this. 对此我非常抱歉(遗憾)。

购买泥土

三个年轻人一同结伴外出，寻求发财机会。他们来到了以盛产苹果著称的辽南地区。在一个偏僻的山镇，他们发现了一种又红又大、味道香甜的苹果。由于地处山区，信息、交通都不发达，这种优质苹果仅在当地销售，售价非常便宜。

第一个年轻人望着这些苹果，双目发亮。他立刻倾其所有，购买了10吨最好的苹果，运回家乡，以比原价高两倍的价格出售。然后又返回购买，销售。这样往返数次，他成了家乡第一个万元户。

第二个年轻人望着这些苹果，沉思片刻。他用了一半的钱，购买了100颗最好的苹果苗，运回家乡，承包了一片山坡，把果苗栽种上。整整三年的时间，他精心看护果树，浇水灌溉，没有一分钱的收入。

第三个年轻人望着这些苹果，凝眸深思。一连几天，他什么也不买，只是围着果园东走走，西看看。最后，他找到果园的主人。主人问他："你看好哪片苹果？想出多少钱？"

他笑着摇摇头，用手指指果树下面，说："我想买些泥土。"

主人一愣，接着摇摇头说："不，泥土不能卖。卖了还怎么长果？"

他弯腰在地上捧起满满一把泥土，恳求说："我只要这一把。请你卖给我吧！要多少钱都行！"

主人看着他，笑了："好吧，你给一块钱拿走吧。"

他带着这把泥土，返回家乡，把泥土送到农业科技研究所，化验分析出泥土的各种成分、湿度等。然后，他承包了一片荒山坡，用了整整三年的时间，开垦、培育出与那把泥土一样的土壤。然后，他在上面栽种上苹果树苗。

现在，10年过去了。这三位一同结伴外出寻求发财的年轻人命运迥然不同。第一位购买苹果的年轻人现在每年依然还要去购买苹果，运回来销售；但是因为当地信息和交通已经发达，竞争者太多，所以每年赚的钱很少，有时甚至不赚或者赔钱。第二位购买树苗的年轻人早已拥有自己的果园，但是因为土壤不同，长出来的苹果较之有些逊色，但是仍然可以赚到相当的利润。第三位购买泥土的年轻人，也是最后拥有并收获苹果的人，他种植的苹果果大味美，与原来的苹果相比不差上下，每年秋天引来无数竞相购买者，总能卖到最好的价格。

一、念一念　写一写

qián kūn yǒu xù 乾　坤　有　序			yǔ zhòu wú jiāng 宇　宙　无　疆		
xīng chén mì bù 星　辰　密　布			dǒu bǐng zhǐ háng 斗　柄　指　航		

二、读一读　记一记

照明节能

　　日光灯具有发光效率高、光线柔和、寿命长、耗电少的特点,一盏 14 瓦节能日光灯的亮度相当于 75 瓦白炽灯的亮度,所以用日光灯代替白炽灯可以使耗电量大大降低。在走廊和卫生间可以安装小功率的日光灯。看电视时,只开 1 瓦节能日光灯,既节约用电,收看效果又理想。还要做到人走灯灭,消灭"长明灯"。

三、想一想　背一背

中华成语千句文——戏曲小说(四)

　　　　　　逼上梁山,地煞天罡。铤而走险,雄踞一方。
　　　　　　歃血为盟,捻土为香。有福同享,有难同当。
　　　　　　啸聚山林,其应如响。劫富济贫,敢作敢当。
　　　　　　梁山好汉,破军杀将。水来土掩,兵来将挡。
　　　　　　水泊梁山,固若金汤。替天行道,除暴安良。
　　　　　　聚义而兴,迁忠而亡。轰轰烈烈,生死何妨。

　　注:歃血为盟(shà xuè wéi méng):歃血,古代会盟,把牲畜的血涂在嘴唇上,表示诚意;盟,宣誓缔约。泛指发誓订盟。

自我评价	任务完成情况	组长评价	教师签字
★★★			

　★ I can't afford a new car. 我买不起一部新车。

起死回生

第二次世界大战后受经济危机的影响,日本工厂效益很不景气,失业人数陡增。

一家濒临倒闭的食品公司为了起死回生,决定裁员三分之一。有三种人名列其中:一种是清洁工,一种是司机,一种是无任何技术的仓管人员。三种人加起来有30多名。经理找他们谈话,说明了裁员意图。

清洁工说:"我们很重要,如果没有我们打扫卫生,没有清洁、优美、健康有序的工作环境,你们怎么会全身心投入工作?"

司机说:"我们很重要,这么多产品没有司机怎能迅速销往市场?"

仓管人员说:"我们很重要,战争刚刚过去,许多人挣扎在饥饿线上,如果没有我们,这些食品岂不要被流浪街头的乞丐偷光?"

经理觉得他们说的话都很有道理,权衡再三决定不裁员,重新制定了管理策略。最后经理令人在厂门口悬挂了一块大匾,上面写着:"我很重要"。每天当职工们来上班,第一眼看到的便是"我很重要"这4个字。不管一线职工还是白领阶层,都认为领导很重视他们,因此工作也格外地卖力。

这句话调动了全体职工的积极性,几年后公司迅速崛起,成为日本有名的公司之一。

如果你是一名好的员工,那么你对这个职位来说是不可缺少的,对整个公司来说也是不可缺少的。人人都是平等的,千万不要小看了自己。

一、念一念　写一写

zhòu bái yè hēi 昼　白　夜　黑			rì míng yuè liàng 日　明　月　亮		
fēng chí xuě wǔ 风　驰　雪　舞			diàn shǎn léi xiǎng 电　闪　雷　响		

二、读一读　记一记

电视机节能

　　电视机的最亮状态比最暗状态多耗电 50%～60%；音量开得越大，耗电量也越大。所以看电视时，亮度和音量应调在人感觉最佳的状态，不要过亮，音量也不要太大。这样不仅能节能，而且有助于延长电视机的使用寿命。有些电视机只要插上电源插头，显像管就预热，耗电量为 6～8 瓦。所以电视机关上后，应把插头从电源插座上拔下来。

三、想一想　背一背

中华成语千句文——戏曲小说（五）

红楼梦幻，迷离惝恍。假语村言，谁解痴狂。

通灵宝玉，惜玉怜香。寻愁觅恨，似傻如狂。

黛玉葬花，百结愁肠。风刀霜剑，满目凄凉。

金玉良缘，水月镜像。木石前盟，殒玉消香。

贾王史薛，金玉满堂。功名利禄，一枕黄粱。

飞鸟投林，渺渺茫茫。太虚幻境，世事无常。

注：迷离惝恍（mí lí chǎng huǎng）：形容模糊而难以分辨清楚。

自我评价	任务完成情况	组长评价	教师签字
★★★			

★I do want to see him now. 我现在确实很想去见他。

共振和创业

在 17 世纪，克里斯蒂安·惠更斯发明了摆钟。他把几个钟挂在房间的墙上，每个钟摆各自摆动着。惠更斯发现，不一会儿，所有的钟摆开始以精确的、同步的节奏摆动。他得出了这样的理论：钟表的声波进入了墙壁，与每个钟摆各自的摆动相互作用，从而带动所有的钟摆以同样的节奏摆动。惠更斯的这个理论现在已经是一个广泛接受的物理原理，被称为"共振原理"。

当你开始憧憬梦想的时候，你梦想的节奏也会受到像墙壁对室内所有其他声音做出回应那样的影响，你是否梦想房间里有你想要共振的节奏。

小的时候，当你想要或是想买某样东西时，你要知道去恳求父母中的哪一方，因为他（或是她）会比另一方更支持你的想法。做学生的时候，你要知道哪一位老师能够解答你所思考的难题。即使现在，你要知道哪一位管理人、老板或是同事能够和你产生最和谐的振动。

如果你在考虑建立或是购入你自己的企业，你就要多和那些曾经是或者现在是创业人士的人在一起。不要和那些絮絮叨叨、老爱唱反调的人一起工作。他们传出的振动是"不能做"和"不可能完成"，而且他们的影响是那么强烈，如果你留在他们身边，他们就会像钟表背后的墙一样，使你随着他们的频率摆动。这会阻止你实现梦想。

你必须让自己被那些在这方面成功的人——那些了解你在追逐梦想过程中所需要的人——围绕着。

一、念一念　写一写

yún téng zhì yǔ 云 腾 致 雨			lù jié chén shuāng 露 结 晨 霜		
hóng ní xiá huī 虹 霓 霞 辉			wù chén báo jiàng 雾 沉 雹 降		

二、读一读　记一记

电冰箱节能

　　电冰箱应放置在阴凉通风处,决不能靠近热源,以保证散热片能很好地散热。使用时,尽量减少开关门次数和缩短开关门时间。电冰箱内的食物不要塞得太满,食物之间要留有空隙,以便冷气对流。准备食用的冷冻食物,要提前在冷藏室里慢慢融化,这样可以降低冷藏室温度,节省电能消耗。

三、想一想　背一背

中华成语千句文——侠义精神(一)

中国功夫,强身健体。内外双修,刚柔相济。

气沉丹田,调心整息。动若脱兔,静若处子。

少林武当,武林圣地。南拳北腿,神乎其技。

拳经剑谱,不传之秘。勤学苦练,十年面壁。

自我评价	任务完成情况	组长评价	教师签字
★★★			

★ I suppose you dance much. 我想你常常跳舞吧。

职业面容

在开口说话之前，我们总会盯一眼来人的脸。面容是人最具个性的身体部位，因此各种证件照片上都是面容，而不是一个膝盖或一个巴掌。面容当然不会比指纹更能精确记录差异，但面容比指纹多了一份情感的流露，多了一份隐约可辨的文化和历史，于是总在我们的记忆中占据焦点位置。忧郁的目光，欢乐的眉梢，傲慢的鼻尖，清苦的面颊，智慧的前额，仁厚的下巴，守住了千言万语的嘴角，总是不知何时突然袭上心头，让我们生出片刻的恍惚。在谁也没有注意的时候，一个宁静的侧面，一个惊讶的蓦然回头，一个藏在合影群体角落里的默默凝视，都可能会让我们久久地梦绕魂牵：如今你在何处？

面容的浮现和消失组成了我们的人生。"见面"成了我们人生的一个又一个开始。

这样看来，要想在自己的脸上展现其他人的阅历，还真不是一件容易的事情。这就是演员难能可贵的原因。一位奶油小生要演出帝王的胸中城府，一位纯情少女演出娼妓的红尘沧桑，该是多么的不易。人们说：多笑者必多鱼尾纹，多愁者必多抬头纹，好学深思使目光深邃，心浮气躁会使面部肌肉紧张而混乱，气定神闲会使面部肌肉舒展而和谐。如此等等，如何遮掩得住？有时候我们可能会顺理成章地以貌相人，比如"心宽体胖"，相信"体胖"者必然"心宽"。其实，"体胖"一类现象可能还有更多的原因，即便在后天演变这一方面，也还可以追溯出更多相关条件。我在孩童时代就发现过夫妻是越长越像，对同学中有好几对父母的面容相似性十分奇怪，总觉得他们是兄妹。我后来还发现养子与养母越长越像的情况，爱徒与高师越长越像的情况，佞臣与暴君越长越像的情况，这才知道他们的面容相近，首先是由于他们的表情相仿。表情是易于互相感染和模仿的。朝夕相处的人，两两相对如同镜前自照，也许会下意识地追求自我同一，情不自禁地复制对方的笑容。在一段足够的时间以后，他们就免不了会有相似的某一条皱纹，某一块较为发达的肌肉，某一个器官的轮廓曲线，这当然不是不可以想象的事情。

我们甚至可以发现一个时代常常批量产生着相似面容。在一张张褪色的老照片里，我们可以发现大部分女知青共有的黝黑、健壮、朴拙、目光清澈但略有一点呆滞；在我女儿新近拍下的照片里，也可以发现当代大部分女白领的纤弱、精巧、活泼、目光进逼但略有一点矫饰。我们就可以知道，面容是可以繁殖的，是表情感染后的肉体定格。这种繁殖其实一直在更大的范围内进行：军营、沙龙、行业、社区等，都在制作出各种"职业面容"。从这个意义上来说，面容不仅仅属于个人，而且也属于社会，成为人们文化符号体系中的一部分。

一、念一念　写一写

chūn shēng xià cháng 春　生　夏　长				qiū shōu dōng cáng 秋　收　冬　藏			
shí lìng yìng hòu 时　令　应　候				hán lái shǔ wǎng 寒　来　暑　往			

二、读一读　记一记

洗衣机节能

　　洗衣机的耗电量取决于电动机的额定功率和使用时间的长短。电动机的功率是固定的，所以恰当地减少洗涤时间，就能节约用电。洗涤时间的长短，要根据衣物的种类和脏污程度来决定。一般洗涤丝绸等衣物的时间可短些，洗涤棉、麻等粗厚织物的时间可稍长些。如果用洗衣机漂洗，可以先把衣物上的肥皂水或洗衣粉泡沫拧干，再进行漂洗，这样既可以节约用电，也减少了漂洗次数，达到节电的目的。

三、想一想　背一背

中华成语千句文——侠义精神（二）

　　　　　　　路见不平，行侠仗义。锄强扶弱，伸张正义。
　　　　　　　尚武精神，阳刚之气。平民百姓，心向往之。
　　　　　　　武侠小说，风靡一时。成人童话，匪夷所思。
　　　　　　　绿林好汉，江湖义气。不拘小节，放浪行迹。
　　　　　　　亡命之徒，害人害己。狐朋狗友，乌烟瘴气。
　　　　　　　刀客剑侠，轻生重义。人在江湖，身不由己。

自我评价	任务完成情况	组长评价	教师签字
★★★			

★I'll just play it by ear. 我到时随机应变。

把自己想象成特种兵

创业的"阵亡率"很高，弟兄们不妨把自己想象成一个特种兵，被空投到了固若金汤的敌区后方，去执行异常艰巨的战斗任务。一把匕首，两支短枪，三颗手榴弹，四百发子弹，一粒缝在衣领里的毒丸……就这样，你离开了大公司，单枪匹马去创业，没有大后方，没有源源不断的补给，没有现成的平台和渠道，没有千百万的注册资金，没有安全感，兄弟保重，一切靠你自己了。

创业者需要有特种兵式的坚强意志，不灰心丧志，克敌制胜。创业者要像特种兵那样，遭遇险情时保持冷静，分析敌情，研判对策，做最坏的打算和最好的准备。

创业者的性格决定了你能否甘受孤独。极度的疲劳使你头脑迟钝还是更加敏锐？连续日夜作战使你疲乏不堪还是越战越勇？

创业者在危急时刻绝不手软。生死关头你是否会大发慈悲？是抱着团队集体等死，还是大刀阔斧果断裁员？

一旦创业陷入困境，创业者会遇到求生过程中最大的两个危险：一个是对舒适的渴望；另一个是消极的态度。

要努力克服第一个危险——对舒适的渴望。比如想到再去找一份舒适的工作，回原先的公司继续当部门经理……杜绝杂念！你现在的不舒适只是暂时的，回头去当打工仔，无异于自投罗网重回起点！

要绝对避免第二个危险——消极的态度。比如想到索性明天把公司关了，早知道创业如此艰难，何必当初……你需要明白消极的态度将会给创业公司带来什么严重后果。

特种兵被敌人的子弹击中，伤痛侵心，但如果你能忍受剧烈疼痛，就一定可以战胜伤痛！

一、念一念　写一写

yuǎn gǔ hóng huāng 远 古 洪 荒	hǎi tián cāng sāng 海 田 沧 桑
lù dì piāo yí 陆 地 漂 移	bǎn kuài pèng zhuàng 板 块 碰 撞

二、读一读　记一记

电风扇节能

　　一般扇叶大的电风扇,电功率就大,消耗的电能也多。同一台电风扇的最快挡与最慢挡的耗电量相差约 40%,在快挡上使用 1 小时的电量可在慢挡上使用将近 2 小时。所以,常用慢速挡,可减少电风扇的耗电量。

三、想一想　背一背

中华成语千句文——侠义精神(三)

快意恩仇,萍踪浪迹。刀光剑影,身怀绝技。
百步穿杨,借力打力。踏雪无痕,飞檐走壁。
侠骨柔情,红颜知己。爱恨情仇,万缕千丝。
英雄无泪,豪侠尚义。至情至性,仁者无敌。

自我评价	任务完成情况	组长评价	教师签字
★★★			

　　★I'm not sure I can do it. 恐怕这事我干不了。

从忽略处成功

不管是职业赛场，还是人生的舞台，人们总会面对角逐和竞争的压力，而荣誉的光环终归不属于大多数劳其体肤和心志者，这是为什么呢？让我们放眼历史，许多成功的人，往往是避开激烈的竞争角逐，在内心深处培养自己强大的心志力量，即从别人忽略处行事，从别人最绝望的沙滩起航，驶向成功的彼岸。

第二次世界大战前后，美国华尔道夫旅馆曾因有皇族入住而名噪一时。旅馆的电话接线生，喜欢用一种"请问你找哪位国王"的用语，来展现旅馆的奢华和优越感。

然而，这种浮华的优越感背后潜藏着巨大的危机。1942 年，华尔道夫的股票暴跌，旅馆破产了。实业家希尔顿闻讯决定买下它。当希尔顿把这个决定向董事会宣布时，却遭到了一致的反对。

"如果你仅仅看到眼前的艰难困境，就断然拒绝而不去尝试，那只能说明你是赛场上的短视者！"希尔顿这样说着，也勇敢地迈出了第一步——以个人名义高价收购了华尔道夫濒临绝境的股票，并买下华尔道夫旅馆。易主的华尔道夫旅馆被更名为"希尔顿"。在以后的日子里，华尔道夫旅馆究竟给希尔顿带来了多少荣誉和财富？看看希尔顿头上那顶"世界旅店大王"的桂冠便知道了。

三国后期，蜀国凭借四川地势天险以及前方统率大将军姜维，与来犯的魏军周旋。魏国虽然兵力强劲，但以常规的陆地进攻，一时难以达到灭蜀擒王的战略意图。

当时，邓艾作为魏国并不十分出色的将领，却从别人易忽略的地方着手，不惜铤而走险翻越崇山峻岭偷渡阴平。阴平天险是蜀国后防的天然屏障，如果阴平一丢，蜀国都城将门户顿开。邓艾利用蜀国朝野的疏忽，一举拿下都城，迫使前方将军姜维无力回天。邓艾也因偷渡阴平一战，而名垂青史。历史留给我们的永远是经典，但它更需要现实生活中的人们去续写希望和神奇。

无论是职场，或是其他人生赛场，只要我们储足心志的力量，敢于在别人意气风发的进取中另寻机缘，敢于在别人忽略的环节上做文章，并科学判断、大胆实践，在蔚蓝的海洋上高悬起你的风帆，说不定你的职场、你的人生彼岸，会有另一番收获和风景。

一、念一念　写一写

shān yuè wēi é 山　岳　巍　峨			hú pō dàng yàng 湖　泊　荡　漾		
zhí bèi kuàng yě 植　被　旷　野			dǎo sā wāng yáng 岛　撒　汪　洋		

二、读一读　记一记

盘古开天

　　传说很早以前,天和地是连在一起的,世界上什么生物也没有。盘古在这片混沌的天地间孕育了18000年后,醒了过来。他将天地劈开,变成了两部分,头顶的叫天,脚下的叫地。盘古施展神功,一直将天变得很高很高,天地之间的距离变得足够大。后来盘古实在太累了,就躺到地上死去了。盘古临死前,他嘴里呼出的气变成了春风和天空的云雾,声音变成了天空的雷霆,左眼变成太阳,右眼变成皎洁的月亮,头发变成颗颗星星,鲜血变成江河湖海,肌肉变成千里沃野,骨骼变成树木花草,筋脉变成道路,牙齿变成石头和金属,精髓变成明亮的珍珠,汗水变成雨露。盘古倒下时,他的头和四肢变成了五座大山。

三、想一想　背一背

中华成语千句文——饮食文化(一)

　　　　烹调饮食,八大菜系。食不厌精,脍不厌细。
　　　　风味小吃,比比皆是。满汉全席,列鼎而食。
　　　　山珍海味,雕盘绮食。美酒佳肴,大快朵颐。
　　　　色香味形,融为一体。菜名如诗,别出新意。
　　　　玉液琼浆,香飘十里。以酒会友,惜客好义。

　　注:食不厌精,脍不厌细(shí bù yàn jīng ,kuài bù yàn xì):厌,满足;脍,切细的肉。粮食舂得越精越好,肉切得越细越好。形容食物要精制细做。

自我评价	任务完成情况	组长评价	教师签字
★★★			

★I'm not used to drinking. 我不习惯喝酒。

"跳"出来的烦恼

"跳槽"现在成了一个热门词,好像谁要在一家公司干了一辈子没跳过槽,就成了珍稀物种。其实,跳槽并不适合每一个人,也不是在什么时候跳槽都会得到好的回报。跳槽应该看好自身条件,了解要跳过去的企业的情况,确信现有企业的确不符合自己的发展需求,确认未来机会大于现有机会,有一个完整思考缜密分析的过程。

任何一次清醒的跳槽,都可能带来一次快速的成长;任何一次盲目的跳槽,都可能将自己投入一个深不可测的陷阱,甚至可能是一次无法纠正的致命错误。

小健原来的公司不大,但效益不错,公司老板有点抠门儿,可挺重视小健的。今年年初,一家知名企业投资北京市场,人家热情地邀请小健参加了开业式。会后,那家公司的人力资源总监把小健叫到一边,真诚地说:"我们就需要你这样既熟悉地区情况,又有实战能力的销售管理人才!"这样的暗示让小健的心怦怦跳了半天。

春节前,知名企业的人力总监打来电话,小健对对方的用意心知肚明,接下来就是双方三次交锋。小健知道,对方公司在南方很有名,实力相当强,还是国外著名投资公司支持的企业,在北京的投资手笔之大,让其他公司眼红的同时也不停地喊"狼来了"。如果能加入这样的公司,自己可以上个大台阶不说,也不用再为涨个三百两百工资和老板怄气了。当对方开出月薪8000元,补贴2000元时,小健的心彻底被俘虏了。

春节后,小健辞掉了原来的工作。临别时,小健请大家吃饭,老板说:"你是人才,到哪里都成。只是,在大企业里混不是件容易事,你保重吧。"

今天,坐在饭桌对面的小健忽然重复了前老板的话。他说新加入的企业真是太大了,人家的总监全是"海归"、名校高材生,明明是对着一屋子中国人说话,可偏偏都讲英文。小健大专生的英语水平,听这流畅到绕口令一般的英文,简直就是听天书。

再说以前公司小,什么事都好沟通,真急了可以直接找老板办事,一个电话把老板从床上叫起来。到了大企业,别说老板,连运营副总都不容易见着,人家都是整日里满天飞的主儿。

去了3个月,工资是不少,可小健没一天十点以前回过家,还搭进去了周末。管的人多了事儿就多,不是处理业务难题就是处理人员关系。当然,给的薪水高了,任务压力自然大,如何完成目标任务就成了他的每日债务。还有就是这里的人特别"牛",每个人不是在500强做过经理,就是在华尔街有过发展。反正是见面风度翩翩,说话道貌岸然,就是没人告诉你怎么工作的。

小健试着沟通交流,尝试融入人家的圈子,结果,总感觉自己被客气优雅地拒之门外。

一、念一念　写一写

bīng chuān dòng tǔ 冰　川　冻　土			shā mò wò rǎng 沙　漠　沃　壤		
mù fēng shù sēn 木　丰　树　森			yán duō tān guǎng 岩　多　滩　广		

二、读一读　记一记

女娲造人

　　女娲是一位女神,盘古开辟了天地之后,世界上还没有人类,女娲感到寂寞,于是她想照着自己的样子,用泥巴和水,捏出一些小东西来,她把这些小东西称作"人"。这些"人"是仿照神的模样造出来的,行为举止自然与别的生物不同,居然会叽叽喳喳讲起和女娲一样的话来。他们在女娲身旁欢呼雀跃了一阵,慢慢走散了。女娲想把世界变得热热闹闹,让世界到处都有她亲手造出来的人,于是不停工作,捏了一个又一个。但是世界毕竟太大了,她工作了很久,双手都捏得麻木了,捏出的小人分布在大地上仍显得太稀少。她想这样下去不行,就顺手从附近折下一条藤蔓,伸入泥潭,沾上泥浆向地上挥洒。结果点点泥浆变成一个个小人,与用手捏成的模样相似,这一来速度就快多了。女娲见新方法奏了效,越洒越起劲,大地就到处有了人。

三、想一想　背一背

中华成语千句文——饮食文化(二)

　　　　　置酒高会,座无虚席。开怀畅饮,酒逢知己。
　　　　　觥筹交错,春风和气。酒酣耳热,谈天说地。
　　　　　猜拳行令,使酒仗气。日暮酒阑,杯盘狼藉。
　　　　　醉眼朦胧,辞不达意。尽欢而散,旧雨新知。

　　注:觥筹交错(gōng chóu jiāo cuò):觥,古代的一种酒器;筹,行酒令的筹码。酒杯和酒筹杂乱地放着,形容许多人聚会喝酒的热闹场景。

自我评价	任务完成情况	组长评价	教师签字
★★★			

★May I ask some questions? 我可以问几个问题吗?

80后创业微指南

创业最重要的资本：心理资本。敢于冒险，不安分；有坚持性，沉得住气。

过于保全，追求过多的东西，没有孤注一掷的想法与实践，没有拼搏意识，注定得到的东西最少。大丈夫闯出了名堂，何患无妻无子无房子；你啥都要，却想啥都怕，那就趁早回家歇着。

虽有失败也要干的心理才是真正的创业心理，老想成功不想代价，就不能证明创业的决心。真正的创业就是亏了，就是很艰难还愿意坚持，你会因为困难而把你孩子卖掉、扔掉吗？

寻找创业项目：留心者机会遍地都是，别人告诉你的都是他人吃过的渣。

80后闯荡江湖的成功要素：别把自己当80后。在见识广、有想象力之外，多一点点勤劳、多一点点胆识、多一点点耐心、多一点点人情世故，这些都能让你在80后中脱颖而出。

年轻人不要老想好处，想活得更舒服，那是很可耻的，因为这将会让那些为你投入的父母辈与老人家失望。

有梦想，多折腾，少想退路。老留退路差不多意味着失败。

遇到瓶颈，一不怕倒回去，二不怕更差。比方自己啥也没有，也一样过日子。过得艰难者就不惧怕再回到艰难，这样反而有面对艰难一往无前的胆量。

只要有目标，去努力，每一次努力，多多少少是有用的。

炒黄金有跳楼的，捡垃圾有发财的，关键是你要找到自己愿意投入的领域。不要这山望着那山高，到了那山没柴烧。

如果仅依靠传统关系，你的社会机会就传统化；如果你走出来闯荡，你就有自己独立的社会关系。你的地位是由你的选择决定的。

一个合格创业者应该：身体好，有坚持性，懂得交朋友，有工作狂表现。

有见识的人常受刺激，而且受了刺激往心里去，这样才会不断有创意，不断前进，这大概是创业典型的思维行为特点。

淡然对待父母的反对，因为你执意创业本质上是与父母无关的事情，他们最多就是个顾问，知会他们一声就行了。

创业不一定必须从生意开始做起。找点不需要太多资金的项目先创业，比如公益创业——组织小组在社会上做公益，一样锻炼商业创业所需要的领导力与社会关系，甚至在这过程中说不定就整合到了其他所需要的资源。

在服务业快速发展的今天，女性优势很大。在80后、90后员工与消费者崛起的今天，相对重视沟通与柔性领导力的女性创业者也更有机会了。

不要把你学的那一点点专业东西真的当回事，未来没有一种生意能简单对应于一个专业，最好的专业与某个生意的对应度也就是10%～15%。所以要留心人、留心社会、留心多样的知识，生意人的本质是无所不用其极地发现市场需求，并用各种知识与能力抓住它。

一、念一念　写一写

niǎo fēi shòu zǒu 鸟 飞 兽 走	lín qián yǔ xiáng 鳞 潜 羽 翔
jìng tài hé xié 境 态 和 谐	wù zhǒng ān xiáng 物 种 安 详

二、读一读　记一记

后羿射日

　　古时候,天上有十颗太阳,它们每天一起出来,照得大地寸草不生,人们生活十分艰难。年轻英俊的神箭手后羿,看到人们生活在苦难中,便决心帮助人们脱离苦海,射掉那多余的九个太阳。他爬过了九十九座高山,迈过了九十九条大河,穿过了九十九个峡谷,来到了东海边。他登上了一座大山,山脚下就是茫茫的大海。后羿拉开了万斤力弓弩,搭上千斤重利箭,瞄准天上火辣辣的太阳,嗖地一箭射去,第一颗太阳被射落了。接着后羿又连续射掉了八颗太阳,最后只剩下了一颗。人们终于从炎热的生活中解脱出来,再也不用受炎热之苦了。后羿也被奉为英雄,他的英雄事迹为人们广为传颂。

三、想一想　背一背

中华成语千句文——饮食文化(三)

　　　　　　　骚人墨客,他乡故知。一觞一咏,饮酒赋诗。
　　　　　　　把酒临风,陶然忘机。神游物外,壶中天地。
　　　　　　　以茶代酒,清神爽气。生津止渴,开郁养体。
　　　　　　　灵芽玉瓯,云雾绿溪。微缕吐馨,清香四溢。
　　　　　　　高人雅士,品茗引思。碧蕊天味,清苦到底。

注:① 瓯(ōu):陶器。
　　② 馨(xīn):散布很远的香气。

自我评价	任务完成情况	组长评价	教师签字
★★★			

★Money is not everything. 金钱不是一切。

没有糟糕的老板

世界上没有糟糕的老板，只有糟糕的沟通方式。关键是你怎样去和他就各种事项进行沟通。比如，如何才能得到老板的信任？作为职业经理人，自以为"将在外，君命有所不受"，就不将一些工作细节告知老板，这样会使老板心里不踏实。其结果就是，老板常常主动向你询问，这样反而更麻烦。正确的做法是：凡事都要主动地向老板报告。我的老板很少主动打电话给我，80％都是我跟他通电话，或者是发电子邮件给他，向他汇报最新进展。这样做是因为本来也没有什么可隐瞒的——你以为可以瞒到老板吗？你不如大方地表示：我的出发点跟你是一样的，都是为了公司好。

你越是邀请老板多参与你的工作，他越觉得你是可以被信任的。久而久之，老板就会对你说："这些事情你不需要再告诉我了。"可见，你的工作方式越透明，老板就会越多地给你管理的空间。

与老板和下属分享荣誉也很关键。

你的团队能够取得优秀的业绩，是大家齐心协力的结果，同时也与老板的支持和信任分不开。所以不要忘记分给他们应得的荣誉，这样的经理人才会取得更大的成功。

当业绩不好的时候，如何与老板沟通呢？这个问题反过来看，就是我怎样对待业绩不好的下属？第一，我会看他以往的行为，看他的态度是否积极，他有没有做正确的事情，并把正确的事情做好——他每周有没有总结，有没有去拜访客户，他是怎么分析事情的。在我看来，他之前的态度和行为非常关键，因为问题往往不是从业绩下降那一天才开始出现的。第二，你要关注，当业绩不好之后，他有什么解决计划，是否真正找出了问题所在。第三，在充分了解的基础上，还要虚心地承担责任。与其说这些问题不关我的事，倒不如说未来我们该怎样去赢。此外，还应有相应的沟通计划，知道如何向员工解释，以提振士气；知道对老板应该提出怎样的资源需求。

其实，老板是很愿意去帮助你的，而如果你越是不要老板的帮助，你就会越麻烦。总而言之，做得好要和老板一起分享荣誉，做得不好也要让老板知道你的出发点、逻辑和工作方式。

对其他有这样不愉快经历的职业经理人来说，应该明白，在一个企业里，首先要做好你的本职工作，尽心尽责，别人会看得到。同时要明白，对你给出评价的人不只是直接上司一个人，他上面还有老板。可能6个月不知道事实的真相，但一年或者更长时间，老板总会知道的。

至于如何和糟糕的老板改善关系，道理很简单：你不会喜欢一个不喜欢你的人。所以，如果要让老板喜欢你，你就要先主动去喜欢对方。

另一个关键是沟通机制。如果团队里的每个人都直接向老板报告，这个老板就变成沟通网络中的信息瓶颈。

在一个企业里，如果只有老板说了算，会产生什么问题呢？那就是工作效率低，因为老板根本没有那么多的时间，或者他自己一个人无法做到对大小事情都了如指掌。所以要建立团队协作，让平级之间的经理可以高度协作。这样，老板才能有精力去关注战略和未来机会——这可能是你对老板最大的帮助，也是最好的"管理老板"的方式。

一、念一念　写一写

xíng fēn shàng xià 形　分　上　下	dào hé yīn yáng 道　合　阴　阳
yōu míng yǎo miǎo 幽　冥　杳　渺	tiān tǐ zhù zhāng 天　体　著　彰

二、读一读　记一记

女娲补天

　　水神共工和火神祝融打起仗来,败了的共工不服,一怒之下,把头撞向不周山。结果把支撑天地之间的大柱撞断了,天倒下了半边,出现了一个大窟窿,人类面临着空前大灾难。女娲目睹人类遭到如此灾难,感到无比痛苦,于是决心补天。她选用各种五色的石子,用火将它们熔化成浆,用这种石浆将残缺的天窟窿填好,随后又斩下一只在水中作乱的大龟的四脚,当作四根柱子把倒塌的半边天支起来。人民又重新过着安乐的生活。

三、想一想　背一背

中华成语千句文——三国演义(一)

　　　　　　东汉末年,民生凋敝。兵荒马乱,群雄竞起。
　　　　　　枭雄曹操,首屈一指。龙骧虎步,踌躇满志。
　　　　　　唯才是举,远见卓识。济济多士,如虎添翼。
　　　　　　发号施令,假传圣旨。身经百战,出生入死。
　　　　　　青梅煮酒,旁敲侧击。梦中杀人,狐性多疑。
　　　　　　望梅止渴,略施小计。割发代首,工于心计。
　　　　　　对酒当歌,横槊赋诗。才兼文武,独步一时。
　　　　　　老骥伏枥,志在千里。烈士暮年,壮心不已。

注:① 枭雄(xiāo xióng):骁悍雄杰之人。
　　② 龙骧虎步(lóng xiāng hǔ bù):像龙马昂首,如老虎迈步。形容气概威武雄壮。
　　③ 横槊赋诗(héng shuò fù shī):槊,长矛;赋,吟。横着长矛而赋诗,指能文能武的英雄豪迈气概。

自我评价	任务完成情况	组长评价	教师签字
★★★			

★ The price is reasonable. 价格还算合理。

别让打工心态毁了你

"我只拿这点钱,凭什么去做那么多工作,我傻呀。""我为公司干活,公司付我一份报酬,等价交换而已,我不欠谁的。""我只要对得起这份薪水就行了,多一点我都不干,做了也白做。工作嘛,又不是为自己干,说得过去就行了,干吗那么认真。"……这种"我不过是在为老板打工"的想法很普遍。在许多人眼里,工作只是一种简单的雇佣关系,做多做少,做好做坏,对自己意义不大,达到要求就行了。因此,工作的质量、标准都不高。我们到底是在为谁工作呢?工作着的人都应该问问自己。如果不在年轻的时候弄清这个问题,不调整好自己的工作心态,那么我们很可能与成功无缘。

有这么一个故事。有个叫杰克的人,他在一家贸易公司工作了一年,由于不满意自己的工作,他总是愤愤不平地对朋友说:"我在公司里的工资是最低的,老板也不把我放在眼里,如果再这样下去,总有一天我要跟他拍桌子,然后辞职不干了。"当时有些人听了一笑了之,但是,其中有一个朋友问了一句:"你把现在这家贸易公司的业务都弄清楚了吗?弄懂了吗?"他老老实实地回答:"还没有!"这时他朋友又说:"君子报仇十年不晚!我建议你先静下心来,认认真真地工作,把他们的一切贸易技巧、商业文书和公司组织完全搞通,甚至包括如何书写合同等具体细节都弄懂了之后,再一走了之。这样做岂不是既出了气,又有许多收获吗?"杰克听从了这位朋友的建议,一改往日工作的散漫习惯,开始认认真真地工作起来,甚至下班之后,还常常加班加点地留在办公室里研究商业文书的写法。一年之后,那位朋友偶然遇到他,就问:"现在你大概都学会了,可以准备拍桌子不干了吧?"杰克说:"可是,我发现近半年来,老板对我是刮目相看了,最近更是委以重任,不但升职,而且又加薪。说实话,不仅仅是老板,公司里的其他人都开始敬重我、羡慕我了!"只有抱着"为自己工作"的心态,承认并接受"为他人工作的同时,也是在为自己工作"这个朴素的人生理念,才能心平气和地将手中的事情做好,也才能最终获得丰厚的物质报酬,赢得同事的尊重,实现自身的价值。

一、念一念　写一写

níng qì wéi jīng 凝 气 为 精		jù néng yǐ chǎng 聚 能 以 场	
suō nóng ér zhì 缩 浓 而 质		jī wēi xiǎn liàng 积 微 显 量	

二、读一读　记一记

大禹治水

古时候,人们时常受到洪水的侵害。大禹主动请缨,率领民众,与洪水斗争。面对滔滔洪水,大禹从前人治水的失败中汲取教训,对洪水进行疏导,他带领群众凿开了龙门,挖通了九条河,经过十年的努力,终于把洪水引到大海里去,地面上又可以供人种庄稼了。他和老百姓一起劳动,戴着箬帽,拿着锹子,带头挖土、挑土,禹的脚长年泡在水里,脚跟都烂了,只能拄着棍子走。大禹为了治理洪水,长年在外与民众一起奋战,以至于连家也顾不上。

三、想一想　背一背

中华成语千句文——三国演义(二)

诸葛孔明,惊才风逸。上知天文,下知地理。
宁静致远,淡泊明志。用行舍藏,韬晦待时。
三顾茅庐,精诚所至。知遇之恩,投桃报李。
隆中对策,审时度势。指点江山,面授机宜。
初出茅庐,锦囊妙计。运筹帷幄,决胜千里。
舌战群儒,力排众议。草船借箭,妙算神机。
巧借东风,火烧赤壁。空城妙计,化险为夷。
七擒七纵,有胆有识。六出祁山,矢志不移。
文韬武略,经天纬地。苦心经营,不遗余力。
事必躬亲,日理万机。出师未捷,积劳成疾。
鞠躬尽瘁,死而后已。后继无人,此恨何及。

注:① 韬晦(tāo huì):把锋芒收敛起来,把踪迹隐蔽起来,指深藏不露。
② 运筹帷幄(yùn chóu wéi wò):常指在后方决定作战方案,也泛指主持大计,考虑决策。

自我评价	任务完成情况	组长评价	教师签字
★★★			

★ We all desire happiness. 我们都想要幸福。

别人付薪，我学本事

中国台湾财经和教育界典范人物李模先生在回忆录《奇缘此生》中，讲述了一个改变我人生态度的故事。他的名言"拿别人的薪水，学自己的本事"影响我至今。

李模在日本侵华战争时离开家园，当时的他连高中学业都没完成，在一个税务机关当临时工。他从收单的工作做起，很快就能把发单的工作完成，然后他不断扩大工作范围，最多的时候他一个人兼了七项工作。

李模先生说："我在工作中学到了很多东西和本事，不但不要交学费，还有人向我付薪水。因此，我就努力多学多做，因为这是拿别人给的薪水，学到的是我自己的本事。"这句话也变成我努力工作、认真学习的理由，只要自己不懂的、自己不知道的，都会去让自己的嘴多动一下。

以前主管交办新工作，我会推脱，能闪就闪，能躲就躲，实在躲不掉，心里还会不断地抱怨：怎么又是我？总是有一种抵触情绪，觉得领导总是在压榨我的劳力。自从看到这句话，我的想法改变了，我不再抱怨接受新工作、新任务，我把新工作视为新的学习机会，一个向上的台阶，给自己的人生机车里注入的又一滴机油。

奇怪的事情发生了，这些以前视为痛苦的事，不再痛苦。而有些很困难的工作，过去我要费尽九牛二虎之力才能完成，后来竟然都不再困难。后来因为工作量增加，在不断学习之后，我领会事物越来越快，而且灵活干练，逐渐变成领导最信任的人，也成为单位最依赖的战将。

这个经验强调的是学习，而不是工作的回报。薪水可能是固定的，多做事不会有更多的回报，但学习得到的是"自己的本事"，这是别人拿不走的资产。

现在我到处宣扬这个观念，尤其是年轻人在刚开始学习的阶段，更需要这个正确的观念，但也有少数人会说，如果多做事没有回报，是不是就吃亏了呢？我的回答是：人生这笔账，不全然以金钱为单位，也不全然以立即回报来呈现。

你在多做多学的过程中，得到的能力、认同、肯定，都不是金钱能衡量的，而未来的机遇也不是现在能计算的。

一、念一念　写一写

huà jù huàn xū 化　巨　幻　虚			huǎng hū chéng xiàng 恍　惚　成　象		
qiáng gù líng ruò 强　固　凌　弱			róu yì zhì gāng 柔　亦　制　刚		

二、读一读　记一记

精卫填海

　　炎帝的小女儿女娃十分乖巧，黄帝见了她，也都忍不住夸奖她，炎帝视女娃为掌上明珠。可是有一次女娃去东海，不小心掉进东海里淹死了。她死后变成了一只鸟，叫"精卫"。精卫痛恨无情的大海夺去了自己年轻的生命，她要报仇雪恨。因此，她一刻不停地从她住的发鸠山上衔着树枝、小石子，飞向东海，一心想把大海填平。大海奔腾着，咆哮着，嘲笑她："小鸟儿，算了吧，你这工作就干一百万年，也休想把我填平！"精卫十分执著，在高空答复大海："哪怕是干上一千万年，一万万年，干到宇宙的尽头，世界的末日，我终将把你填平的！"轮到大海不解了："你为什么这么恨我呢？""因为你夺去了我年轻的生命，你将来还会夺去许多年轻无辜的生命。我要永无休止地干下去，总有一天会把你填成平地。"

三、想一想　背一背

中华成语千句文——三国演义（三）

　　　　　　武圣关羽，义薄云天。赤胆忠心，天人共鉴。
　　　　　　桃园结义，相见恨晚。同生共死，披肝沥胆。
　　　　　　身在曹营，忠心在汉。过关斩将，一往无前。
　　　　　　华容让道，网开一面。知恩图报，仰不愧天。
　　　　　　刮骨疗毒，处之泰然。夜读春秋，手不释卷。
　　　　　　单刀赴会，视若等闲。水淹七军，智勇双全。
　　　　　　位高权重，志得意满。顾盼自雄，自负不凡。
　　　　　　痛失荆州，令人扼腕。败走麦城，虎落平川。

自我评价	任务完成情况	组长评价	教师签字
★★★			

　　★ We just caught the plane. 我们刚好赶上了飞机。

机会就在我们身边，金钥匙属于有心人

1847年，17岁的利维·施特劳斯从德国来到美国，投靠在纽约开布店的哥哥。

1850年，美国西部出现了淘金热，20岁的利维也加入了这股被发财的热浪所驱使的人流之中。然而，当他只身来到旧金山，看到了熙熙攘攘、成千上万的淘金者之后，他改变了淘金的初衷，决定另辟发财途径。他先是开设了一家销售日用百货的商店，并制造野营用的帐篷、马车篷用的帆布。利维认为，淘金固然能发大财，但为那么多人提供生活用品也是一桩能赚到钱的好生意。

一天，利维正扛着一捆帆布往回走，一位淘金工人拦住他说："朋友，你能不能用这种帆布做一条裤子卖给我？我整天和泥水打交道，普通的裤子不耐穿，只有帆布做的裤子才结实耐磨。"

利维听后，灵机一动，一条生财之道马上闪现在他的头脑中。于是，他立即将那位淘金工人带入一家裁缝店，按他的要求做了两条裤子。这就是世界上最早的牛仔裤。

由于牛仔裤结实耐磨，很快就成为淘金工人的热门货。利维·施特劳斯开辟了自己的一番事业，也圆了自己的致富梦，成了著名的牛仔服大王。

其实，机会就在我们的身边，只是很多时候你忽略了它的存在。大多数人往往易犯的一个毛病就是盲目从众。如果你能像利维·施特劳斯一样停下来，重新审视一下，换一种思路，独辟蹊径，采取与众不同的行动方式，你会发现金钥匙就在自己的身边。

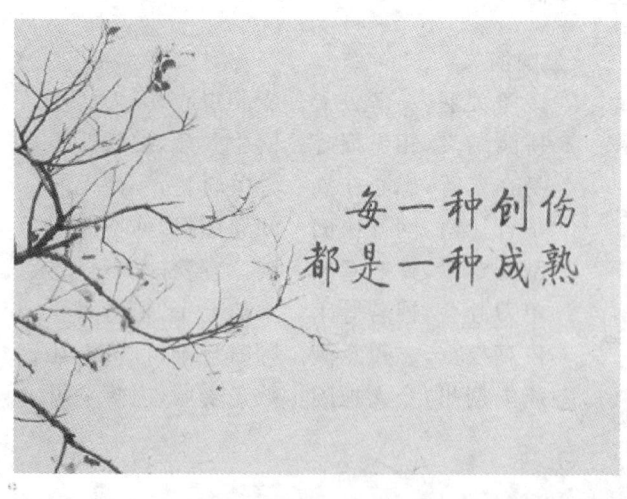

每一种创伤
都是一种成熟

一、念一念　写一写

zhōng jí bì fǎn 终极必反	cún xīng qū wáng 存兴趋亡
sè kōng lún huí 色空轮回	dòng jìng héng cháng 动静恒常

二、读一读　记一记

夸父逐日

　　夸父是古代神话传说中的一个巨人，住在北方荒野的成都载天山上。有一年的天气非常热，火辣辣的太阳直射在大地上，烤死庄稼，晒焦树木，河流干枯。人们热得难以忍受，夸父的族人纷纷死去。夸父看到这种情景很难过，他仰头望着太阳，告诉族人："太阳实在是可恶，我要追上太阳，捉住它，让它听人的指挥。"族人听后纷纷劝阻，可是夸父却坚决要去追日。他追着太阳跑啊跑，当到达太阳将要落入的禺谷之际，觉得口干舌燥，便去喝黄河和渭河的水，河水被他喝干后，仍然口渴。他想去喝北方大湖的水，还没有走到，就渴死了。夸父临死，抛掉手里的杖，这杖顿时变成了一片鲜果累累的桃林，为后来追求光明的人解除口渴。

三、想一想　背一背

中华成语千句文——三国演义（四）

　　　　　三强会战，临军对阵。决一雌雄，赤壁鏖兵。
　　　　　旌旗蔽日，樯橹连云。刀枪林立，剑戟森森。
　　　　　风猛火烈，流急水深。人喊马嘶，鼓角齐鸣。
　　　　　短兵相接，弓折刀尽。血海尸山，触目惊心。
　　　　　曹军败北，豕突狼奔。灰飞烟灭，片甲不存。
　　　　　周郎赤壁，羽扇纶巾。以寡敌众，大获全胜。
　　　　　成事在天，谋事在人。天下大势，鼎足三分。

注：① 鏖(áo)：激烈地战斗。
　　② 豕突狼奔(shǐ tū láng bēn)：豕，猪；突，猛冲。形容敌人逃跑时惊慌失措的样子。
　　③ 羽扇纶巾(yǔ shàn guān jīn)：形容态度从容。

自我评价	任务完成情况	组长评价	教师签字
★★★			

★ What shall we do tonight? 我们今天晚上去干点什么呢？

你为了什么而工作

非洲的某个土著部落迎来了从美国来的旅游观光团,部落里的人们虽然还没有什么市场观念,可面对这样好的赚钱商机,自然也不会放过。

部落中有一位老人,他正悠闲地坐在一棵大树下面,一边乘凉,一边编织着草帽,编完的草帽他会放在身前一字排开,供游客们挑选购买。他编织的草帽造型非常别致,而且颜色的搭配也非常巧妙,可以称得上是巧夺天工了,游客们纷纷驻足购买。

这时候一位精明的商人看到老人编织的草帽,他脑袋里立刻盘算开了,他想:这样精美的草帽如果运到美国去,我敢保证一定能卖个好价钱,至少能够获得十倍的利润吧。

想到这里,他不由激动地对老人说:“朋友,这种草帽多少钱一顶呀。”“十块钱一顶。”老人冲他微笑了一下,继续编织着草帽。他那种闲适的神态,真的让人感觉他不是在工作,而是在享受一种美妙的心情。

“天哪,如果我买 10 万顶草帽回到国内去销售的话,我一定会发大财的。”商人欣喜若狂,不由得为自己是经商天才而沾沾自喜。

于是商人对老人说:“假如我在你这里订做 1 万顶草帽的话,你每顶草帽给我优惠多少钱呀?”

他本来以为老人一定会高兴万分,可没想到老人却皱着眉头说:“这样的话啊,那就要 20元一顶了。”

每顶要 20 元,这是他从商以来闻所未闻的事情呀。“为什么?”商人冲着老人大叫。

老人讲出了他的道理:“在这棵大树下没有负担地编织草帽,对我来说是种享受;可如果要我编 10 万顶一模一样的草帽,我就不得不夜以继日地工作,不仅疲惫劳累,还成了精神负担。难道你不该多付我些钱吗?”

如老人所言,当工作不能成为一种享受而成为一种单调的重复,确实会令人感到乏味,然而我们还是不得不为了特定的利益而奔走劳累。但“你为了什么而工作”却是需要我们仔细思考的一个问题。只有真正热爱工作的人,才是工作中真正幸福的人。

一、念一念　写一写

wéi shí zhòng míng 唯 实 众 名	yī lǐ wàn fāng 一 理 万 方
fù mǔ diē niáng 父 母 爹 娘	mò chǐ nán wàng 没 齿 难 忘

二、读一读　记一记

嫦娥奔月

很久以前，一个叫后羿的青年与嫦娥结为夫妻。不久，天上出现了十个太阳，对人们伤害很大。后羿不忍看到百姓受苦，一口气射下了九个太阳。后羿解救了百姓，很多人都来向他学习，其中有个叫蓬蒙的坏人。王母娘娘很欣赏后羿，赏了他能成仙的不死药。可是，后羿舍不得嫦娥，于是把不死药交给嫦娥保管。一天，后羿出去打猎，蓬蒙逼嫦娥交出不死药。嫦娥在危急时刻吞下了不死药，向天上飞去。由于嫦娥牵挂丈夫，便飞落到离人间最近的月亮上成了仙。以后，百姓们纷纷在月下摆设香案，向善良的嫦娥祈求吉祥平安。

三、想一想　背一背

中华成语千句文——名士风流（一）

　　　　建安风骨，三曹七子。各领风骚，驰名当世。
　　　　登高能赋，辞藻华丽。辞丰意雄，高情远致。
　　　　文章风尚，民情物理。经国大业，不朽盛事。
　　　　北海孔融，狷介之士。酒虎诗龙，负才任气。

自我评价	任务完成情况	组长评价	教师签字
★★★			

★ What's your goal in life? 你的人生目标是什么？

规划人生新十年

在工作中充分了解自我的能力,发挥自我的潜能,做最好的自己,这便是生涯规划追求的目标。

1. 学会主动联络

就是把握信息获得的多种渠道,并加以充分利用。一旦发现或挖掘到了有利信息,就要主动联络,实地考察。对大家来说,主动联络可以培养一个人的灵活性,使他能自如应对各种复杂局面,最终找到新的发展方向。凡事不尝试,怎么能够成功呢?

2. 学会主动学习

就是指一个人不断积累自己的择业知识。知识积累到一定的程度,就会由量变达到质变,生涯就会发生突破性的进展。这正如一句英语谚语:上帝眷顾那些有准备的人。

3. 学会主动反省

就是在择业遇到挫折时,要进行思考,总结经验,最终在教训中成长,找到新的方向。反省意味着决策的调整。西方哲学中有一句名言:世上唯一不变的事就是变化本身。事物在变化,人也需要不断调整。

4. 学会主动调整

一个人在择业过程中,要不断调整自己的决策,不断调整择业的方向,调整自我投资的内容,调整自我的状态,调整信息的掌握,在调整中不断建立新的平衡,并不断开发出自我的潜能。在美国,人们常说,找工作本身就是一份全职的工作。这说明,择业的成功,是需要花费很大气力的。

5. 学会投入

要及时给自己充电,以减少随时被别人取代的危险。必须保持时刻关注就业市场的习惯,提前发现自己可能跟不上大形势的不足之处,以便自我提升和学习。一旦认定一项投入对自己的未来发展有利,就要全身心投入,不达目的决不罢休。在对自我和事业的投资上,要做到快、准、狠!

6. 学会奉献

就是要有长远眼光。有时也许自己在当下看似是吃亏,可也许因此会给自己的将来开辟出一条新的出路。当我们作选择的时候,要权衡每一种选择的利弊。有得必有失。离开选择的十字路口后,绝不要再想或懊恼自己为此付出的代价。如果还在后悔,请把这种情绪转化为坚持的动力,做出一番成绩,证明自己当初的决定是正确的。

7. 学会坚持

就是对自己的选择和决定保持信心,成功和回报都不是立竿见影的,所以要保持耐心。把自己的择业当作投资来看,时刻观察其变化。但观察只是为了研究下一步对策,而不是给自己找一个心情浮动的理由。

8. 学会创新

就是要有自己的想法。只会埋头苦干、不善于思考的人,很难成就一番大业。任何时候,有自己独特的见解与想法至关重要。尤其在工作上,如果有足够的创意,应该完全相信自己的能力并自己创业,实现思考的价值。

一、念一念　写一写

xiōng dì jiě mèi 兄 弟 姐 妹		wēi kùn zhù bāng 危 困 助 帮	
gū yí shū jiù 姑 姨 叔 舅		qīn qī hù fǎng 亲 戚 互 访	

二、读一读　记一记

愚公移山

　　从前有位老人叫愚公,他已经有 90 岁了。他家门前有两座大山,出行很不方便。有一天,他召集全家人开会,提议要搬走这两座大山。愚公的提议得到了大家的认同,于是全家人开始动起手来。一个月干下来,大山看上去却没有什么变化。村里有个叫智叟的老头,看到愚公一家搬山,开始笑话他们。智叟对愚公说:你这么大年纪了,怎么可能搬得动这两座大山呢?愚公说:我搬不动了,我的儿子、孙子……子子孙孙,都可以搬。愚公不理会嘲笑,带着全家继续搬。他们的精神终于感动了神仙,帮助他们搬走了大山。

三、想一想　背一背

中华成语千句文——名士风流(二)

陈王曹植,龙章凤姿。才高八斗,时运不济。

兄弟阋墙,七步成诗。煮豆燃萁,相煎何急。

洛神之赋,绝妙好辞。出水芙蓉,明眸皓齿。

凌波微步,婀娜多姿。风流蕴藉,沁人心脾。

魏晋风度,特立独行。名士风流,卓尔不群。

注:卓尔不群(zhuó ěr bù qún):卓尔,高高直立的样子;不群,与众不同。指才德超出常人,与众不同。

自我评价	任务完成情况	组长评价	教师签字
★★★			

★ Would you like some help? 需要帮忙吗?

不做职场的这四类人

职场竞争的加剧,使得大多数人的职业生涯变得动荡而短促。想要过得轻松,不想往上"爬",只能做一辈子的"龙套"。做"龙套"的坏处就是:送死你先去,功劳全没有,裁员先考虑。

在职场里,尤其要注意不要做以下四类"龙套"。

第一,抱怨型人。

这种人一边埋头工作,一边对工作不满意;一边完成任务,一边愁眉苦脸。让人觉得你活得被动,同事认为你难以相处,上司认为你是"刺头儿"。

事实上我们也能感受到,我们周围的每一个人,包括我们自己,主观上都不愿意也不习惯生活在抱怨声中。客观上,当问题披着抱怨的外衣时就平添了解决难度,解决者必须先揭开几层人造迷雾才能一窥事实真相,许多问题的真相也会在不同人的抱怨声中被掩盖。与其在抱怨声中碌碌无为,不如端正心态,积极应对那些曾让你怨气横生的人和事。

第二,仇视型人。

这种人不能说不自信,甚至可以说是自信过了头。他们在工作上很能干,表现很不错,却看不起同事,总是以敌视的态度与人相处,与大多数人都有点儿意见冲突,行为上太放肆,常常干涉别人。大家对这种人只会"恨而远之",无人理会他的好办法、好成绩。

这样的人,在团队里如果对自己不加以控制,会对团队造成非常大的损害。

第三,幕后型人。

这种人工作任劳任怨,认真负责,可是你的工作很少被人知道,尤其是你的上司。你内心也想得到荣誉、地位和加薪,但没有学会如何使人注意你,注意到你的成就。适当地表现自己,会让自己充满信心和力量,这种力量又会促进我们完善自己。

有些人总是非常低调地做人、做事,结果一辈子也没有找到自己的"用武之地"。与有机会但没有能力的人比起来,那些有能力却没有机会的人更可悲。

第四,鸽子型人。

不分场合示人浅笑,让人家觉得你没个性;对同事有求必应,一旦某次由于才能或其他缘由你"应"不了,人家便觉得你不够意思……最终变成了大家呼来唤去的"杂工"。别人升迁、加薪、晋级,你却只是增加工作量。对这种境遇你早就不满,却不能大胆陈述,只是拐弯抹角地讲一讲,信息得不到有效传达,或根本被上司忽视了,因为你像鸽子一样温顺驯服。

一、念一念　写一写

zhí nán guī shǎo		bǔ yù zhuó zhuàng	
侄 男 闺 少		哺 育 茁 壮	
fū qī xiāng jìng		mèng yì zāo kāng	
夫 妻 相 敬		梦 忆 糟 糠	

二、读一读　记一记

牛郎织女

　　从前,有个聪明忠厚的小伙子叫牛郎,他有一头与他感情很要好的牛。一天,牛郎出去放牛,正好遇到了七位仙女下凡洗澡。牛郎很喜欢最小的七仙女——织女,织女也喜欢他,两人结成了夫妻。牛郎和织女结婚后,男耕女织,还生了两个孩子。可是不久,王母娘娘下凡来,强行把织女带回了天上。老牛看到牛郎非常伤心,要牛郎把自己的皮做成鞋,穿着飞上天。牛郎很无奈地答应了,他拉着自己的儿女,飞上天去追织女。可是,王母娘娘变了一条河,将他们隔开了,两人非常伤心。喜鹊被他们感动了,都飞来搭成鹊桥让他们相会。王母娘娘很无奈,只好允许两人在每年农历七月七日于鹊桥相会。

三、想一想　背一背

中华成语千句文——名士风流(三)

　　　　　　嵇琴阮啸,自由放任。我行我素,旁若无人。
　　　　　　恃才傲物,盛气凌人。落拓不羁,桀骜不驯。
　　　　　　广陵散绝,千载琴音。六马仰秣,旷古高韵。
　　　　　　右军兰亭,入木三分。矫若惊龙,飘若浮云。

　　注:① 落拓不羁(luò tuò bù jī):形容行为放浪,不受拘束,性情豪放,行为散漫。
　　　② 桀骜不驯(jié ào bù xùn):比喻傲慢,性情倔强不驯顺。同"桀骜不逊"。

自我评价	任务完成情况	组长评价	教师签字
★★★			

★Why did you stay at home? 你为什么待在家里?

— 223 —

成熟，从不抱怨开始

遇见他，是在一个饭局上。一落座，他就喋喋不休地抱怨起来：怨公司不好，拼死拼活一个月，拿到手里的工资没多少；怨上司不公，谁擅长溜须拍马就重用谁；怨同事不善，成天钩心斗角明争暗斗……终于，在他暂停抱怨的间隙，我小心翼翼地问了一句：既然工作如此不称心，为什么不跳槽呢？他一愣，奇怪地看了我一眼，似乎在看一个外星人。"跳槽？现在经济这么不景气，往哪里跳？"这下我算明白了，原来他的工作并非一无是处啊。

散席后，尽管他热情地与我道别，并且特意留下他的电话，但我却再未联系过他。对我来说，一个怨气冲天的人，是不值得交往的。

诚然，他的工作有不尽如人意的地方，但在这个世界上，又有哪一份工作堪称十全十美呢？

要想拿高薪，就得承担超负荷的劳动量；

要想出人头地，就得迎接周围挑剔的目光；

就算你安分守己不惹是非，也会受到一些莫名其妙的指责……

面对人生的种种不如意，一个人所要做的，就是尽量改变自己能够改变的部分，至于个人无能为力的部分，那就坦然接受吧。

人生就是一段旅程，是一段从青涩走向成熟的旅程。

而我相信，真正的成熟，是从不抱怨开始的。

一、念一念　写一写

gé wū lín shè 隔 屋 邻 舍			yù shì qiān liàng 遇 事 谦 谅		
bó gōng yù pó 伯 公 妪 婆			cí xiào shàn yǎng 慈 孝 赡 养		

二、读一读　记一记

沧海桑田

　　有个叫王远的神仙,坐着五条龙拉的车子从天上飞下来。他戴着帽子,衣服上的绶带飘呀飘的,一直飞到了叫蔡经的家里。蔡经给神仙准备了饭菜,王远觉得一个人吃有点寂寞,于是,他把仙女麻姑也叫了下来。麻姑穿的衣服颜色鲜艳又好看,那是什么布都做不出来的。麻姑说:"自从得了道接受天命以来,我看到东海变成桑田,桑田又变回东海足足有三次了。""现在蓬莱海水也比以前少了一半,是不是要变成陆地了呢?"麻姑接着说。王远回答说:"是啊,都说那里又会扬起尘土了。"吃过饭聊过天,两位仙人各自招来车子飞回天上去了。从此,"沧海桑田"就用来比喻世界上的事物变化很大。

三、想一想　背一背

中华成语千句文——名士风流(四)

　　　　　　谢公灵运,独辟蹊径。山水诗人,风流自命。
　　　　　　渊明高士,野鹤闲云。高风亮节,玉洁冰清。
　　　　　　不阿权贵,挂冠归隐。采菊东篱,望峰息心。
　　　　　　孤芳自赏,鹤立鸡群。世外桃源,空谷足音。

自我评价	任务完成情况	组长评价	教师签字
★★★			

★ You've got a point there. 你说得挺有道理的。

你的位置在哪里

有三只小鸟，它们一起出生，又一起从巢里飞出去，并一起去寻找成家立业的位置。

它们很快便飞到一座小山上。

一只小鸟落到一棵树上说："哎呀，这里真好，真高。你们看，那成群的鸡鸭、牛羊，甚至大名鼎鼎的千里马都在美慕地向我仰望呢！能够生活在这里，我们应该满足了。"

另两只小鸟失望地摇了摇头说："好吧，你既然满足，就留在这里吧，我们还想再到高处看看。"

这两只小鸟飞呀飞呀，终于飞到了五彩斑斓的云彩里。

其中一只陶醉了，情不自禁地引吭高歌起来，它沾沾自喜地说："我不想再飞了，这辈子能飞上云端，你不觉得已经十分了不起了吗？"

另一只很难过地说："不，我坚信一定还有更高的境界。遗憾的是，现在我只能独自去追求了。"

说完，它振翅翱翔，向着九霄，向着太阳，执著地飞去……

最后，落在树上的成了麻雀，留在云端的成了大雁，飞向太阳的成了雄鹰。

从今天起，要做一个简单的人，踏实而务实。

不沉溺幻想，不庸人自扰。

要快乐，要开朗，要坚忍，要温暖，对人要真诚。

要诚恳，要坦然，要慷慨，要宽容，要有平常心。

永远对生活充满希望，对于困境与磨难，微笑面对。

多看书，看好书。

少吃点，吃好的。

要有梦想，即使遥远。

一、念一念　写一写

zūn péng lǐ yǒu 尊　朋　礼　友	rén yì jūn láng 仁　义　君　郎
yán huáng èr dì 炎　黄　二　帝	yáo shùn shàn ràng 尧　舜　禅　让

二、读一读　记一记

条形码是由一组规则排列、宽度不同、黑白相间、平行相邻的线条组成,并配有相对应的字符,用来表示一定的信息。条,是条形码中反射率较低的部分,即黑色或彩色条纹部分;空,是条形码中反射率较高的部分,即白色或无色条纹部分。条形码是一种自动识别技术,是利用光电扫描阅读设备给计算机输入数据的特殊代码,这个代码包括了产品名称、规格、价格等。条形编码由12位数字的产品代码和1位校验码组成,12位数字中前三位为前缀号,中间四位为制造商代码,代表一个企业,后五位为产品代码。

三、想一想　背一背

中华成语千句文——商业文明(一)

将本求利,天经地义。仓廪丰实,富而好礼。

利来利往,攘攘熙熙。民自为市,善者因之。

义利并重,农末相资。通商惠工,民生国计。

管仲相齐,商贾云集。富民强国,经纶济世。

陶朱范蠡,商业祖师。持筹握算,百不失一。

注:① 经纶济世(jīng lún jì shì):指具有治理国家,经世济民的才能。经纶,整理丝缕,引申为处理国家大事。济世,救世。

② 商贾(shāng gǔ):商人。

自我评价	任务完成情况	组长评价	教师签字
★★★			

★ Do you accept credit cards? 你们收信用卡吗?

蜥蜴的痛与乐

在南澳大利亚的沙漠中，生存着一种矮胖的蜥蜴。这种蜥蜴行动迅捷，在沙漠中来去如风，令许多捕食者都拿它们没办法。

但是每年的七八月份，这些蜥蜴竟一反常态，行动迟缓得如同乌龟，这种现象引起了研究人员的兴趣。他们捕捉了一只蜥蜴并对其进行 CT 扫描，结果发现这只蜥蜴正处在妊娠状态中，但令人吃惊的是，蜥蜴腹中胎儿的重量竟达到了母体重量的 1/3。如此推算，这相当于一名妇女要生出一个七八岁大的儿童，并且这个生长中的巨形胎儿就位于蜥蜴母亲的肺部和消化道之上。由于坚硬的鳞片覆盖了蜥蜴的大部分身体，所以它的腹部是无法变大的。这样，在巨形胎儿的挤压下，蜥蜴母亲的肺部几乎全部萎缩，食道也变得狭窄异常。

妊娠后期是这些蜥蜴母亲最痛苦的时刻，因挤压而产生的憋闷，使它们无法正常呼吸，无法正常活动，也无法吃下太多的食物。窒息和饥饿，会让这些蜥蜴母亲苦不堪言，一向行动迅捷的它们只能艰难地拖着自己的身体缓慢活动。研究人员就此得出结论：世界上没有任何一种动物的繁衍，会比这种蜥蜴承受的痛苦更大。

伴随着痛苦的还有灾难。由于爬得不快，沙漠中的响尾蛇、沙狐等各种动物很轻松就能捕获它们，很多蜥蜴母亲在此时成了天敌的美餐。

在经历巨大的痛苦和劫难之后，蜥蜴母亲终于苦尽甘来，在沙漠中产下自己的孩子。而小蜥蜴因为身形庞大，它们在出生后马上就可以离开母亲，具备逃避天敌、独立生存的能力。

从澳大利亚蜥蜴的繁衍群体来看，蜥蜴母亲被天敌捕食的概率达到了 1/3，但是新生蜥蜴的成活率却可以达到 100%，这创造了动物繁衍成活率的世界之最。

澳大利亚蜥蜴的繁衍过程，向我们道出了一个真理：收获丰厚成果的前提，必是巨大成本的付出。

一、念一念　写一写

yǔ qǐ shì xí 禹 启 世 袭		miè jié shāng tāng 灭 桀 商 汤
zhōu wǔ fá zhòu 周 武 伐 纣		hòu liè gè bāng 侯 列 各 邦

二、读一读　记一记

身份证号码位数的含意：前 1、2 位数字表示所在省份的代码；第 3、4 位数字表示所在城市的代码；第 5、6 位数字表示所在区县的代码；第 7~14 位数字表示出生年、月、日；第 15、16 位数字表示所在地的派出所的代码；第 17 位数字表示性别，奇数表示男性，偶数表示女性；第 18 位数字是校检码，也有的说是个人信息码，用来检验身份证的正确性。校检码可以是 0~9 的数字，有时也用 X 表示（尾号是 10，那么就得用 X 来代替），一般是随机产生的。

三、想一想　背一背

中华成语千句文——商业文明（二）

长安道上，六街三市。南来北往，盛极一时。

东南形胜，纷华靡丽。市列珠玑，户盈罗绮。

六朝金粉，繁华胜地。商铺店坊，鳞次栉比。

针头线脑，油盐柴米。绫罗绸缎，陶瓷玉器。

茶酒香药，书画金石。琳琅满目，目不暇给。

注：① 鳞次栉比（lín cì zhì bǐ）：栉，梳篦的总称。像鱼鳞和梳子的齿那样有次序地排列着。多用来形容建筑物、船只排列得很密、很整齐。

② 目不暇给（mù bù xiá jǐ）：美好新奇的事物太多，眼睛来不及看。

自我评价	任务完成情况	组长评价	教师签字
★★★			

★ He seems a little nervous. 他显得有点紧张。

穷人的骨气

穷人有骨气,常常以陶渊明自居,不为五斗米折腰,可是他却忘了,陶渊明是有几亩薄田的,虽说不上大富大贵,但至少衣食无忧,方能够采菊东篱下,悠然见南山,饮几杯小酒,享一份清闲。这可不是什么忍辱负重,而是神仙日子。

穷人的骨气,有时带着自戕的味道,人在屋檐下,偏偏不低头,结果头破血流了不是?螳臂挡车,自取灭亡,关键是你灭亡以后,人家车还是照开,还有别的螳螂争先恐后往上爬,生怕抓不住机遇,生怕搭不上时代的快车——穷人的骨气何其可悲。

其实,任何事情都不是绝对的,哪能够比着箍箍买鸭蛋,一成不变?你看古代的大将,枪林箭雨中横冲直撞,眼睛都不眨一眨,你不能不说他是真英雄。就算一时战败,被人生擒,押进大帐,怒目圆睁,哪有一个怕字!座上的主公就顿生爱慕之心,喝退士兵,走下来亲自为他松绑。英雄的骨头也就软了,一番审时度势,当下就弃暗投明——后来果真立下了功业。

能被押进大帐去见主公的,都有着起码的级别、骨气才有载入史册的可能。人一穷,骨气也就不值钱了,你自己听起来铮铮有声,别人只当是破罐子破摔。

人活脸,树活皮,富人有脸面,穷人有骨气。很多时候,骨气是穷人的精神支柱,穷人在骨气中自我陶醉。

有的人凭着骨气成了英雄,有的人一身骨气却一无所有。就像同样是效忠,有的人是"忠诚",被请进祠堂供奉,有的却只是"愚忠",遭人嘲笑同情——穷人多半是后者。

骨气也不是个简单的问题,不只需要补钙,还得补脑才行。

有时候,你需要弯曲去走一走
呼吸一下新鲜空气
然后提醒自己
你是谁,想成为什么样的人

一、念一念　写一写

qín huáng jí quán 秦　皇　集　权				hàn liú chǔ xiàng 汉　刘　楚　项			
dǐng lì gē jù 鼎　立　割　据				luàn jìn bā wáng 乱　晋　八　王			

二、读一读　记一记

我国邮政编码的编码规则:采用四级六位编码制,前两位表示省、市、自治区,第三位代表邮区,第四位代表县、市,最后两位代表投递邮局,代表从这个城市哪个投递区投递的,即投递区的位置。例如,邮政编码"130021","13"代表吉林省,"00"代表省会长春,"21"代表所在投递区。

三、想一想　背一背

中华成语千句文——商业文明(三)

　　　　　　富商巨贾,囤积居奇。长袖善舞,无往不利。

　　　　　　坐贾行商,研桑心计。贱敛贵出,不失时机。

　　　　　　小本经营,勤业乐事。精打细算,铢累寸积。

　　　　　　不法之徒,欺行霸市。尔虞我诈,背信弃义。

　　　　　　坑蒙拐骗,伤天害理。假冒伪劣,千夫所指。

注:尔虞我诈(ěr yú wǒ zhà):尔,你;虞、诈,欺骗。表示彼此互相欺骗。

自我评价	任务完成情况	组长评价	教师签字
★★★			

★ How about a drink tonight? 今晚喝一杯怎样?

信任是一种健康的冒险

　　这个世界上，没有绝对值得信任的人和事，所以，只要有信任，就伴随着一定程度的风险。心理健康的人，会模糊处理问题，只要把握大就选择完全信任，并在此基础上做该做的事情；而心理不那么健康的人，则会过分看重没有把握的那极小部分，使得行为变得迟疑不定、患得患失。

　　信任不是一种态度，而是一种能力。从根本上来说，一个人对外界的人和事物的信任，是其对自己的信任外向投射的结果。在贼的眼里，所有的人都可能是贼。从这个意义上来说，信任他人，就是信任自己。

　　信任本身有点赌博的味道，当然是健康的、无大害的赌博。

　　曾经问一位父亲：如果你不再管你已经上高三的儿子，那会怎么样？这位父亲立即回答说：那他岂不要翻天了！接着再问：你在他那个年龄有人管吗？回答是：没人管。很显然，这位父亲缺乏对儿子的基本信任。

　　心理学家认为，对一个人的信任意味着，坚信每一个人的自然倾向是愿意被主流社会所接纳的，也就是说每个人都不会"心甘情愿"地去做反社会、反道德的事情。的确是有少数人那么做了，但这绝对不是我们要对每一个人都严加防范的理由。健康社会的标准也是信任，即信任每一个公民在一般情况下都会遵纪守法。

　　人与人之间的信任，从来就是相互的。在我们不信任他人的时候，得到的"回报"也会是不信任。身处互不信任的关系中，没有人会觉得愉快。但若我们信任他人，"回报"也会是信任，身处这样的关系中的每一个人，都会得到人格上的滋养和提升。

一、念一念　写一写

nán běi duì zhì 南 北 对 峙	fǔ xiǔ suí yáng 腐 朽 隋 炀

zhēn guān zhèng yào 贞 观 政 要	wǔ dài xù táng 五 代 续 唐

二、读一读　记一记

　　常规键盘快捷键：Ctrl＋C——复制；Ctrl＋X——剪切；Ctrl＋V——粘贴；Ctrl＋Z——撤销；Delete——删除；Shift＋Delete——永久删除；Ctrl＋A——选中全部内容；Alt＋Enter——查看所选项目的属性；Alt＋F4——关闭当前项目或者退出当前程序；Alt＋空格键——为当前窗口打开快捷菜单；Ctrl＋F4——在允许同时打开多个文档的程序中关闭当前文档；Alt＋Tab——在打开的项目之间切换；Alt＋Esc——以项目打开的顺序循环切换；Ctrl＋Esc——显示"开始"菜单；Alt＋菜单名中带下划线的字母——显示相应的菜单。

三、想一想　背一背

中华成语千句文——商业文明(四)

　　　　　　百年老店，货真价实。买卖公平，童叟无欺。
　　　　　　和气生财，日增月益。诚实守信，互惠互利。
　　　　　　十里洋场，纸醉金迷。华洋杂处，鱼龙混迹。
　　　　　　冒险乐园，赌彩一掷。流氓大亨，追名逐利。
　　　　　　民族工业，满目疮痍。左支右绌，难以为继。
　　　　　　工商巨子，奋袂而起。实业救国，手足胼胝。

注：① 满目疮痍(mǎn mù chuāng yí)：眼前看到的都是创伤,形容遭受战乱、灾祸严重破坏后的景象。

② 奋袂而起(fèn mèi ér qǐ)：奋袂,挥袖。袖子一挥站起来,形容愤然而起。

③ 手足胼胝(shǒu zú pián zhī)：胼胝,手掌或脚掌上因摩擦而生成的硬皮。手掌足底生满老茧,形容十分辛勤劳动。

自我评价	任务完成情况	组长评价	教师签字
★★★			

　　★ I get hold of you at last. 我终于找到你了。

发挥你的第一功能

这是一个从开废品回收站的亲戚那里听来的故事。

一个青年，偶然得到了一块大磁铁，是一家大型工厂变卖的。他拿着磁铁就合计上了：这块磁铁有什么用呢？按铁价卖掉，赚不了几块钱；放家里，似乎也派不上什么用场。后来他的母亲指点他说：你仔细想想，磁铁是用来干什么的呢？

他豁然开朗：是啊，磁铁就是用来吸铁的。他在磁铁上拴了根粗绳，就跑到附近的码头"垂钓"去了。结果大大出乎他的意料，上百年的海港，成千上万条船曾经来来去去，竟然把海底积攒成了一个巨大的"铁矿"：有废弃的零件，有断缆的铁锚，有修理用的工具，结果他第一天就捞上来一千多斤废铁。捞到了第一桶"金"，他索性雇了几条船又买了几块磁铁，在沿海的码头附近来回穿梭，短短的一个月，就已经积累了四万多元的财富。

再后来，他的"捕捞"船队从大连出发，一路往南挨个港口打捞沉在海底的废铁，据说还没到上海，他就已经迈入百万富翁行列。

那位亲戚很后悔地告诉我："我曾经收到过许多块磁铁，可我全都当铁给卖掉了，从来没有想到去发挥磁铁的第一功能，财富就这么白白地从眼皮底下溜走了啊。"

我们都知道"人尽其才，物尽其用"这句话，在现实生活中却往往忽略了正确发挥自身的第一功能。沈从文在年轻的时候曾经一度陷入困境，甚至有轻生的念头。后来一位编辑跟他说，你有才华，有思想，还怕长安居不易吗？沈从文豁然开朗：是啊，我手里有笔，可以写啊。通过自己的努力，他终于成为大学者、大作家。而做过木匠、当过体力工的齐白石，也只有在一门心思当画家后，才真正走上了成功之路，成为后来的大师。著名歌星孙楠全家人都有副好嗓子，但他决心不走歌唱这条路，结果干什么都没有多大成就，走过了许多弯路后，才终于发现，原来自己天生就是唱歌的料。迷途知返后，他很容易就取得了其他人要靠数倍努力才能够取得的成就。

人的先天有别，后天也有差异，这些都是客观存在的，往往并不容易改变。如果由于缺乏才能而处于劣势，倒也无可厚非，但如果有才能却不能够好好利用，或者满腹经纶却非要去冲锋陷阵，最终导致失败，那就是暴殄天物了。任何一个人都有自己的长处，任何一件东西都有其主要功能，认识并发挥自己的第一功能，才是最易取得成功的方法与态度。

一、念一念　写一写

chén qiáo bīng biàn 陈 桥 兵 变	chǐ rǔ jìng kāng 耻 辱 靖 康
yē lù wán yán 耶 律 完 颜	yuán jiàn sòng jiāng 元 建 宋 僵

二、读一读　记一记

常规键盘快捷键：Ctrl＋Alt＋Delete——在 Win9x 中打开"关闭程序"对话框；Ctrl＋N——新建一个新的文件；Ctrl＋O——打开"打开文件"对话框；Ctrl＋P——打开"打印"对话框；Ctrl＋S——保存当前操作的文件；Ctrl＋X——剪切被选择的项目到剪贴板；Ctrl＋Insert 或 Ctrl＋C——复制被选择的项目到剪贴板；Shift＋Insert 或 Ctrl＋V——粘贴剪贴板中的内容到当前位置；Alt＋Backspace 或 Ctrl＋Z——撤销上一步的操作；Windows 键＋M——最小化所有被打开的窗口。

三、想一想　背一背

中华成语千句文——商业文明（五）

状元张謇，及锋而试。弃政从商，风云之志。

东方之珠，国际都市。摩天大楼，拔地而起。

中西荟萃，万商云集。购物天堂，游人如织。

金融投资，航运贸易。波谲云诡，操赢致奇。

法治社会，自由经济。生机勃勃，日新月异。

自我评价	任务完成情况	组长评价	教师签字
★★★			

★I have a surprise for you. 我有一个意想不到的东西给你看。

哪些人不能成功

人生在世，莫不希望自己建功立业；不一定要功勋盖世，至少能留下立言、立功、立德的"三不朽"事业。人人都希望有功于社会乡里，可惜很多人求功好利，往往适得其反，功败垂成。那么，哪些人不能成功呢？

第一，无功受禄的人不能成功。没有功劳而想获禄，这就如同缘木求鱼，没有因怎么会有果呢？我们看到一些人成功，就该知道，他们都是经过许多的辛苦才功成名就。人生在世，只要能建立功勋，实至名归，就是有人辜负你，历史或大众都不会亏待你；反之，无功受禄的人，如历代的外戚，靠裙带关系，纵然受封，别人不服气，也无法成功。

第二，急功近利的人不能成功。建功立业是一生的事，不是一时的。有的人没有耐性，指望一时侥幸，因此急功近利。其实，急速成长的树木花草价值有限。

第三，居功自傲的人不能成功。有的人本来建立了功劳，让人崇敬，但是他居功自傲，反而因功获罪。如鳌拜，就因居功自傲而最后被康熙铲除。居功自傲的人应该以此为戒。

第四，贪功起衅的人不能成功。有些人为了贪取功名，制造是非，挑起事端，让别人互相斗争，他好从中取利。这种人或能侥幸获利，但长此以往，让人认识了他的诡计，彼此往来谨慎，纵使一时成功，但孤家寡人一个，没有朋友，人生又有何乐趣呢？

第五，邀功求赏的人不能成功。古今的英雄建立功劳后都希望获得褒奖。韩信向汉高祖要求封代理齐王，汉高祖生气不允，后经张良暗示，灵机一动，改口说："要封就封正式的，何必要代理呢！"因此封他为齐王。但韩信因此埋下杀身之祸。

第六，前功尽弃的人不能成功。有的人立下许多功劳，但不能守成，由于另外的因缘不具，让之前所有的功劳付诸东流，殊为可惜。因此，能够谨守功劳也是人生重要的功课。

一、念一念　写一写

zhōng lí tài zǔ 钟　离　太　祖		chóng zhēn diào sāng 崇　祯　吊　丧	
qīng jūn rù guān 清　军　入　关		dà chén zhù cáng 大　臣　驻　藏	

二、读一读　记一记

常规键盘快捷键：Windows 键＋Ctrl＋M——重新恢复上一项操作前窗口的大小和位置；Windows 键＋E——打开资源管理器；Windows 键＋F——打开"搜索结果"对话框；Windows 键＋R——打开"运行"对话框；Windows 键＋Break——打开"系统属性"对话框；Windows 键＋Ctrl＋F——打开"搜索结果-计算机"对话框；Shift＋F10 或鼠标右击——打开当前活动项目的快捷菜单；Alt＋F4——关闭当前应用程序；Alt＋Spacebar——打开程序最左上角的菜单；Alt＋Tab——切换当前程序；Alt＋Esc——切换当前程序。

三、想一想　背一背

中华成语千句文——中华医学

岐黄医术，自成一体。妙手回春，标本兼治。
黄帝内经，四时六气。五行生克，阴阳相济。
奇经八脉，神而明之。法灸神针，拍案惊奇。
扁鹊华佗，盖世神医。起死回生，悬壶济世。
望闻问切，因人而异。灵丹妙药，如法炮制。
以毒攻毒，辨证施治。对症下药，君臣佐使。
吐纳导引，颐神养气。延年益寿，长生久视。

注：① 如法炮制(rú fǎ páo zhì)：炮制，用烘、炒等方法制成中药。本指按照一定的方法制作中药，现比喻照着现成的方法办事。
　　② 颐神养气(yí shén yǎng qì)：犹言颐神养性。

自我评价	任务完成情况	组长评价	教师签字
★★★			

★ I saw it with my own eyes. 我亲眼所见。

动起来赶走郁闷

　　人在郁闷时,一个人蜷缩在角落里发呆,静静地不想动弹,但愈是冥思苦想,愈是钻牛角尖,结果只能是长久地陷入郁闷而无法自拔。这时候,应该用最快的速度让身体动起来。写字也好,画画也好,做做家务活也好;或走出户外,散步也好,骑车也好,跑步也好;或找人闲谈也好,辩论也好,争吵也好……只要你动起来了——做事情、与人打交道或是锻炼身体,你就会惊讶地发现,郁闷似乎并没有那么可怕,郁闷也能被轻易地驱逐。

　　为什么动起来会有那么大功效? 原来,郁闷说到底是一种心理上的困境,陷入郁闷的人因为自伤自怜而加重了症状,一动不动地闷着,只会沉溺于自己那点翻天覆地想不明白的小我之中。

　　身体一动,心情往往就要跟着发生变化,人的注意力发生转移,尤其是从事需要全神贯注投入的体育运动,烦恼更会完全被抛在脑后,郁闷也自然会减轻。其次,动起来后环境发生了变化,那种足以将人囚禁于郁闷中的特定情境,突然不存在了,这种外在环境的转移,往往是由静到动,由晦暗逼仄的室内到明亮宽敞的户外,由沉寂压抑到喧闹、生机勃勃。最后,动起来需要消耗一定的能量,而心理压力和不良情绪也会随之得到一定程度的消解释放。因此,有的人在极其苦闷的时候,干脆不去管它,选择某种剧烈的运动,出一身大汗,洗个热水澡,沉沉睡一觉,第二天醒来,精神就会好得多。

　　每个人都可能郁闷,时间有长有短,程度有浅有深,解脱的速度因人而异,因事而异。但是我认为郁闷并不可怕,只要不再偏守一隅,懒洋洋不肯动,一个劲地自怨自艾,而是站起身、走出去、动起来,那么郁闷就会渐渐离去!

一、念一念　写一写

fěn suì pàn zhuó 粉 碎 叛 卓	lí yù shè jiāng 犁 域 设 将
tái wān fù guī 台 湾 复 归	shǒu wèi biān fáng 守 卫 边 防

二、读一读　记一记

　　世界八大奇迹指的是巴比伦空中花园、亚历山大港灯塔、爱琴海太阳神像、奥林匹亚宙斯神像、阿尔忒弥斯神庙、摩索拉斯陵墓、埃及的金字塔、秦始皇兵马俑。1987 年,秦始皇陵及兵马俑坑被联合国教科文组织批准列入《世界遗产名录》。1978 年 9 月,法国前总理希拉克参观后感慨地说:"世界上有七大奇迹,秦兵马俑的发现可以说是八大奇迹了。不看金字塔,不算真正到过埃及;不看秦俑,不算真正到过中国。"于是,"世界第八大奇迹"的说法不胫而走。

三、想一想　背一背

中华成语千句文——科技之光(一)

　　　　　　　　河图洛书,鸿爪雪泥。五行八卦,规天矩地。
　　　　　　　　以管窥天,观象授时。四时八节,稼穑有时。
　　　　　　　　圭表测影,漏壶计时。浑天地动,鬼设神施。
　　　　　　　　周髀算经,勾股定理。九章算术,条分缕析。
　　　　　　　　圆周密率,析毫剖厘。如意算盘,不遗巨细。
　　　　　　　　青铜冶炼,夏鼎商彝。干将莫邪,削铁如泥。
　　　　　　　　唐代三彩,景德名瓷。陶土成金,斑斓多姿。
　　　　　　　　衣被天下,养蚕缫丝。轻若烟雾,薄如蝉翼。

注:① 稼穑(jià sè):春耕为稼,秋收为穑,即种植与收割,泛指农业劳动。
　　② 圭(guī):古代帝王或诸侯在举行典礼时用的一种玉器。
　　③ 缫丝(sāo sī):将蚕茧抽出蚕丝的工艺概称缫丝。

自我评价	任务完成情况	组长评价	教师签字
★★★			

★ I will arrange everything. 我会安排一切的。

不要让恐惧控制你一生

　　心理学家研究发现：当人们觉得凭借自己的能力无法完成一件事或者将会搞砸一件事的时候，恐惧感就会由此产生。但是，假如你去尝试，你常常会意识到，很多时候这种恐惧感其实是毫无依据的。

　　为了保护我们自己，我们的大脑会不顾一切地阻止我们做一些有风险的事。想象一下，你正乘着飞机在万米高空中时，这时遇到危险情况必须跳伞，大脑会灌输一些负面的信息让你无法顺利跳伞，那是因为恐惧像种子一样扎根在我们的头脑中。而假如你此前有过很多年的跳伞经验，你的大脑就不会有所顾忌，因为你的潜意识告诉你：跳伞不会有危险。

　　当你将自己推向自己能力极限的时候，让你感到恐惧的事就会开始减少。久而久之，你会渐渐领悟出一个道理，其实所有的恐惧都是你的大脑出于保护自己的本能而产生的，而且你也会领悟到那些未知的恐惧没有你潜意识中认为的那样危险。比如一个刚刚入行的推销员要在街上向行人推销自己的产品，这可能会让很多新人手足无措，他们不知如何开口，不知道是否会遭到拒绝甚至白眼，不知道是否有人愿意买自己的产品，但这些并不是无法办到的事。只要克服自己内心的恐惧，勇敢地张开嘴，迈开腿，多花一点时间，你会发现其实这根本算不了什么。

　　人们常说，你能想多远就能走多远。有这样一个故事，一个人经过一个建筑工地，那里有三位建筑工人，他分别问三个人在做什么。第一个工人回答："我正在砌一堵墙。"第二个工人说："我正在盖一座大楼。"第三个工人回答："我正在建造一座城市。"十年以后，第一个工人还在砌墙，第二个工人成了建筑工地的管理者，第三个工人则成了城市的领导者。事实上，当初三个工人的处境几乎一样，他们同样踏实肯干，对未来有着同样美好的设想，只不过第一个工人被内心的恐惧阻止了，他认为理想是离现实太遥远的东西，而第二个和第三个工人只是朝着理想多走了一步，多做了一些尽管最初让自己有所畏惧的事情，比如，勇敢地寄出了自己的设计图纸，在适当的时候展示了自己的才能。

　　每天做这样一件令自己畏惧的事，你的体内会产生大量的肾上腺素。而且假如你完成了原先你认为做不到的事，你会感觉非常棒，因为你发现不会再有阻止你的障碍了。你会过上更好的生活，获得来自同行们更多的尊敬，而且你能更好地控制你自己，能够经历许多别人想都不敢想的经历。

一、念一念　写一写

yā piàn zhàn zhēng 鸦 片 战 争			yīng zhàn xiāng gǎng 英 占 香 港		
wù xū wéi xīn 戊 戌 维 新			shè huì gǎi liáng 社 会 改 良		

二、读一读　记一记

计算机配置一般是指计算机的硬件配件的高档程度、性价比等,计算机的性能好坏主要取决于这些配置。

(1) CPU:决定运行速度。(2) 主板:决定运算速度和稳定性,由于主板应用的芯片不同,可分为很多种,如 845、865、895、815 等。(3) 硬盘:决定读、存数据的速度和大小,如 80G/7200/0.8M,其中 80G 是大小,7200 是转速,转速决定读存数据的速度,0.8M 是硬盘的缓存。(4) 显卡:决定画面的显示效果和显示速度,它的性能指数一般看它的显存及位数,如人们常说的双 128,就是说内存和位数都是 128 位的。

如何查看计算机配置呢?单击"开始"→"程序"→"附件"→"系统工具"→"系统信息",即可查看硬件版本、性能指数、软件版本信息等。

三、想一想　背一背

中华成语千句文——科技之光(二)

蔡伦造纸,化腐成奇。普及文化,名垂青史。
印刷创新,毕昇活字。事半功倍,称心如意。
九转金丹,火药问世。硝烟弥漫,轰天裂地。
磁针指南,畅险通机。指点迷津,万无一失。
四大发明,人类福祉。有口皆碑,丰功伟绩。
两弹一星,国之利器。保家卫国,安如磐石。

自我评价	任务完成情况	组长评价	教师签字
★★★			

★ Wish I knew my neighbor. 我很想认识我的邻居。

活出自己的精气神

人活着，是一种幸福而又艰辛的事情，因为上苍在赐予一个人生命的同时，也交付给人们许多沉重的责任。一个人，除去天真的童年和垂暮的老年，在一生中的多数时间里，都在为家庭与事业而不停奔波。生活的内容，对于大多数人来说，并不轻松。

但是，一个人既然活着，就应该活出自己的精气神。在我们身边总是有那么一些人，他们从出生的那一刻起，已注定一生与苦难相伴。然而，他们却坦然地接受了这一切，并镇静地生活在当下。你看，阳光下，那些面带微笑与我们擦肩而过的盲人，还有那些身躯残缺，但仍乐观面对生活的人，他们不都活出了自己的精气神？

在我们每一个人的记忆里，可能都会珍藏着一些平凡的逝者的身影，或是我们的亲人，或是邻家的一位长者。他们生前，就像村口那些老槐树一样普普通通地活着，可是，在那些贫困的岁月里，他们都曾活出了自己的精气神。

他们那淳朴而又坚忍的身形，就像那些经历风霜雪雨的老槐树一样，一直陪伴在我们的身边，让我们感动，让我们的内心不再孤独。

其实，世间万物，但凡有生命的，又何止我们人类懂得活出自己的精气神。你看身边的那些花草树木，它们不是同样充满着灵性吗？

无论身下的土地多么贫瘠，它们总会努力把生命中最鲜亮的叶子呈现出来，把那些干枯的枝叶掩藏到深处。哪怕只剩下最后一枚绿叶，也总是勇敢地悬挂在枯叶的顶上。

它们也会努力地开花，不管艳丽还是素洁，不管芬芳还是淡雅，它们都不会拒绝生命的花期，在困境里默默地绽放。

纵使深秋的那些落叶，也会在生命的最后时刻，划出一道坚强的弧旋，而后仍不放弃生命的执著，用最后一丝气息叩问大地。它们生活得平凡，但是在春风秋雨的轮回中，它们的经历又何尝不精彩呢？

我更愿意这样设想，每一个人的人生最初都是一棵光秃秃的树。它枝头上那些饱含着生动细节的叶子，都需要我们亲自动手去添加和创造。

如果我们选择失望、忧愁和沮丧的叶子来装扮那些空荡荡的枝头，那么那些悬挂在枝头上的叶子将变得万般沉重，整棵生命之树就会变得死气沉沉。或许过不了多久，在那些重荷之下，脆弱的枝干就会折断。

我们只有选择自信和乐观的叶子来装扮我们的生命之树，它才会逐渐变得鲜活和生动起来。

每个人，都是自己生命之树的主人。也许，我们的生命之树并不高大健壮，也许我们倾己一生也没有迎来灿烂的花期和果实累累的收成，但是，我们却满怀希望地生活过。

因为世间原本就是这样的，平凡永远属于多数人。

那么，我们可以生活得平凡，却不能沦为平庸。只要努力活出自己的精气神，我们的生命之树，就会在平凡中变得有意义。

一、念一念　写一写

xīn hài gé mìng 辛 亥 革 命				sūn wén sī xiǎng 孙 文 思 想			
lián méng kàng wō 联 盟 抗 倭				guó gòng liǎng dǎng 国 共 两 党			

二、读一读　记一记

给宽带加速:(1)单击"开始→运行",输入 gpedit.msc,回车后即可打开"组策略"对象编辑器;(2)展开"计算机配置—管理模板—网络—QoS 数据包计划程序",双击右面设置栏中的"限制可保留带宽",在打开的"属性"对话框中的"设置"选项卡中将"限制可保留带宽"设置为"已启用",然后在下面展开的"带宽限制(％)"栏将带宽值"20"设置为"0"即可;(3)修改完之后,我们可以重新打开 IE 浏览器,或者用 BT、迅雷下载文件,发现上网和下载的速度有了明显提升。

三、想一想　背一背

中华成语千句文——江山如画(一)

锦绣中华,江山万里。钟灵毓秀,瑰奇壮丽。
名山大川,洞天福地。人文景观,名胜古迹。
雪域高原,世界屋脊。莽莽昆仑,横空出世。
天山南北,绿洲戈壁。林海雪原,冰天雪地。

注:钟灵毓秀(zhōng líng yù xiù):钟,凝聚,集中;毓,养育。凝聚了天地间的灵气,孕育着优秀的人物。指山川秀美,人才辈出。

自我评价	任务完成情况	组长评价	教师签字
★★★			

★ I would like to check out. 我想结账。

不要停下你的追问

每一年的诺贝尔奖颁奖，都是全世界最受关注的事件。看着一个个伟大的人物走上诺贝尔奖颁奖台时，人们也都在思考：他们获得诺贝尔奖的背后有多少常人难以做到的辛苦？他们取得伟大成就的秘密在哪里？甚至还有人想，他们是否都是一些有着超常思维的人？或者，他们是否都有超常的思维方法？

丹麦的芬森博士因成功使用集中的光线治疗寻常狼疮等疾病而获得了1903年度的诺贝尔医学奖，但是很少有人知道，芬森博士是在观察猫晒太阳以后突发灵感发现这个秘密的。

芬森博士有一个习惯，喜欢在冬天和春天的午后坐在门前晒会儿太阳。一天，他发现家中的母猫挺有意思，跟着他在阳光下安详地打着盹儿。随着太阳慢慢西移，渐渐被拉长的树影挡住了母猫身上的阳光。没多大一会儿，晒不着阳光的母猫醒了，它站了起来，到另一块有阳光的地方重新卧了下来，接着悠闲、安详地打盹。

芬森博士发现，每隔一段时间，猫就会随着阳光的转移而不停地变换着睡觉的场地和姿势。

这一切，在一般人看来是那样的习以为常，可是却唤起了芬森博士的好奇心。"猫喜欢待在阳光下，那么这说明光和热对它一定是有益的。那对人呢？对人是不是同样有益？"这个想法在芬森博士的脑子里闪了一下。可贵的是，他没有停下自己的追问，继续深入地思索着阳光对于人类的作用。不久，芬森博士发明的"日光疗法"便在世界上诞生了。

无独有偶，伟大的大陆漂移学说的创立者魏格纳，也是因为一次偶然地对一张地图注目而创立了这个伟大理论。

故事发生在1910年。在第一次世界大战中，德国气象学家魏格纳的研究工作中断后，因为在战场上身负重伤而住院。养病期间，他在病房的世界地图上突然发现，大西洋两岸的地形之间具有交错的关系，南美的东海岸和非洲的西海岸之间，相互对应，简直就可以拼合在一起。这个发现让他兴奋不已，他继续沿着自己的思路思考，他推测太古时代地球上的大陆是连在一起的巨大板块，后因大陆不断漂移，才形成今天的各个大陆。

为了证明自己的发现，他进行了大量的考证工作，找到了许多事实，于1912年提出大陆漂移学说，并于1915年出版了《海陆的起源》一书，系统地阐述了大陆漂移学说。大陆漂移学说认为，在两亿五千万年前，目前分成各个洲的大陆是连在一起的，那时还没有大洋，以后，完整的泛大陆开始四分五裂，逐渐形成了现在的七大洲。

还有那个我们都知道的牛顿的故事。牛顿因为在果园里看到一只掉下来的苹果而发现了万有引力。

晒太阳的猫，普通的世界地图，落下的苹果，这都是我们再熟悉不过的司空见惯的现象，这些现象就在我们的生活中时刻发生着。可是，为什么普通人熟视无睹，而科学家们却产生了伟大的发现？

他们并没有什么特异功能，他们只是因为有一双思索的眼睛，他们只是要探究普遍现象的背后还隐藏着什么，他们只是因为没有停下自己的追问。

一、念一念　写一写

dìng dū jīng shī 定 都 京 师		rén mín jiě fàng 人 民 解 放	

zhū zǐ bǎi jiā 诸 子 百 家		kǒng mèng lǎo zhuāng 孔 孟 老 庄	

二、读一读　记一记

在 Word 中快捷输入带圈数字符号：如果输入①～⑩的带圈数字符号，我们一般的做法是利用软键盘的"数字序号"输入。如果输入 11～20 的带圈数字，我们的做法是先输入数字，然后选中，再利用"格式→中文版式→带圈字符"就可以了。这里告诉大家不用切换，也不用工具的快捷输入方法，即 Unicode 字符。如果要输入"①"，先输入"2460"，然后按 Alt＋X，刚才输入的"2460"就变成了"①"。1～20 的带圈数字输入对照表：①——2460，②——2461，③——2462，④——2463，⑤——2464，⑥——2465，⑦——2466，⑧——2467，⑨——2468，⑩——2469，⑪——246a，⑫——246b，⑬——246c，⑭——246d，⑮——246e，⑯——246f，⑰——2470，⑱——2471，⑲——2472，⑳——2473。

三、想一想　背一背

中华成语千句文——江山如画（二）

> 泰山独尊，封禅拜祭。嵩山禅宗，少林绝技。
> 黄山松石，斗怪争奇。华山独径，绝壁悬梯。
> 武陵桃源，雾锁烟迷。蓬莱仙境，蜃楼海市。
> 西湖潋滟，浓淡相宜。钱塘潮涌，沸天震地。
> 天涯海角，花香四季。宝岛台湾，风光旖旎。
> 鱼米之乡，膏腴之地。桂林山水，天下第一。

注：① 潋滟(liàn yàn)：水波荡漾的样子。
　　② 旖旎(yǐ nǐ)：本为旌旗随风飘扬的样子，引申为柔和美丽，多用来描写景物。
　　③ 膏腴(gāo yú)：肥沃。

自我评价	任务完成情况	组长评价	教师签字
★★★			

★ It has become much cooler. 天气变得凉爽多了。

自由与约束

个人的自由来自于对自己的约束。自由，并不是想干什么就干什么；恰恰相反，自由意味着只能在有限的范围内做事。

罗丹把自己约束在雕塑的世界里，柴可夫斯基则专注于音乐，但他们都获得了创作的自由。在长达16年的时间里，米开朗基罗把自己约束在西斯廷教堂的圆顶下面，他埋头画壁画，创造了艺术史上的一个奇迹，也充分享受了创作的自由。

想起约瑟夫·雷杜德，一位法国著名画家，他把自己的一生献给了玫瑰花。任凭法国革命大潮汹涌、政权更迭，甚至人头落地血流成河，他只是画他的玫瑰花。整整20年，雷杜德以一种"独特的绘画风格"完成了《玫瑰图谱》。画册里169种楚楚动人的玫瑰，成为世界玫瑰的经典。浪漫的玫瑰，来自于最不浪漫的劳作，来自于他在技术和艺术方面对自己严格的约束。在此后180多年里，《玫瑰图谱》以各种语言和版本出版了200多种版本，平均每年都有一种新版本面世。雷杜德懂得约束自己，二十年如一日，只是画他的玫瑰花，却在这看似单调枯燥的事情里，享受着自由的乐趣。

在自己的世界里，过自己的生活，你就成了上帝，从而获得最大的自由。自由即约束，而约束意味你将成为某一个角色，并需要为此而默默坚守。一天，一月，一年，坚持将一件事做到最好，并从中体验到人生的喜乐，这不正是生命的自由吗？释迦牟尼专注于"佛陀"的事，孔子专注于"仁爱"的事，康德专注于"道德"的事……能够约束自己者，专心做事，成为自己的主人，进入自由王国；不能约束自己者，泛滥百事，则只能成为事物的奴隶，落个身不由己的可悲结局。

人人都曾有过伟大的梦想，但绝大多数人终其一生，却不能将梦想变为现实。究其原因，在很大程度上，就是因为没有学会自知、自制，没有做到心无旁骛、自我约束。人的一生，精力和时间毕竟是有限的，唯有专注如一，将力量集中于一点，方可在某一领域取得成就，这也许就是自由与约束的辩证法吧。

一、念一念　写一写

biǎn què líng yī 扁　鹊　灵　医	lǔ bān qiǎo jiàng 鲁　班　巧　匠
luó pán xiāo yào 罗　盘　硝　药	zhēn jiǔ liáo shāng 针　灸　疗　伤

二、读一读　记一记

找回误删的文件：(1) 单击开始→运行,然后输入 regedit(打开注册表)；(2) 依次展开 HEKEY _ LOCAL _ MACHIME—SOFTWARE—Microsoft—Windows—Currentversion—Explorer—Desktop—Namespace,在左边空白外点击"新建",选择"主键",把它命名为"645FFO40-5081-101B-9F08-00AA002F954E"再把右边的"默认"的主键的键值设为"回收站",然后退出注册表；(3) 重启你的计算机。

只要你机器没有运行过磁盘整理,系统完好,任何时候的文件都可以找回来。

三、想一想　背一背

中华成语千句文——江山如画(三)

黄河九曲,逶迤天际。壶口飞瀑,磅礴大气。
长江奔腾,一泻千里。三峡湍流,千仞壁立。
百川归海,汪洋恣肆。一碧万顷,鸥翔鳞集。
文明摇篮,九州禹迹。炎黄子孙,繁衍生息。
江山如画,叹为观止。千古风流,感慨系之。

注：① 逶迤(wēi yí)：形容道路、山脉、河流等蜿蜒曲折。
　　② 恣肆(zì sì)：放纵,没有顾忌,也指酣畅淋漓地肆意发挥。

自我评价	任务完成情况	组长评价	教师签字
★★★			

★ It's time you went to bed. 你早就该睡觉了。

取悦自己

一位诗人写了不少的诗，也有了一定的名气。可是，他还有相当一部分诗没有发表，也就无人欣赏。为此，诗人很苦恼。

诗人有一位朋友，是一位禅师。这天，诗人向禅师说了自己的苦恼。禅师笑了，指着窗外一株茂盛的植物说："你看，那是什么花？"诗人看了一眼植物说："夜来香。"禅师说："对，这夜来香只在夜晚开放，所以大家才叫它夜来香。那你知道，夜来香为什么不在白天开花，而在夜晚开花呢？"诗人看了看禅师，摇了摇头。

禅师笑着说："夜晚开花，无人注意，它开花，只为了取悦自己！"诗人吃了一惊："取悦自己？"禅师笑道："白天开放的花，都是为了引人注目，得到他人的赞赏。而这夜来香，在无人欣赏的情况下，依然开放自己，芳香自己，它只是为了让自己快乐。一个人，难道还不如一种植物？"

禅师看了看诗人，又说："许多人，总是把自己快乐的钥匙交给别人，自己所做的一切，都是在做给别人看，让别人来赞赏，仿佛只有这样才能快乐起来。其实，许多时候，我们应该为自己做事。"诗人笑了，他说："我懂了。一个人，不是活给别人看的，而是为自己而活，要做一个有意义的自己。"

禅师笑着点了点头，又说："一个人，只有取悦自己，才能不放弃自己；只要取悦了自己，也就提升了自己；只有取悦了自己，才能影响他人。要知道，夜来香夜晚开放，可我们许多人，却都是枕着它的芳香入梦的啊。"

一、念一念　写一写

cài lún bì shēng 蔡伦毕昇				jiàn zhēn xuán zàng 鉴真玄奘	
yì jīng lún yǔ 易经论语				shǐ jì dá chàng 史记达畅	

二、读一读　记一记

Shift 键的妙用:(1) 当你用 QQ 和别人聊天时,是不是有时信息发送得特别慢呀,不要紧,只要你发信息时按 Shift 键,信息就会很快地发送出去;(2) 当你面对一大堆窗口,却要一个一个把它们关掉时,是不是很烦啊? 只要你按 Shift 键再单击关闭按钮,所有的与之相关的窗口就都会被关掉;(3) 在输入大小写字母时,按 Shift 键,就可以改变其大小写;(4) 当安装了某个新软件,有时要重新启动计算机才有用,这时只要先按 Shift 键,就可以跳过计算机的自检而节省大量的时间(仅适用于 Windows 95 及 98);(5) 选择文件时,先按 Shift 键,再选最后一个文件,可以选中多个文件;(6) 删除文件时,按 Shift 键可以直接删除,而不是把文件放在回收站;(7) 放光碟时,连按数下 Shift 键,可以跳过自动播放;(8) 按 Shift 键＋F10,可以代替鼠标右键。

三、想一想　背一背

中华成语千句文——民族神话

　　　　鸿蒙未辟,宇宙洪荒。亿万斯年,四极不张。
　　　　盘古开天,浊沉清扬。天高地厚,乾坤朗朗。
　　　　日月经天,星宿列张。江河行地,浩浩汤汤。
　　　　女娲补天,日月重光。夸父逐日,血气贲张。
　　　　精卫填海,荡气回肠。后羿射日,功德无量。
　　　　神话故事,意味深长。民族精神,积厚流光。

注:① 星宿(xīng xiù):道教崇奉的星神,指"四象"和"二十八宿"。在东、南、西、北四方都有一位守护神,分别是青龙、朱雀、白虎、玄武。

　　② 贲张(bēn zhāng):扩张突起。

自我评价	任务完成情况	组长评价	教师签字
★★★			

★ No spitting on the street. 禁止在大街上吐痰。

高手

　　如果你是一名棋类爱好者，如果你想迅速提高自己的棋艺，成为棋手中的高手，那么有一个最好的办法，就是找高手下棋。

　　如果找一个不如你或者和你水平差不多的人下棋，虽然你可能轻而易举地战胜对手，但对于提高你的棋艺来说却没有什么益处，不能使你有所进步。所以，最好找一个比你棋艺高的人下棋。和高手对弈，你会找出自己的不足，通过学习对方的优点、长处，就能取长补短，棋艺才能逐渐提高，总有一天，你也将成为棋手中的高手。

　　其实，交友也是一个道理。如果你想成为一个优秀的人，也就是所谓的"高手"，那么有一个最好的办法，就是要交一个各方面都强于自己的人，和这样的人交往，你会从中得到益处。

　　古人也有这个经验。宋代岭南的大学者何坦，写了《西畴常言》一书。他主张"交朋必择胜己者，讲贯切磋，益也"。这就是说，要欢迎朋友比自己强，这对自己有好处，因为可以向他学习，提高自己。

　　"近朱者赤，近墨者黑"。和优秀的人在一起，也就是和"高手"交朋友，他们的思想观念、言谈举止、气质性格、学识修养等会潜移默化地影响你，促使你在品德和学业上得到进步，从中受到熏陶。这样的朋友可以为师，通过虚心地学习人家的长处，弥补自己的短处，从而增长才干，开阔眼界，让自己受益。交友千万不可交品学不如自己的人，一旦交到恶友就会影响自己的前途。正如周公说，不如我的人，我不与他们相处，因为他们会拖累我。所以，交友要谨慎。

　　下棋要找高手，交友要找高手，你就会成为高手。

一、念一念　写一写

hé tú luò shū 河 图 洛 书		suàn shù jiǔ zhāng 算 术 九 章	
xī sān hóng shuǐ 西 三 红 水		liáo rú píng xiāng 聊 儒 瓶 厢	

二、读一读　记一记

原始社会的新石器时代是我国天文学的萌芽阶段。当时人们已经开始注意太阳升落、月亮圆缺的变化,产生了时间和方向的概念。到了夏朝就有了历法,所以至今还把农历称为"夏历"。商代甲骨文有了世界上关于日食、月食的最早记录。春秋时建立了二十八宿体系,把一年分为春、夏、秋、冬四季,并有了世界上最早关于哈雷彗星的记载。世界上最早的天文学著作《甘石星经》是战国时期甘德、石申编写的。此后有了二十四节气。元代郭守敬创造的《授时历》定一年为 365.2425 天,比《格里高利历》早了 300 多年。

三、想一想　背一背

中华成语千句文——人猿揖别(一)

浩瀚宇宙,银河苍茫。地球生命,雨露阳光。

斗转星移,天行有常。大陆漂移,七洲四洋。

四时更替,寒来暑往。云行雨施,万物生长。

大千世界,包罗万象。自然造化,大块文章。

千岩万壑,层峦叠嶂。电闪雷鸣,狂涛巨浪。

注:人猿揖别(rén yuán yī bié):语出毛泽东《贺新郎·读史》,说出人类刚诞生时那惊心动魄的一刻,好像只是人与猿作了一个揖就从此分道扬镳了一般。

自我评价	任务完成情况	组长评价	教师签字
★★★			

★ She was totally exhausted. 她累垮了。

对勇敢的诠释

在南美亚马逊河畔密林里有一种本领令人惊叹的灭火蛇。1892年，亚马逊河畔一侧发生了森林火灾，成千上万条灭火蛇赶来灭火。它们奋不顾身地冲进火海，以滚动身体的方式灭火。更值得一提的是，它们在灭火的过程中，显得很有组织，也很有层次——当有一批蛇冲进火海时，另一批正在扑火的蛇便会快速地退下来，在没有火的地方休整……

原来，这种蛇表皮能分泌一种黏液，起隔热作用，因此能在火海里停留较长时间，可它并不能无限制地停留。当它们身体分泌的黏液消耗殆尽，生命受到威胁的时候，它们便会休整，等待身体再次分泌黏液。灭火蛇分批灭火其实就是这个道理。

沙特阿拉伯村庄里广泛分布着一种相貌极其丑陋的蛇，叫四鳗青。这种蛇无毒，但它很勇敢，每当有其他动物来袭时，都会勇气十足地冲上去，虎视眈眈地与敌人对视。有些动物从未见过如此吓人的东西，往往都会仓皇而逃。当地居民了解了这种蛇的习性，便去捕捉这种蛇，然后精心喂养，让它们越长越大。当家里没有人的时候，把蛇放出来看家护院，驱赶来吃羊的狼或是野狗。因此，它也被当地人称为看家蛇。可看家蛇的勇气并不能完全地保护自己，翱翔在天空中的雄鹰根本不怕它，也不管它的丑，一个俯冲下来，把它带到天空，然后再放下来，看家蛇就会摔得一命呜呼。

灭火蛇的勇敢告诉我们，勇敢的基础是有真正的本领，而勇敢的前提是要保护好自己。看家蛇的勇敢则告诉我们，勇气不等于勇敢，没有真正的本领做后盾，勇气发挥不了太大的作用。

一、念一念　写一写

shī cí qǔ fù 诗 词 曲 赋	xì jù shuō chàng 戏 剧 说 唱
pí pá qín sè 琵 琶 琴 瑟	luó chǎ kēng qiāng 锣 镲 铿 锵

二、读一读　记一记

社会交往之"谦"字诀

处世唯"谦"字了得,若一味狂妄自负、骄傲自大,只会失去处世的根本,落得个孤苦伶仃、千夫所指的骂名。

(1) 不可目中无人;

(2) 得意不要忘形;

(3) 有本事不必自夸;

(4) 请教不择人。

三、想一想　背一背

中华成语千句文——人猿揖别(二)

云合雾集,千态万状。长林丰草,傲雪凌霜。

飞禽走兽,虎视鹰扬。适者生存,不主故常。

人猿揖别,竖起脊梁。劳动造人,历尽沧桑。

幕天席地,饮露餐霜。穴居野处,出没无常。

茹毛饮血,食果为粮。栉风沐雨,袭叶为裳。

钻木取火,文明之光。物竞天择,万物灵长。

注:① 茹毛饮血(rú máo yǐn xuè):茹,吃。用来描绘原始人不会用火,连毛带血地生吃禽兽的生活。

② 栉风沐雨(zhì fēng mù yǔ):风梳头,雨洗发。形容人经常在外面不避风雨地辛苦奔波。

自我评价	任务完成情况	组长评价	教师签字
★★★			

★ Show your tickets, please. 请出示你的票。

仇人不过是路人甲

那天跟好久不联系的朋友煲电话粥，聊着聊着，她平静地对我说："你知道吗，我今天看到某某了。就在路上，他看着我，我装作没看到他，面无表情地就擦肩而过了。原本以为我心里会重新翻腾起巨大的仇恨，可谁知道，仅仅是擦肩而过而已，内心一点波澜都没有，就跟不认识的人一样。我被仇恨折磨得太久，以前每次看到他，都恨得咬牙切齿，恨不得扑上去咬他一口。不过几年的时光，仇恨竟然从我心里烟消云散。看来时光这把刀，不光能催人老，也能慢慢地让人把心底的仇恨都打磨平。"

我知道朋友的事情，那个人以前是她的上司，原本无冤无仇，忽然有一天，就开始给朋友穿小鞋，这小鞋不光挤脚，还隔段时间就来那么一次，搞得朋友莫名其妙，百思不得其解。那些日子朋友痛苦得夜夜睡不安稳，头发大把大把地往下掉，每天上班都小心翼翼，唯恐出错被抓了现行，更有甚者，即便什么错都没有，也挡不住上司莫名其妙的折磨。后来终于明白，上层曾有调动朋友工作岗位的想法，阴差阳错，朋友没被调动，与上司关系极好的另一位女同事去了新岗位。上司以为朋友暗地里做了手脚，其实所有的事情朋友都蒙在鼓里，等到朋友明白事情原委的时候，那上司已经调到别处去任职。朋友心底里的恨如滔滔江水，在心里诅咒了原上司无数次，甚至听不得人家提原上司的名字，一听那名字，心底的小火苗就噌噌地往上冒。那些曾经暗无天日的日子，让朋友神经衰弱、心力交瘁。过了好久，她才从仇恨中缓过来，随着时光的流逝，如剥茧抽丝般地把仇恨一点点都抽走，给了自己一个平和的生活。

老公以前的一位同事，辞职后跟人合伙下海经商，刚做得有点起色，正踌躇满志准备大干一场的时候，合伙人卷款潜逃，多方找寻无果，全部家当一夜之间就没了，孩子哭大人叫，几天时间他就白了头。他曾发誓，若找到那个合伙人，必定要将之千刀万剐。人要吃饭穿衣，还要养活老婆孩子，总沉浸在仇恨里不做事怎么行。后来他开始做点小生意，一切都从头开始。他拼了命要给家人挣一个好的明天，渐渐地日子好过点了，笑容也重新浮在脸上。再后来，听说那名合伙人在别处诈骗，被关进了监狱，老婆离婚带着孩子走了，最后落得个孤家寡人的下场。他听到这个消息的时候，并没有想象中的那么兴高采烈，只是淡淡地笑了笑，转身继续做事。在他心里，恨早已变成了动力。他要活出个样子给自己看，给曾经笑话他的人看。

在恨着的时候，以为能恨一辈子。却不知时光能让所有的仇恨烟消云散，回头看曾经的仇恨变得那么遥远，仿佛是别人的事情。为了过去的事情折磨自己，苦的是自己。那个给你仇恨的人，怎样想我们不得而知，但用别人的错误积年累月地惩罚自己，是对自己的不公平。当仇恨变成了动力，开启的是一个崭新的明天。人生苦短，放下了那个包袱，仇人成了路人甲，就会快乐轻松得多。

一、念一念　写一写

shēng xiāo wū yè 笙 箫 呜 咽			wò dí yōu yáng 卧 笛 悠 扬		
zhēng yīn bēn fèn 筝 音 奔 奋			suǒ nà gāo kàng 唢 呐 高 亢		

二、读一读　记一记

社会交往之"淡"字诀

为人处世，交朋待友，对势利纷华，似乎不必太过于苛求，当以"淡"字当头。看淡些，看开些，人生也就豁然开朗，有滋有味了。正如"平平淡淡才是真"。

（1）君子之交淡如水；

（2）淡看人生，善待生命；

（3）淡泊明志，莫为名利遮望眼；

（4）减少心欲，满足心灵。

三、想一想　背一背

中华成语千句文——人文初祖（一）

赤县神州，地老天荒。文明古国，源远流长。

物华天宝，灿烂辉煌。人杰地灵，万世其昌。

三皇五帝，视民如伤。经始大业，万古流芳。

神农教耕，沐雨经霜。遍尝百草，救死扶伤。

轩辕黄帝，始垂衣裳。成命百物，律吕调阳。

注：垂衣裳（chuí yī shang）：称颂帝王无为而治。

自我评价	任务完成情况	组长评价	教师签字
★★★			

★The train arrived on time. 火车准时到达。

一个老人的问题

酒店快关门的时候，一位衣衫褴褛的老汉迈进门来。酒店伙计惊奇地望着这位陌生客人。看上去，他是一位饱经风霜的老人，满脸皱纹，步履蹒跚，走起路来甚至跌跌撞撞，鼻梁上架着一副老花镜，右手拄着一根看上去已经伴随着他二十多年的拐棍。

老人一屁股坐在门口的凳子上，打了个手势，请酒店伙计过来，声音颤抖地问："有人问起过我吗？"伙计闹懵了，忙说："没有啊！"

老人抬起右手，用手指揩了一下脸上的汗水，伤感地说："那么，请给我倒一杯酒来，先生。"

老人叹着气，两只眼睛忧愁地望着门口，慢慢饮完了酒。随后，他用拐棍支着地，弯着腰，低着头，好像寻找什么东西似的步出酒店。伙计目送着他，觉得他既可怜又古怪。

十多天过去了。一天夜里，当酒店最后一名顾客走出门时，老人的面孔又出现在门口。他一声不吭地走进屋内，又坐在门口的凳子上，悲哀地问："有人问起过我吗？"

伙计不安地回答道："没有！"

老人抬起右手，用手指揩了一下脸上的汗水，像受了伤似的，喃喃地说："那么，请给我倒两杯酒来，先生。"

老人一口一口地呷着酒，两只眼睛呆呆地凝视着门口。酒杯空了，老人用拐棍拄着地，慢慢站起身，缓缓地挪动着步子，磨蹭着出了酒店大门。

几个月过去了。一天夜里，老人又来了。

"有人问起过我吗？"老人的眼里露出绝望的神色。

"没有！"

老人凄惨地说："那么，请给我拿一瓶酒来，先生！"

伙计同情地问："一瓶酒？"

老人点点头，抬眼看了看他，好像明白他正在故意找话说。

酒拿来了，老人喝着，喝着，喝光了一瓶。伙计的眼睛始终注视着他的脸。

老人用拐棍吃力地撑起身，向酒店大门方向挪动着步子。但一个趔趄，拐棍滑出手，他一下跌在地上。

他的两腿神经质地钩住一张桌子，颤颤巍巍地伸出右手，抓住桌子腿，挣扎着想站起来，但桌子倒了……

伙计赶忙奔过去，两眼涌着泪水，哭着说："最近好像有人问起过您，老人家！"

一、念一念　写一写

jīng hào kuāng lú 荆　浩　匡　庐		dǒng yuán xiāo xiāng 董　源　潇　湘	
mǐ fú xiě yì 米　芾　写　意		bēi hóng jùn áng 悲　鸿　骏　昂	

二、读一读　记一记

社会交往之"俭"字诀

　　不懂得"俭"字的人,不知道如何成功,任何成功的事业都在于点滴的积累;不懂得"俭"字的人,只会丧失成功,过分的骄奢多败人品质。"俭以养德",为人做事之良训。

　　(1) 从节省生活费开始;

　　(2) "穷大方"不可取;

　　(3) 谨防变态的节俭:吝啬;

　　(4) 欲路勿染,俭以养德。

三、想一想　背一背

中华成语千句文——人文初祖(二)

> 结绳记事,难得其详。仓颉造字,天雨粟粮。
> 刀耕火种,驯牛牧羊。春耕夏耘,秋收冬藏。
> 日出而作,植谷采桑。日落而息,处顺安常。
> 尧天舜日,鼓腹击壤。天下为公,尧舜禅让。
> 大禹治水,深孚众望。过门不入,千古传唱。

注:鼓腹击壤(gǔ fù jī rǎng):原指人民吃得饱,有余闲游戏,后用为称颂太平盛世之典。

自我评价	任务完成情况	组长评价	教师签字
★★★			

★ Thank you for your advice. 谢谢你的建议。

平分生命

男孩与妹妹相依为命,父母早逝,他是她唯一的亲人,所以男孩爱妹妹胜过爱自己。

然而灾难再次降临在这两个不幸的孩子身上。妹妹染上了重病,需要输血。但医院的血液太昂贵,男孩没有钱支付任何费用,尽管医院已经免去了手术的费用。但是不输血又不行,不输血妹妹就会死去。

作为妹妹唯一的亲人,男孩的血型与妹妹的相符。医生问男孩是否有勇气承受抽血时的疼痛。男孩稍一犹豫,略微思考后就郑重而又严肃地点了点头,脸上满是勇敢与责任。

抽血时,男孩十分平静,不发出一丝声响,只是向邻床上的妹妹微笑。抽血后,男孩躺在床上一动不动,目不转睛地看着医生将血液注入妹妹体内。手术完毕,男孩停止了微笑,声音颤抖地问:"医生,我还能活多长时间?"

医生正想笑男孩的无知,但转念间又被男孩的勇敢震撼了。在男孩10岁的大脑中,他认为输血会失去生命,但他仍然肯输血给妹妹。在那一瞬间,男孩所作出的决定付出了他一生的勇敢,并下定了死亡的决心。

医生的手心渗出了汗水,他握紧了男孩的手说:"放心吧,你不会死的,输血不会丢掉生命。"

男孩眼中放出了光彩:"真的? 那我还能活多少年?"医生微笑着,充满爱心地说:"你能活到100岁,小伙子,你很健康!"

男孩从床上跳到地上,高兴得又蹦又跳。他在地上转了几圈确认自己真的没事时,就又挽起了袖子,露出了胳膊——刚才被抽血的胳膊,昂起头,郑重其事地对医生说:"那就把我的血抽一半给妹妹吧,我们两个每人活50年!"

所有的人都震惊了,这不是孩子无心的承诺,这是人类最无私、最纯真的诺言!

一、念一念　写一写

bǐ mò zhǐ yàn 笔墨纸砚				biǎn méi yíng bǎng 匾楣楹榜			
kǎi lì zhuàn kè 楷隶篆刻				bēi tiè cǎo kuáng 碑帖草狂			

二、读一读　记一记

社会交往之"自"字诀

做一个有个性的人,给自己一点自信!成功的道路靠自己闯,美好的前途来自于自强自立,不屈服于任何权威,用自己的努力找到属于你的自尊。男儿立世,自己拍板!

(1)自强自立,与成功有约;

(2)独品人生百态;

(3)用自我来挑战权威;

(4)自信——任你东南西北风。

三、想一想　背一背

中华成语千句文——文武之道(一)

　　　　　　　夏启建制,废公立私。天下为家,王位世袭。
　　　　　　　商王成汤,求贤用士。革命反正,拨乱兴治。
　　　　　　　纣王无道,多行不义。酒池肉林,骄奢淫逸。
　　　　　　　怙恶不悛,声名狼藉。恶贯满盈,众叛亲离。

自我评价	任务完成情况	组长评价	教师签字
★★★			

★Things are getting better. 情况正在好转。

圈子决定您的品位

普通人的圈子,谈论的是闲事,赚的是工资,想的是明天。

生意人的圈子,谈论的是项目,赚的是利润,想的是下一年。

事业人的圈子,谈论的是机会,赚的是财富,想到的是未来和保障。

智慧人的圈子,谈论的是给予,交流是的奉献,遵道而行,一切将会自然富足。

在现实生活中,您和谁在一起的确很重要,甚至能改变您的成长轨迹,决定您的人生成败。

和什么样的人在一起,就会有什么样的人生。

和勤奋的人在一起,您不会懒惰;

和积极的人在一起,您不会消沉。

与智者同行,您会不同凡响;

与高人为伍,您能登上巅峰。

积极的人像太阳,照到哪里哪里亮;

消极的人像月亮,初一十五都一样。

态度决定一切。有什么态度,就有什么样的未来。

性格决定命运。有怎样的性格,就有怎样的人生。

生活中最不幸的是:由于您身边缺乏积极进取的人,缺少有远见卓识的人,使您的人生变得平平庸庸,黯然失色;

如果您想聪明,那您就要和聪明的人在一起,您才会更加睿智。

如果您想优秀,那您就要和优秀的人在一起,您才会出类拔萃。

读好书,交高人,乃人生两大幸事。

一个人的身份的高低,是由他周围的朋友决定的。

朋友越多,意味着您的价值越高,对您的事业帮助越大。朋友是您一生不可或缺的宝贵财富。因为朋友的激励和相助,您才会战无不胜,一往无前。

人生的奥妙之处就在于与人相处,携手同行。生活的美好之处则在于送人玫瑰,手留余香。

凡人六悟

① 心甘情愿吃亏的人,终究吃不了亏;能吃亏的人,人缘必然好;人缘好的人机会自然多,人的一生能抓住一两次关键机会,足矣!

② 爱占便宜的人,终究占不了便宜。捡到一棵草,失去一片森林。你看那些一到买单就上厕所或钱包半天掏不出来的"聪明人",基本上都没啥特别成就。

③ 心眼小的人,天地大不了。朋友聚会时,三句话不离自己和自家的人,是蜗牛转世,内心空虚、自私。心里只有自家的事,其他事慢慢也就与他无关。

④ 只有惜缘才能续缘。在人生的路上,我们会遇到很多人,其实有缘才能相聚,亲人多半是前世的好友,好友多半是前世的亲人,给你带来烦恼的多半是你前世伤害过的。所以,一定要善待身边的亲人,关心身边的朋友,宽恕那些伤害你的人。也许,这就是因果。

⑤ 心中无缺叫富,被人需要叫贵。快乐不是一种性格,而是一种能力。

⑥ 笑看风云淡,坐看云起时,不争就是慈悲,不辩就是智慧,不闻就是清净,不看就是自在,原谅就是解脱,知足就是放下。

今生注定我们什么也带不走,所以应该活在当下、笑在当下、悟在当下!

一、念一念　写一写

dūn huáng shí kū 敦　煌　石　窟			cháng chéng wěi qiáng 长　城　伟　墙		
qīng tóng jiǎ gǔ 青　铜　甲　骨			lǔ yī shā cháng 缕　衣　纱　裳		

二、读一读　记一记

社会交往之"礼"字诀

　　生在礼仪之邦,做一个彬彬有礼之人。有礼之人会做人,有人缘,多朋友。有礼之人会做事,注重形象,有教养,不树敌,成功路上事事顺。

(1) 以礼待人;

(2) 彬彬有礼,礼多人不怪;

(3) 注重礼仪着装,给人良好印象。

三、想一想　背一背

中华成语千句文——文武之道(二)

　　　　　文王兴周,鸣琴而治。政简刑清,有凤来仪。

　　　　　拘而演易,太极两仪。变化无穷,天人合一。

　　　　　吉凶祸福,昼乾夕惕。天行其健,自强不息。

　　　　　太公钓鱼,相机待时。老而弥坚,择主而事。

　　　　　飞熊入梦,左辅右弼。明君贤相,匡国济时。

　　　　　武王伐纣,仁义之师。吊民伐罪,发扬蹈厉。

　　　　　牧野之战,反戈一击。归马放牛,与民休息。

　　　　　文武之道,一张一弛。礼乐刑政,宽猛相济。

　　　　　周公吐哺,宵衣旰食。天下归心,沐仁浴义。

自我评价	任务完成情况	组长评价	教师签字
★★★			

★ Wake me up at five thirty. 请在五点半叫醒我。

错过花，你会收获雨

一、看的是书，读的却是世界；沏的是茶，尝的却是生活；斟的是酒，品的却是艰辛。人生就像一张有去无回的单程票，没有彩排，每一场都是现场直播。把握好每次演出便是最好的珍惜。将生活中点滴的往事细细回味，伤心时的泪、开心时的醉，都因追求而可贵。日落不是岁月的过，风起不是树林的错。只要爱过等过付出过，天堂里的笑声就不是传说。

二、世界没有悲剧和喜剧之分，如果你能从悲剧中走出来，那就是喜剧；如果你沉湎于喜剧之中，那就是悲剧。如果你只是等待，发生的事情只会是你变老了。人生的意义不在于拿一手好牌，而在于打好一手坏牌。

三、花儿不为谁开，也可以为自己开；世界不为谁存在，也可以为自己存在。花未全开，月未圆，这是人间最好的境界。花一旦全开，马上就要凋谢了，月一旦全圆，马上就要缺损了。而未全开、未全圆，仍使你的心有所期待，有所憧憬。

四、选择一个朋友，就是选择一种生活方式。自己修身养性是交到好朋友的前提，等于给自己打开了最友善的世界，能够让自己的人生具有光彩。真正的朋友不是在一起有聊不完的话，而是即使不说一句话也不觉得尴尬。

五、这世上有两样东西是别人抢不走的：一是藏在心中的梦想，二是读进大脑的书。

六、好的爱情是你通过一个人看到整个世界，坏的爱情是你为了一个人舍弃世界。在这个世界上，只有真正快乐的男人，才能带给女人真正的快乐。马在松软的土地上易失蹄，人在甜言蜜语中易摔跤。

七、男人有钱就变坏。是的，很多男人是这样，不过，有钱就变坏的男人就算没钱，也好不到哪里去。女人没钱就变坏。是的，有这样的女人；不过，没钱就变坏的女人，就算有钱，也不是好女人。

八、所谓门槛，过去了就是门，没过去就成了槛。把事情变复杂很简单，把事情变简单很复杂。时间是治疗心灵创伤的大师，但绝不是解决问题的高手。世界上只有想不通的人，没有走不通的路。

九、"神于天，圣于地"是中国人的人格理想：既有一片理想主义的天空，可以自由翱翔，不妥协于现实世界中很多规则与障碍；又有脚踏实地的能力，能够在这个大地上进行其他行为的拓展。

十、成熟不是人的心变老，是泪在打转还能微笑。走得最急的，都是最美的风景；伤得最深的，也总是那些最真的感情。

一、念一念　写一写

hǔ fú yuè jiàn 虎符越剑			táo mǎ yǒng zàng 陶马俑葬		
cǎi cí bǎo wèng 彩瓷宝瓮			sī chóu tā xiāng 丝绸他乡		

二、读一读　记一记

社会交往之"正"字诀

做一个正直的人,做一个人格健全完善的人,受人崇敬。做一个自私的人,做欺心的事,疾贤防能,与成功无缘。

(1) 己所不欲,勿施于人;

(2) 嫉妒乃方正之人之大忌;

(3) 不做欺心事,本身是一种愉悦。

三、想一想　背一背

中华成语千句文——万世师表(一)

大哉孔子,博闻精思。任重道远,格物致知。

十五志学,发愤忘食。举一反三,闻一知十。

见贤思齐,闻过则喜。敏而好学,三十而立。

首创私学,传授六艺。教学相长,能者为师。

有教无类,不偏不倚。因材施教,有的放矢。

诲人不倦,苦心孤诣。循循善诱,发蒙启蔽。

注:① 格物致知(gé wù zhì zhī):格,推究;致,获得。探究事物原理,从而获得知识。

　② 见贤思齐(jiàn xián sī qí):意指见到有才德的人就想着向他学习,向他看齐。

自我评价	任务完成情况	组长评价	教师签字
★★★			

★We are all busy with work. 我们都忙于工作。

走出惯性的怪圈

一家酒店经营得很好,人气旺盛,财源广进。酒店的老总准备开展另外一项业务,由于没有太多的精力管理这家酒店,打算在现有的三个部门经理中物色一位总经理。

老总问第一位部门经理:"是先有鸡还是先有蛋?"

第一位部门经理不假思索地答道:"先有鸡。"

老总接着问第二位部门经理:"是先有鸡还是先有蛋?"

第二位部门经理胸有成竹地答道:"先有蛋。"

这时,老总向最后一位部门经理说道:"你来说说,是先有鸡还是先有蛋?"

第三位部门经理认真地答道:"客人先点鸡,就先有鸡;客人先点蛋,就先有蛋。"

老总笑了。他决定将第三位部门经理升任为这家酒店的总经理。

就事论事,往往容易局限在一个小圈子里,这就是常说的:惯性思维。跳不出来时,就找不到处理事情的正确方法;相反,当我们换个角度跳出原来的惯性思维的框框时,我们就走上了一条新路,即柳暗花明又一村。

一、念一念　写一写

tíng xiè lóu gé 亭 榭 楼 阁			sì miào diàn láng 寺 庙 殿 廊		
péng mén bì hù 蓬 门 荜 户			zhàng shì lǜ chuāng 丈 室 绿 窗		

二、读一读　记一记

形象塑造之"志"字诀

给自己一根足够长的杠杆,希望转动地球。给自己的人生立个志愿,树个目标,树个偶像,脚踏实地,成功的意识需要培养,先立志,再与成功约会。

(1) 度德量力,以志立身;

(2) 先立志,有志就有希望;

(3) 培养成功意识:立志为王;

(4) 树立偶像,改变自己。

三、想一想　背一背

中华成语千句文——万世师表(二)

温故知新,日省月试。不耻下问,学无常师。

周游列国,颠沛造次。君子固穷,蹈仁履义。

春秋笔法,微言大义。删诗定礼,垂范百世。

述而不作,知人论世。煌煌论语,一言穷理。

安贫乐道,朝闻夕死。川流不息,逝者如斯。

无冕素王,百世之师。金声玉振,高山仰止。

注:① 煌煌(huáng huáng):形容明亮。

② 金声玉振(jīn shēng yù zhèn):比喻音韵响亮、和谐,也比喻人的知识渊博,才学精到,或声誉广为传播。

③ 高山仰止(gāo shān yǎng zhǐ):比喻对有气质、有修养或有崇高品德之人的崇敬、仰慕之情。

自我评价	任务完成情况	组长评价	教师签字
★★★			

★ Where do you want to meet? 在哪儿见面?

改变你对生活的看法

多年来，我在业余时间里总喜欢参加各种竞赛活动，偶尔也建议朋友们去试一试，因为它可以带来许多惊喜。我有一位老朋友住在内不拉斯加。她看到我获奖的摄影照片时说："唉，我这一辈子是不会有这份福气了，我这种人是获不了什么奖的。"

"你为什么不改变一下你对生活的看法呢？"我提议说，"有时你得自己找点事儿做，而且要想办法干成。"

我的这位朋友从不打长途电话，所以接到她的电话时，我大感惊奇。

"你猜怎么了？"她在电话中喊道，"我决定要改变一下自己。我在一个商店橱窗中看到一个竞赛海报，我就报了名。比赛中我可真是尽全力想要赢"，说到这她激动得有些上气不接下气了，"他们刚才打电话说我得了 100 美元的大奖。"最后她又加了一句，"我能付得起电话费了，而且我要告诉你，你这招还真挺灵的。"

不知你是否注意到，物以类聚，事业和生活中的失败者总是愿意去找失败者，他们常常凑在一起，同病相怜。我的信条是，如果你想成功，就要去接近成功者；如果你想身心健康，就不要与只想着疼痛与痛苦的人混在一起。我在大学的课堂上，常鼓励学生们去寻找自己的梦想，对任何事情都充满热情，最重要的是对自己有信心。

一、念一念　写一写

fǔ dǐ bié shù 府 邸 别 墅			huà dòng diāo liáng 画 栋 雕 梁		
tíng yuàn tà bù 庭 院 踏 步			yǐng píng mù zhàng 影 屏 幕 障		

二、读一读　记一记

形象塑造之"时"字诀

做人要惜时，做事要守时。塑造自己的形象，现代人离不开时间观念。合理安排自己的时间，有效利用自己的时间，守时、惜时、不拖延。切记：时间就是金钱。

（1）一秒值万金；

（2）别漠视业余时间；

（3）盗窃他人时间，等于谋财害命；

（4）按重要性办事，更能有效利用时间。

三、想一想　背一背

中华成语千句文——万世师表（三）

孟母三迁，善择邻里。近墨者黑，近朱者赤。

断机训子，郑重其事。教子有方，尽心竭力。

亚圣孟子，反求诸己。劳其筋骨，苦其心志。

民贵君轻，社稷次之。得道多助，天时地利。

富贵不淫，贫贱不移。威武不屈，舍生取义。

平治天下，鸿鹄之志。舍我其谁，浩然之气。

注：社稷（shè jì）：古代帝王、诸侯所祭的土神和谷神，也作国家的代称。

自我评价	任务完成情况	组长评价	教师签字
★★★			

★ You can get what you want. 你能得到你想要的。

不贫穷的理由，人生是一种习惯

一个不甘心自己命运的年轻乞丐，总想有一天能够发达起来。可好几年过去了，他还是穷困潦倒。最后，他心灰意冷，只好把唯一的希望寄托在一位未卜先知的智者身上。于是，他带上省吃俭用好不容易攒下来的一笔钱，找到了那位智者。

"尊敬的先生，请你指点一下吧！我十余年后会不会还像现在这么穷？"智者稍稍抬头看了一眼乞丐，说："年轻人，我说出来你不要不高兴，十年之后，你还是像现在这么穷。"乞丐听了非常难过，于是掏出一些钱递给他，恳求智者："老先生，你再看看我二十年后有没有希望？"智者有些感动了，认真地看了看他说："你二十年后还会这么穷。"乞丐感到更加伤心了。最后，他把所有的钱都掏了出来，跪在智者面前十分虔诚地说："老先生，我就靠你了，你再给我指点一下吧，我三十年后会怎么样呢？"无可奈何的智者只好又看了看乞丐，很同情地说："你三十年后不穷了。"

年轻人为之一振，高兴地从地上蹦起来："哇！我终于有希望了。那么，尊敬的大师，再请问一下，到那时我能有多少钱呢？"

"年轻人，你三十年后不穷了，是因为你已经习惯了。"智者拍了拍年轻乞丐的肩膀飘然而去。

多么有深意的话啊！

其实，人生就是一种习惯：勤奋是一种习惯，懒惰是一种习惯；成功是一种习惯，失败是一种习惯；富裕是一种习惯，贫穷也是一种习惯……

关键是，当你已经习惯于一种角色时，还会有更高的追求吗？

一、念一念　写一写

chéng chén zǎo jǐng 承　尘　藻　井		lí bā zhù zhuāng 篱　笆　柱　桩	
xián duò fú kào 舷　舵　扶　靠		píng lán tiào wàng 凭　栏　眺　望	

二、读一读　记一记

形象塑造之"勤"字诀

多一些努力,便多一些成功的机会。无数事实证明:成功的最短途径是勤奋。不要光耍嘴皮子,不要好逸恶劳,勤字当头,苍天不负有心人,天道酬勤!

(1) 成功的最短途径:勤奋;

(2) 多一些努力,多一些机会;

(3) 勤于行动,胜于勤说。

三、想一想　背一背

中华成语千句文——诗经楚辞(一)

诗三百篇,直抒胸臆。兴观群怨,诗以言志。

窈窕淑女,谦谦君子。一日不见,如三秋兮。

雨雪霏霏,杨柳依依。行道迟迟,载渴载饥。

乐而不淫,止乎礼义。悠悠我思,中心藏之。

注:兴观群怨(xìng guān qún yuàn):兴,抒发情志;观,观察;群,结交朋友;怨,讽谏怨刺(不平之事)。古人认为读《诗经》可以培养人的四种能力。

自我评价	任务完成情况	组长评价	教师签字
★★★			

★ Are you free this Saturday? 你这个星期六有空吗?

你还会无故生气吗?

在古老的西藏,有一个叫爱巴的人,每次和人生气起争执的时候,就以很快的速度跑回家,绕着自己的房子和土地跑三圈,然后坐在田边喘气。

爱巴工作非常勤奋努力,他的房子越来越大,土地也越来越多。但不管房和地有多么多,只要与人起争执而生气的时候,他就会绕着房子和土地跑三圈。

"爱巴为什么每次生气都绕着房子和土地跑三圈呢?"所有熟悉他的人心里都想不明白,但不管怎么问他,爱巴都不愿意明说。

直到有一天,爱巴很老了,他的房地也已经很大了,他生了气,拄着拐杖艰难地绕着土地和房子转,等他好不容易走完三圈,太阳已经下了山,爱巴独自坐在田边喘气。

他的孙子在旁边恳求他:"阿公,你已经这么大年纪了,这四周也没有其他人的土地比你的更大,你不能再像从前,一生气就绕着土地跑三圈了。还有,你可不可以告诉我你一生气就绕着房子和土地跑三圈的秘密?"

爱巴终于说出了隐藏在心里多年的秘密,他说:"年轻的时候,我一和人吵架、争论、生气,就绕着房屋跑三圈,边跑边想自己房子这么小,土地这么少,哪有时间去和别人吵架呢!想到这里气就消了,把所有的时间都用来努力工作了。"

孙子问道:"阿公,你年老了,又变成最富有的人,为什么还要绕着房子和土地跑呢?"爱巴笑着说:"我现在还是会生气,生气时绕着房子和土地跑三圈,边跑边想,自己房子这么大,土地这么多,又何必和人计较呢? 一想到这里,气就消了!"

一、念一念　写一写

xuán yá qiào bì 悬 崖 峭 壁		fēng luán dié zhàng 峰 峦 叠 嶂	
quán pēn lán zhào 泉 喷 岚 罩		tuān jí bào dàng 湍 急 瀑 宕	

二、读一读　记一记

形象塑造之"实"字诀

踏踏实实做人,实实在在办事。任何一个双手插在口袋里的人,都爬不上成功的梯子。给人留下一个实在的形象,给自己的成功增添一份夯实的基础,从实际出发,对自己负责。

(1) 敬业,实干家的成功保障;

(2) 把每一份工作都做好;

(3) 双手插在口袋里的人,爬不上成功的梯子。

三、想一想　背一背

中华成语千句文——诗经楚辞(二)

屈子行吟,颠沛流离。上下求索,参天地兮。

离骚九章,金相玉质。黄钟大吕,沉博绝丽。

香草美人,衔华佩实。怀瑾握瑜,黄钟毁弃。

呵壁问天,百感交集。负石沉湘,端午享祭。

注:① 黄钟大吕(huáng zhōng dà lǚ):形容音乐或文辞庄严、正大、高妙、和谐。

② 怀瑾握瑜(huái jǐn wò yú):比喻人具有纯洁高尚的品德。

自我评价	任务完成情况	组长评价	教师签字
★★★			

★Be careful not to fall ill. 注意不要生病了。

一口让人流泪的水缸

　　朋友乔迁之喜,我们前去祝贺。在她一百多平方米的房子里,摆放着许多新潮的家居用品。忽然我发现在卧室里有一样东西极不适宜地立在那儿,那是一口高一米多的缸,很旧的颜色,缸口处还有许多裂痕。就因为这口缸,整个房间的布局和格调全被破坏了。

　　我们围着那只缸看,很普通的那种,绝没有什么收藏价值,真想不通她为什么把它放在这里。这时朋友走过来,说:"我搬了几次家,许多东西都送人或扔掉了,只有这口缸我一直带着!"我们静静地看着她,知道关于这口缸一定有着一段令人难忘的故事。她略沉默了一下,便开始给我们讲起来。

　　那是二十年前的事了。这座林区城市还很闭塞,楼房少,都是大片大片的平房。每家的院墙都是用木板搭成的,院子里的小棚子也都是木制的,林区里就是不缺木头。那时她家住在一片平房区的中间位置。父母都是普通工人,家里只有她这么一个孩子,那一年她只有六岁。

　　那是周日的午后,正是炎热的夏天,几乎每家每户都在午睡。忽然就起火了,由于木头多,火势蔓延得很快。她从睡梦中被父母推醒时,外面已是一片红彤彤的火海。这种居住区房屋很密集,狭窄的巷弄消防车根本无法开进来,所以火越烧越大。父亲抱起她冲出院门,烈焰飞腾、浓烟滚滚,已经没有路可以冲出去,周围都是绝望的哭喊声。她看到这个情景,吓得都不会哭了。

　　父亲观望了一下,把她递到母亲怀里,然后冲向院子里的那口水缸。他用水桶拎出一桶水来,从母女二人头上浇下去,她被父亲这突如其来的举动吓得叫起来。父亲又把一桶水浇在自己身上,然后把缸推到,水都淌了出来。父亲抱过她,将她塞进缸里,说:"怎么难受都不要出来!"她蜷缩在缸里,忽然觉得缸滚动起来,她随着缸的滚动转动着,一时有些眩晕,赶紧闭上眼睛,用脚死死抵住缸壁。

　　过了一会儿,她觉得越来越热,缸壁也慢慢变得烫起来,她身上的水都变成了白白的蒸汽。她睁开眼从缸口望出去,所见之处都是大火。她吓得又闭上眼睛,觉得缸滚动得越来越慢。她快坚持不住了,大声喊着爸爸妈妈,却听不到回答。不知过了多久,她被人从缸里拽出来,空气清凉了许多,她清醒过来,哭喊着爸爸妈妈,她突然看到令她终生难忘的一幕:那只缸仍在那里,大火仍在不远处燃烧着,而她的爸爸妈妈,仍弓着腰站着缸后,四只手放在缸上,保持着推缸的姿势! 他们已经死了,全身烧得黑糊糊的,可她还是一眼认出了他们。面对这一幕,在场的人无不落下泪来!

　　说到这里,朋友的眼泪淌下来,她用手轻轻抚摸着那口缸,说:"我可以想象出,爸爸妈妈怎样忍受着大火烧身的剧痛,一路把缸推了出来,是他们,用自己的生命换来了我的平安……"她已泣不成声。

　　我们的眼泪也都落了下来。看着这口缸,我仿佛看到了火海中那惊心动魄的一幕。这就是世界上最伟大的亲情啊,在最危急的时刻,把生的希望留给我们,甚至不惜付出自己的生命!

一、念一念　写一写

xiá gōu tán yuān 峡 沟 潭 渊			xī jiàn liú tǎng 溪 涧 流 淌	
chí qú yàn bà 池 渠 堰 坝			zhǎo zé ní táng 沼 泽 泥 塘	

二、读一读　记一记

形象塑造之"专"字诀

有专才有恒，有恒才有我。你生活在一个知识大爆炸的时代，如果你是一个天才，不专心就成了你的不幸；如果你资质平庸，请不要悲观，只要你下定决心一辈子做好一件事，你就能成功。年轻人，千万别给人留下一个朝三暮四的形象。

（1）把所有的鸡蛋放入一个篮子；

（2）多才多艺，莫如练就"独门暗器"；

（3）专一，让劣势变成优势。

三、想一想　背一背

中华成语千句文——继往开来（一）

大浪淘沙，千古兴亡。继往开来，慨当以慷。

世界潮流，浩浩荡荡。顺之者昌，逆之者亡。

人类环境，共存共亡。和平发展，时代方向。

实事求是，解放思想。抓住机遇，改革开放。

国际接轨，迎头赶上。知识经济，来日方长。

自我评价	任务完成情况	组长评价	教师签字
★★★			

★ Did you fight with others? 你又和别人打架了吗？

敢于担当的境界

　　有个寺庙,因藏有一串佛祖戴过的念珠而闻名。念珠的供奉之地只有庙里的老住持和7个弟子知道。7个弟子都很有悟性,老住持觉得将来把衣钵传给他们中的任何一个,都可以光大佛法。不想那串念珠突然不见了。

　　老住持问7个弟子:"你们谁拿了念珠,只要放回原处,我不追究,佛祖也不会怪罪。"弟子们都摇头。

　　7天过去了,念珠依然不知去向。老住持又说:"只要承认了,念珠就归谁。"但又过去了7天,还是没人承认。

　　老住持很失望:"明天你们就下山吧。拿了念珠的人,如果想留下就留下。"第二天,6个弟子收拾好东西,长长地舒了口气,干干净净地走了,只有一个弟子留了下来。

　　老住持问留下的弟子:"念珠呢?"弟子说:"我没拿。""那为何要背个偷窃之名?"弟子说:"这几天我们几个相互猜疑,有人站出来,其他人才能得到解脱。再说,念珠不见了,佛还在呀。"

　　老住持笑了,从怀里取出那串念珠戴在这名弟子手上。

　　这个故事,让我感悟了很久。

　　不是所有的事情都需要说清楚。比说清楚更重要的是,能承担,能行动,能化解,能扭转,能改变,能想自己,更能想别人,顾全大局,这就是法。这不仅是一种境界,更是一种大智慧。

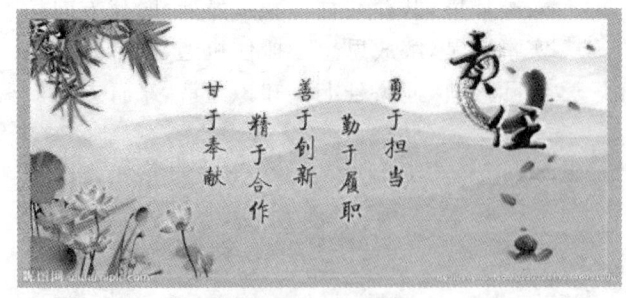

一、念一念　写一写

xuán wō dài bō 漩 涡 带 波				jiāo yǔ lián jiāng 礁 屿 连 江			
xiōng yǒng péng pài 汹 涌 澎 湃				jīng tāo hài làng 惊 涛 骇 浪			

二、读一读　记一记

形象塑造之"慎"字诀

人生漫长，又短暂，关键的就几步。人性丛林，职场事业，利益多多、诱惑多多。老成不怕多，凡事应多三思，不怕一万，就怕万一。一旦伸错手，入错行，做错事，于名誉，于事业，于形象皆有不救之危。"慎"之！

（1）千万别入错行；

（2）想好了你再"跳"；

（3）不要草率行事。

三、想一想　背一背

中华成语千句文——继往开来（二）

> 信息网络，势不可当。生命科学，初露锋芒。
> 纳米技术，前途无量。海洋开发，太空翱翔。
> 莘莘学子，祖国栋梁。科教兴国，奋发图强。
> 民族团结，繁荣富强。国家统一，人心所向。
> 曾经沧海，多难兴邦。复兴中华，再创辉煌。

自我评价	任务完成情况	组长评价	教师签字
★★★			

★ Don't dream away your time. 不要虚度光阴。

鹅卵石

一天晚上，一群游牧部落的牧民正准备安营扎寨休息的时候，忽然被一束耀眼的光芒所笼罩。他们知道神就要出现了。因此，他们满怀殷切的期盼，恭候着来自上苍的重要旨意。

最后，神终于说话了："你们要沿路多捡一些鹅卵石，把它们放在你们的马褡子里。明天晚上，你们会非常快乐，但也会非常懊悔。"

说完，神就消失了。牧民们感到非常失望，因为他们原本期盼神能够给他们带来无尽的财富和健康长寿，但没想到神却吩咐他们去做这件毫无意义的事。但是不管怎样，那毕竟是神的旨意，他们虽然有些不满，但是仍旧拾了一些鹅卵石，放在他们的马褡子里。

就这样，他们又走了一天，当夜幕降临，他们开始安营扎寨时，忽然发现他们昨天放进马褡子里的每一颗鹅卵石竟然都变成了钻石。他们高兴极了，同时也懊悔极了，后悔没有捡更多的鹅卵石。

其实，在我们的日常生活、工作、学习中又何尝不是这样呢？有许多眼前看似鹅卵石一样的东西被我们如敝屣般地丢弃了，然而，忽然有一天，当我们需要它的时候，它就变成了钻石，而我们却不得不为以前丢弃它而懊悔不迭。

拥有阳光心态 成就美好人生

一、念一念　写一写

zāi lào yì xiè 灾 涝 溢 泻		xùn cháo fú zhǎng 汛 潮 浮 涨	
cāng sōng shòu bǎi 苍 松 寿 柏		chuí liǔ máo yáng 垂 柳 毛 杨	

二、读一读　记一记

自我提升之"小"字诀

　　一家海鲜连锁餐厅的老板很可能当初是水产市场练摊儿的,而一家皮鞋连锁店的老板当初可能是擦鞋的。欲做大事,赚大钱,必先做小事,赚小钱,放下架子,舍得小利。从细微处入手,先扫一屋,再扫天下!

　　(1)一屋不扫,何以扫天下;

　　(2)先做小事,赚小钱;

　　(3)一枚钉子改变一个人的一生。

三、想一想　背一背

中华成语千句文——一代天骄(一)

塞外茫茫,一望无际。天似穹庐,地广人稀。

大漠孤烟,长河落日。风吹草低,牛羊遍地。

蒙古健儿,豪放不羁。逐草而居,东迁西徙。

好勇斗狠,孔武有力。纵酒放歌,痛快淋漓。

自我评价	任务完成情况	组长评价	教师签字
★★★			

★ How about going to a movie? 去看场电影怎么样?

没有谁可以阻止你成功

其实和你一样：他出身卑微，却心怀远大理想。多年前，他在 1983 年版的《射雕英雄传》中扮演那个宋兵乙，为增添一点点戏份，他请求导演安排"梅超风"用两掌打死他，结果被告知"只能被一掌打死"。这个年轻时被称作"死跑龙套"的卑微小人物，第一次当着导演的面谈到演技的时候，在场的人哄堂大笑，但他仍然不断思索、不断向导演"进谏"。2002 年，他凭借自己导演的影片获得了香港电影金像奖"最佳导演奖"。

其实和你一样：20 世纪 90 年代，在一趟开往西部的火车上，梳着分头、戴着近视眼镜的他看上去朝气蓬勃，内心却带着微微的彷徨。那时的他严肃乏味，常常独坐好几个小时不说话。后来转行做主持人，1998 年他第一次主持的电视节目播出时，他发现自己说的话几乎全被导演剪掉了。他让身为制片人的妻子准备了一个笔记本，把自己在主持中存在的问题一一记录下来，哪怕是最细微的毛病都不肯放过，然后逐条探讨、改正。即使今天其身价已逾 4 亿，成为中国最具影响力的主持人，他仍未放弃面"本"思过。

其实和你一样：10 年前，他是大学里的"小混混"，由于经常逃课而被老师责备。毕业后被分配到当地的电信局当小职员。面对冗杂的机关工作，他感到既劳累又苦恼，后来他勇敢而果断地辞了职，然后自创网站，从而走向中国互联网浪潮的浪尖，他在 2003 年福布斯中国富豪榜中位居第一位。

其实和你一样：很多年前的他是一个防盗系统安装工程师，依他的说法"就是跟水电工差不多的工作"。"有时候装监视系统要先挖洞，一旦想到歌词就赶快写一下！"当年的他就是这么边干活边写词，半年积累了 200 多首歌词，他选出 100 多首装订成册，寄了 100 份到各大唱片公司。"我当时估计，除掉柜台小妹、制作助理、宣传人员的莫名其妙，减半再减半地选择性传递，只有 12.5 份会被制作人看到吧，被联络的几率只有 1％。"其实那 1％ 就是 100％！1997 年 7 月 7 日凌晨，他正准备去安装防盗系统，有人打电话给他，那个人叫吴宗宪，同时走运的还有另一个无名小卒——周杰伦。从他和周杰伦合作的歌没人要，到要曲不要词，慢慢地曲词都要，之后单独要词，但还会有三四个作者一起写，直到最后指定要他的词。

可能你已经猜到他们是谁了，一个是周星驰，一个是李咏，一个是丁磊，一个是方文山。他们是目前中国最具知名度的人中的一部分。他们在成名前和你并无多大不同。不要抱怨贫富不均，生不逢时，社会不公，机会不等，制度僵化，条理繁复，伯乐难求。要知道，其实每个人都平等地享有成功的机会。明天，或者明年，同样会诞生像他们一样成功的人，就看今天的你，是不是有着和他们一样的毅力和耐力。

一、念一念　写一写

bā jiāo pú shàn 芭 蕉 蒲 扇	bān zhú miè kuāng 斑 竹 篾 筐
huái chūn yú huà 槐 椿 榆 桦	shān guì róng zhāng 杉 桂 榕 樟

二、读一读　记一记

自我提升之"锐"字诀

小小麻雀，飞飞跳跳、争分夺秒，不停地寻觅食物。人生亦如此，面对残酷竞争，唯有锐意进取，做一个好先锋，把下一个进球当目标，敢于冒险，敢于闯荡，守株待兔的事情毕竟很渺茫。

(1) 不以现有成就为满足；

(2) 锐意追求，绝不退缩；

(3) 锐气不可抛，成功是迟早。

三、想一想　背一背

中华成语千句文——一代天骄(二)

　　　　　　　　成吉思汗，异军突起。一代天骄，无与伦比。

　　　　　　　　弯弓射雕，气吞万里。纵横驰骋，所向披靡。

　　　　　　　　东征西讨，马不停蹄。以战养战，因敌取资。

　　　　　　　　欧亚诸国，不堪一击。上帝之鞭，天下无敌。

自我评价	任务完成情况	组长评价	教师签字
★★★			

★ I think I've caught a cold. 我想我得了感冒。

279

学会转身

一个木匠丢了一块手表，几个热心的邻居一起帮他找，他们将地上的刨花、工具箱，以及木匠身上的每一个口袋都翻遍了也没有找到，结果却让一个孩子找到了。木匠很惊讶，问那孩子是怎么找到的。孩子说："很简单啊！你知道，手表是有声音的，我只是在你们都安静下来的时候坐到刨花旁听，然后沿着声音的方向找，就找到了。"

这虽然是一个笑话，却体现了社会上普遍存在的一个现象：大多数人在做一件事情时，总习惯于"一根筋"，哪怕是被山墙撞得头破血流，也不知道转身。而事实上，在遇到困难时只要稍稍转个身，我们看到的就会是一个崭新的天空，就像丢失在刨花里的那块表，大人们翻遍了刨花，找遍了工具箱，甚至木匠的口袋，都没能找到，而那个孩子只是换了一个寻找的思路，即凭借手表指针"滴答、滴答"的走动声就轻易地找到了。

1916 年，美国犹他州的小镇准备新建一座银行。镇长买好了地，设计好了建筑图纸，可最后在砖头上出现了问题。因为，从盐湖城用火车运砖过来，每磅要 2.5 美元。这个价格远远超出了镇里的预算。后来，大家又想了许多种货运方式，甚至包括空运都不行。就在人们束手无策的时候，不知谁说了句，邮寄砖啊！结果是，包裹每磅邮费是 1.05 美元，比火车便宜了一半多。

几周内，邮寄砖的包裹源源不断地涌入小镇。每个包裹 7 块，刚好不超重。这样，小镇的居民拥有了他们的第一家银行。更为有趣的是，这个故事后来还被西点军校作为案例选入了教材，用来诠释一条校训：要保持"头脑简单"，敢于去干所谓"办不到"的事情。

通过邮局邮寄货物，这无疑是最常见的运输方式，然而，就是这样一个常见、简单而又便捷的方式，很多人就是想不到。为什么呢？他们就是将简单问题复杂化了。把最复杂的变成最简单的，才是最高明的。细想，生活中我们缺少的，不正是这种将问题简单化的思维吗？

同一件事，如果依照同样的习惯思维去运作，肯定不会有新的改变。但若能改变一下固有的思维方式，转个向，用不同的方法去开拓，自然会结出不同的硕果。

是啊，学会转身，学会换一个角度看问题，从而把看似复杂的事情简单化，你就会发现人生其实好简单，成功其实离你也并不远。

参 考 文 献

[1] 李逸安.三字经 百家姓 千字文 弟子规[M].北京:中华书局,2010.

[2] 司马哲.国学新读大讲堂[M].北京:中国长安出版社,2011.

[3] 刘余莉.《弟子规》:大道至简[N].中国教育报,2010-07-26(3).

[4] 弟子规公益网,http://www.dizigui.cn.

[5] 汪漪.职场路线图[M].北京:语文出版社,2010.

[6] 武汉师范学院.简明知识词典[M].武汉:湖北人民出版社,1983.

[7] 王建辉,易学金.中国文化知识精华[M].武汉:湖北人民出版社,2005.

[8] 中华人文文化网 http://www.rwwhw.com/Zhzh/

[9] http://e.3edu.net/rc/E_29476.html

[10] 现代汉语辞海编委会.现代汉语辞海[M].太原:山西教育出版社,2002.

[11] 中国古典文化文库:中华上下五千年[M].北京:京华出版社,2009.